中学数学教学设计

黄云鹏 编著

科学出版社
北京

内 容 简 介

本书以数学与数学教育的价值开篇，以对未来教师教学设计能力提高的切实指导为出发点。

本书共分为十一章，包括绪论、数学教学设计概述、感悟教学、数学课程标准案例解读、教学内容分析的涵义及案例、学情分析及其案例、教学目标的制订、制订教学策略、教学过程设计、数学教学设计成果评价和针对教学设计准备的说课。

本书可作为师范类本、专科数学专业学生的教材用书，也可作为中小学教师的参考用书。

图书在版编目(CIP)数据

中学数学教学设计/黄云鹏编著．—北京：科学出版社，2014

ISBN 978-7-03-042151-7

Ⅰ.①中… Ⅱ.①黄… Ⅲ.①中学数学课-教学设计 Ⅳ.①G633.602

中国版本图书馆 CIP 数据核字(2014)第 236362 号

责任编辑：李淑丽/ 责任校对：韩 杨

责任印制：徐晓晨 / 封面设计：华路天然工作室

科 学 出 版 社 出版

北京东黄城根北街 16 号

邮政编码：100717

http://www.sciencep.com

北京建宏印刷有限公司 印刷

科学出版社发行 各地新华书店经销

*

2014 年 10 月第 一 版 开本：720×1000 B5

2020 年 9 月第四次印刷 印张：13 3/4

字数：282 000

定价：48.00 元

(如有印装质量问题，我社负责调换)

前　　言

长久以来，师范生教学理论的学习与教学实践之间匹配度不高的问题一直存在于师范教师教育类课程教学中。但是，教师质量的高低直接影响教育质量的高低也是当今社会形成的一个共识。教师教育的教材作为师范教学中师生交往的"话题"应当着眼于未来教师的专业素养，着力发展未来教师的从教能力。而教学设计能力作为教师最基本的能力必须在师范教育阶段得到很好地培养。本书试图融合教学前沿的研究成果，以教育大家的研究引发学生对数学教育的目标、价值和实施方法的深度思考，建构个人适应新课程理念需求的教学相关理论，使学生的教学设计技能的提高有先进的理念做依据，同时也为有效进行教学设计的反思提供依据，实现学以致用。

本书以数学与数学教育的价值开篇，从学生的发展需要分析数学学科独特的作用，通过数学特有的运算符号和逻辑、发现的方法和思维的策略，提供一种唯存在于这个学科中的学习才可能获得的经历和体验，提升独特的学科美的发现、欣赏和表达能力，学生的精神世界在学科教学中获得多方面的滋养，在发展对外部世界的感受、体验、认识、欣赏、改变、创造能力的同时，不断丰富和完善学生自己的生命世界，体验丰富的学习人生，满足生命成长的需要。把对个体经验的挖掘、教育前辈对教学的理解、对中学精品课堂的观察及自身和他人的课堂教学体验作为感悟教学，建立个人教学理论的途径。然后以理论为先导开展教学设计相关理论的建构，内容涵盖教学设计的概念、原则、过程。为了使学生获得与当下课程改革需求相一致的设计能力，专设新课程标准解读，可使学生关于教学设计的自建理论更具合理性和操作性。接下来进行教学设计的实践操作，通过此环节，将所学的理论用于教学设计的实践，在实践中再一次升华自己建构出的理论。最后两章进行的是教学设计实施层面的技能学习，通过这两章的学习，彰显教育教学理论对实践的指导。

本书的编写始终将对未来教师教学设计能力提高的切实指导作为出发点，不求理论阐述的深刻和全面，但求能够引发学生的积极思考和理性探究，使学生认识到教学的复杂性和做好教学对教师研究者身份的认同，养成善于思考、善于发现教学中的问题并积极加以解决的习惯，为他们将来更好地开展教学实践，提升专业化水平奠定基础。

本书是陕西学前师范学院2013教材建设成果。

对于本书的成稿，要感谢我过去的学生对我教学的帮助，感谢我的师长对我的教导，感谢我的领导、同事的支持，感谢我的家人对我的鼓励，谨向他们表示感谢。鉴于我本人水平有限，不足之处恳请各位读者不吝赐教。

黄云鹏

2014年8月于南京

一个人能够对某个问题有所知的唯一办法是听不同的人对这个问题所提出的不同意见，了解具有不同思维特点的人是如何使用不同的方法来探究这个问题的。所有有智慧的人都是通过这种途径获得其智慧的，人的智力本质决定了只有这种方法才能使人变得聪明起来。

——约翰·斯图尔特·密尔《自由论》

目　　录

第一章 绪 论

教育是发展和完善人的活动，其目的是将人类创造的文明传承下去，并得以发扬光大，为此，要将继承者在有限的时间内从一个自然人培养为适应社会发展需要的人。在这些要传承的文明中，数学作为人类文明的一个重要组成，也是教育要完成的一个重要内容。特别是数学对人类理性精神形成的独特作用，使得数学在近当代成为一门世界性的课程，数学教育也成为世界性的教育，各国都在积极开展“多快好省”地进行数学教育的相关研究。

师范生作为未来的老师，应该了解我们所从事事业的价值。

第一节 学生学数学的需要

数学，作为人类智慧的一种表达形式，是人类的一种创造性活动，是一系列数学地组织现实世界的人类活动。数学对于人类的价值不仅表现为其研究内容的普遍实用性，而且还为人类提供了方法论的支持。

在学习数学知识及运用数学知识、数学思维和数学方法解决问题的过程中，不仅能有效地训练逻辑思维能力，能思路清晰、条理分明、有条不紊地处理头绪纷繁的各项工作，而且能诱发主体的无限创造力，培养辩证唯物主义世界观，以及培养实事求是、严谨认真和勇于创新的个性品质。

对于数学，“它是人类最杰出的智慧结晶，也是人类精神最富独创性的产物”(克莱因语)，它的效用已被众多的人所认同。比如，数学家唯拉（Dharam Vira）说：“我的确感到，数学的效用可能是发展人类思维的心理条件，它促进了思想的力量和逻辑思考的能力。数学由于它对推理思维和确实推导的强调，能够有助于发展新的思想态度。”数学家狄尔曼认为：“数学能集中、强化人们的注意力，能够给人以发明创造的精细和谨慎的谦虚精神，能够激发人们追求真理的勇气和信心，……数学更能锻炼和发挥人们独立工作精神。”在数学学习过程中，如在中学里做几何题目时“用一条竖线隔开”，左面叙述推理过程中每一步的结论，而右面写出每一条结论的依据，这种训练的价值也都被人们所认识。北京大学数学系的李忠老师就认为这种训练是十分必要的，应当坚持一定的阶段。在这样的潜移默化之中学生就养成了不说没有根据的话，或者根据不足的话的习惯。

通过数学的学习，能够促进学生的学习态度、思维习惯、思维模式、思维策略等的发展，让每个学生面对全新的情景都能做出适当的回应。

数学学习可以促进人的下列优秀品质的形成：第一，诚实正直，崇尚真理。计算、证明并不是一个简单的操作步骤或形式化过程，而是一系列的观点与洞察。数学结论对任何人都一样，必须接受理性法庭的裁决，对就是对，错就是错。数学计算、数学演绎、数学证明都不能靠投机取巧，而只能靠一步一步地计算与推理。通过数学的学习，可以培养诚实正直、以理服人、坚持真理、有错就改的优良品格。第二，勤于思考，勇于创新。要启发人类这种独有的、高贵的创新能力，莫过于数学。没有哪一门学科能像数学这样集中、加速和强化人们的注意力。事实证明，数学家的成功并不在于他们的天赋有多高，而主要取决于他们的勤奋和创新。第三，坚韧不拔，敢于攀登。几何中没有王者之路，数学研究需要有坚强的毅力。因为数学命题的证明犹如登山，只有那些坚韧不拔、勇于探索的人，才能达到胜利的彼岸。

在科学技术飞速发展的今天，数学为各种先进技术提供支持已成为世界的共识。各国都意识到了数学教育的重要性。比如，早在 1989 年，美国国家研究委员会在致美国公民的一份关于数学教育的报告——《人人关心数学教育的未来》中，一开始就写道："数学是打开机会大门的钥匙。现在数学不再只是数学的语言，它也是以直接的和基本的方式为商业、财政、健康、国防做出贡献，它为学生打开职业的大门，它使国民能够做出有充分依据的决定，它为国家提供技术竞争的学问。"报告还指出："现代数学提供了理解我们生活于其中的世界的一种强有力的工具。"相信，未来的公民将需要极其多样的数学来对付工作中大量以数学为基础的工具、设备和技术。因此，当学生离开学校并进入职业生涯时，数学水平和能力在某种程度上决定了一个人将来从事的职业和发展前景。当然，求职和晋升的最好机会将提供给那些有信心应付数学的人。

综上所述，无论是从生存还是发展的角度，学生都需要学习数学，学生的需要就是数学教育的价值所在。

第二节　数学教师专业标准解读

数学教育就是满足未来公民需要而进行的教育。为学生提供良好的数学教育是教师的职责所在，也是数学教育价值的实现。教师作为数学教育价值的实现者，应该具有怎样的专业素质，为此我们需要了解教师专业标准。

附：中学教师专业标准（试行）

为促进中学教师专业发展，建设高素质中学教师队伍，根据《中华人民共和国教师法》和《中华人民共和国义务教育法》，特制定《中学教师专业标准（试行）》（以下简称《专业标准》）。

中学教师是履行中学教育工作职责的专业人员，需要经过严格的培养与培训，具有良好的职业道德，掌握系统的专业知识和专业技能。《专业标准》是国家对合格中学教师的基本专业要求，是中学教师开展教育教学活动的基本规范，是引领中学教师专业发展的基本准则，是中学教师培养、准入、培训、考核等工作的重要依据。

一、基本理念

（一）学生为本

尊重中学生权益，以中学生为主体，充分调动和发挥中学生的主动性；遵循中学生身心发展特点和教育教学规律，提供适合的教育，促进中学生生动活泼学习、健康快乐成长、全面而有个性的发展。

（二）师德为先

热爱中学教育事业，具有职业理想，践行社会主义核心价值体系，履行教师职业道德规范。关爱中学生，尊重中学生人格，富有爱心、责任心、耐心和细心；为人师表，教书育人，自尊自律，以人格魅力和学识魅力教育感染中学生，做中学生健康成长的指导者和引路人。

（三）能力为重

把学科知识、教育理论与教育实践相结合，突出教书育人实践能力；研究中学生，遵循中学生成长规律，提升教育教学专业化水平；坚持实践、反思、再实践、再反思，不断提高专业能力。

（四）终身学习

学习先进中学教育理论，了解国内外中学教育改革与发展的经验和做法；优化知识结构，提高文化素养；具有终身学习与持续发展的意识和能力，做终身学习的典范。

二、基本内容

专业理念与师德

（一）职业理解与认识

1. 贯彻党和国家教育方针政策，遵守教育法律法规。

2. 理解中学教育工作的意义，热爱中学教育事业，具有职业理想和敬业精神。

3. 认同中学教师的专业性和独特性，注重自身专业发展。

4. 具有良好职业道德修养，为人师表。

5. 具有团队合作精神，积极开展协作与交流。

（二）对学生的态度与行为

6. 关爱中学生，重视中学生身心健康发展，保护中学生生命安全。

7. 尊重中学生独立人格，维护中学生合法权益，平等对待每一个中学生。不讽刺、挖苦、歧视中学生，不体罚或变相体罚中学生。

8. 尊重个体差异，主动了解和满足中学生的不同需要。

9. 信任中学生，积极创造条件，促进中学生的自主发展。

（三）教育教学的态度与行为

10. 树立育人为本、德育为先的理念，将中学生的知识学习、能力发展与品德养成相结合，重视中学生的全面发展。

11. 尊重教育规律和中学生身心发展规律，为每一个中学生提供适合的教育。

12. 激发中学生的求知欲和好奇心，培养中学生学习兴趣和爱好，营造自由探索、勇于创新的氛围。

13. 引导中学生自主学习、自强自立，培养良好的思维习惯和适应社会的能力。

14. 尊重和发挥共青团、少先队组织的教育引导作用。

（四）个人修养与行为

15. 富有爱心、责任心、耐心和细心。

16 乐观向上、热情开朗、有亲和力。

17. 善于自我调节情绪，保持平和心态。

18. 勤于学习，不断进取。

19. 衣着整洁得体，语言规范健康，举止文明礼貌。

专业知识

（五）教育知识

20. 掌握中学教育的基本原理和主要方法。

21. 掌握班集体建设与班级管理的策略与方法。

22. 了解中学生身心发展的一般规律与特点。

23. 了解中学生世界观、人生观、价值观形成的过程及其教育方法。

24. 了解中学生思维能力与创新能力发展的过程与特点。

25. 了解中学生群体文化特点与行为方式。

（六）学科知识

26. 理解所教学科的知识体系、基本思想与方法。

27. 掌握所教学科内容的基本知识、基本原理与技能。

28. 了解所教学科与其他学科的联系。

29. 了解所教学科与社会实践的联系。

（七）学科教学知识

30. 掌握所教学科课程标准。

31. 掌握所教学科课程资源开发的主要方法与策略。

32. 了解中学生在学习具体学科内容时的认知特点。

33. 掌握针对具体学科内容进行教学的方法与策略。

（八）通识性知识

34. 具有相应的自然科学和人文社会科学知识。

35. 了解中国教育基本情况。

36. 具有相应的艺术欣赏与表现知识。

37. 具有适应教育内容、教学手段和方法现代化的信息技术知识。

专业能力

（九）教学设计

38. 科学设计教学目标和教学计划。

39. 合理利用教学资源和方法设计教学过程。

40. 引导和帮助中学生设计个性化的学习计划。

（十）教学实施

41. 营造良好的学习环境与氛围，激发与保护中学生的学习兴趣。

42. 通过启发式、探究式、讨论式、参与式等多种方式，有效实施教学。

43. 有效调控教学过程。

44. 引发中学生独立思考和主动探究，发展学生创新能力。

45. 发挥好共青团、少先队组织生活、儿套趣活动、信息传播等教育功能。

46. 将现代教育技术手段渗透应用到教学中。

（十一）班级管理与教育活动

47. 建立良好的师生关系，帮助中学生建立良好的同伴关系。

48. 注重结合学科教学进行育人活动。

49. 根据中学生世界观、人生观、价值观形成的特点，有针对性地组织开展德育活动。

50. 针对中学生青春期生理和心理发展特点，有针对性地组织开展有益身心健康发展的教育活动。

51. 指导学生理想、心理、学业等多方面发展。

52. 有效管理和开展班级活动。

53. 妥善应对突发事件。

（十二）教育教学评价

54. 利用评价工具，掌握多元评价方法，多视角、全过程评价学生发展。

55. 引导学生进行自我评价。

56. 自我评价教育教学效果，及时调整和改进教育教学工作。

（十三）沟通与合作

57. 了解中学生，平等地与中学生进行沟通交流。

58. 与同事合作交流，分享经验和资源，共同发展。

59. 与家长进行有效沟通合作，共同促进中学生发展。

60. 协助中学与社区建立合作互助的良好关系。

（十四）反思与发展

61. 主动收集分析相关信息，不断进行反思，改进教育教学工作。

62. 针对教育教学工作中的现实需要与问题，进行探索和研究。

63. 制定专业发展规划，积极参加专业培训，不断提高自身专业素质。

三、实施建议

（一）各级教育行政部门要将《专业标准》作为中学教师队伍建设的基本依据。根据中学教育改革发展的需要，充分发挥《专业标准》引领和导向作用，深化教师教育改革，建立教师教育质量保障体系，不断提高中学教师培养培训质量。制定中学教师准入标准，严把中学教师入口关；制定中学教师聘任（聘用）、考核、退出等管理制度，保障教师合法权益，形成科学有效的中学教师队伍管理和督导机制。

（二）开展中学教师教育的院校要将《专业标准》作为中学教师培养培训的主要依据。重视中学教师职业特点，加强中学教育学科和专业建设。完善中学教师培养培训方案，科学设置教师教育课程，改革教育教学方式；重视中学教师职业道德教育，重视社会实践和教育实习；加强从事中学教师教育的师资队伍建设，建立科学的质量评价制度。

（三）中学要将《专业标准》作为教师管理的重要依据。制定中学教师专业发展规划，注重教师职业理想与职业道德教育，增强教师育人的责任感与使命感；开展校本研修，促进教师专业发展；完善教师岗位职责和考核评价制度，健全中学绩效管理机制。中等职业学校参照执行。

（四）中学教师要将《专业标准》作为自身专业发展的基本依据。制定自我专业发展规划，爱岗敬业，增强专业发展自觉性；大胆开展教育教学实践，不断创新；积极进行自我评价，主动参加教师培训和自主研修，逐步提升专业发展水平。

为了更好地理解教师专业标准，先来做一个简短的铺垫。

1）认同我们的职业及价值

认同即赞成、赞同。经验告诉我们，面对一件赞同的事和一件不认可的事，会直接影响人们做事的态度和精力投入，做事的结果自然也就有很大的差别。我们这门课程的学习是为做一名合格教师做准备，如果不认同，或认同度不高，都必将影响课程的学习效果，所以，我们首先要从思想上认同我们的职业及价值。

教师是怎样的一个职业，其价值体现在哪里？

教育使人类社会发展得以连贯，试想若不存在教育这种方式，前人的知识和智慧怎样为后人所获？怎样为后人获得发展的基础？人类现在岂不还在茹毛饮血的情境中求生存？而在社会分工中承担传承角色的就是教师。教师就是专门负责把已有文明传递给下一代，将社会的伦理、规则进行传播，使下一代的人经历已有知识的高速重演后，获得进一步选择、创造新的文明能力的人。教师是联系人类过去与未来的“纽带”。前苏联教育家乌申斯基这样评价教师：教师是克服人类无知和恶习的大机构中一个活跃而积极的成员，是过去历史上所有高尚而伟大的人物与新一代人之间的中介人，是那些争取真理和幸福的人的神圣遗训的保存者……是过去与未来之间的一个活的环节。夸美纽斯更是把教师职业誉为“太阳底下最光辉的职业”。

若从价值最通常的意义——客观事物对人需要的满足，也就是有用性来说，教师职业的担当就是教师工作的价值所在，并且，这种价值有着它独到的特点。

教师通过自己的劳动使后代获得未来社会生活的知识和技能、生活行为规范，能够独立地进行价值判断，……但是这些成果的获得非一朝一夕之功，“一年之计，莫如树谷；十年之计，莫如树木；终身之计，莫如树人”被人们用于比喻教师工作价值的迟滞性。再有教师工作的价值还有间接性的特点。因为教育中所要进行传承之物，对教师而言，非教师不知或不会，主要是通过教师的工作，使得后代习得，为后代所掌握，所以，教师工作的价值不是通过自身来体现，而是通过学生体现，具体说，就是间接地通过后代习得的程度和结果来彰显。

2）课改对教师角色的要求

时代在进步，教育在发展，教师的职业角色在不同时代被赋予了不同的内涵。师者，传道授业解惑也，便是一个例证。当下或者在未来一个历史时期对教师提出哪些角色要求呢？

在我国颁布的《全日制义务教育数学标准解读》中对教师角色的内涵变化是这样描述的：数学教师从数学课堂单一的数学知识传授者的角色，逐步向数学学习活动的组织者、引导者和合作者转换，教和学开始向和谐统一的方向发展。数学教师不再只是习题的“研究者”和考试的“指导者”，而是拥有先进教育理念、懂得现代教育技术、善于学习、善于合作的探究者。数学教师将成为人们越来越羡慕的职业，学生会视他们为朋友和榜样，他们自己也将变得更加自主、自信和自尊，在为学生带来愉悦的同时，也为自己带来幸福。也就是说，教师不仅是知识的传授者，而且是学生学习的引导者、组织者和合作者。这种具有一定“继承性”的转变——不再是单一的知识传授者，更多的是学生学习活动开展的组织者、引导者和合作者。

3）为什么教师要有专业标准

首先，教师是一种特殊的职业，是一种专业化的工作。严格来说不是任何人都可以从事教师职业的。教师职业有自身的严格要求，那么，这些要求是什么？具备什么样素质的人才能从事教师职业？这就必须通过教师的专业标准来规范和要求。只有达到教师专业标准的人才能进入教师队伍的行列，才能从事教师职业。其次，教师应该拥有的观念、知识和行为是怎样的？通过教师专业标准为教师职业提出一个底线的要求，使得教师个人、学校、教育行政部门等都清楚地知道了教师的专业发展包括哪些内容，具体要求是什么，便于对照标准了解哪些方面达到了要求，哪些方面还需要加强。再次，教师在专业发展的过程中不断追求的目标是什么？教师专业标准给教师、学校和教育行政部门提供专业发展的方向和目标。最后，为教师教育基本内容是什么，重点有哪些，怎样才算是好的教师教育等方面提供了建设和评价的依据。

教师专业标准是确立教师专业化的前提，为教师专业上的发展提供了一个底线。此专业标准，就使得教师与医生、律师等专业人才一样，有了体现职业专业性的标志。

4）教师专业标准的定位与内涵

《标准》是国家对合格中学教师的基本专业要求，是中学教师开展教育教学活动的基本规范，是引领中学教师专业发展的基本准则，是中学教师培养、准入、培训、考核等工作的重要依据。

《标准》提出“学生为本”“师德为先”“能力为重”“终身学习”四个基本理念，是中学教师作为专业人员在专业实践和专业发展中应当秉持的价值导向。

《标准》的基本内容包含“维度”“领域”和“基本要求”三个层次，即“三个维度、十四个领域、六十一项基本要求”。“三个维度”是“专业理念与师德”“专业知识”和“专业能力”；在各个维度下，确立了四至六个不等的领域；在每个领域之下，又提出了三至六项不等的基本要求。

维度即判断评价事物的视角。领域是某一具体视角下或维度下的具体内容。各领域里的要求则是对某一维度的“底线要求”。例如，以学生为本的底线就是尊重学生，学生可以不成“才”——成为某一方面的专门人才；但是要成“人”——拥有认识、判断事物、行为正确与错误的价值判断，拥有如何与人相处的基本准则。师德的底线就是绝不伤害学生，学校作为学生走出家庭，走向社会的连接，是对学生成长的演练。在学习环境中，学生开始形成对组织、同伴、权威、惩罚、挑战、挫折等的体验。但是，学生在成长过程中的学校影响只是影响学生成长因素中的一部分，无论学校之外的影响如何，学校教育给予学生的永远是温暖、和善的记忆。

能力是个人能胜任某种工作或完成某项任务所表现出来的解决问题可能性的个性心理特征，是个体完成某一任务的必备条件。教师能力是指教师在教育教学活动中表现出来的、直接或间接影响教育教学活动的质量和完成情况的个性心理特征。在专业能力这个维度，涉及的具体内容有教学设计、教学实施、班级管理与教育活动、教育教学评价、沟通与合作、反思与发展。《标准》提出了二十五项有关中学教师专业能力的基本要求，涵盖了中学教师应有的四方面基本能力：一是教学能力。教学是中学教师的主要工作，因此《标准》对中学教师专业能力的要求是以教学能力为中心的，其中涉及教学的设计、实施和评价等。二是开展班级管理和其他教育活动的能力。这些工作是“教书育人”使命所决定了的教师教学以外的基本工作，一个合格的教师必须具备这方面的能力。三是人际交往能力。因为教师工作是一项与人打交道的工作，教师必须能有效地与学生交流，此外，拥有与同事、家长、社区等沟通与合作的能力是有效开展教育教学的基本保障。四是自我发展能力。因为在终身学习社会中，教师只有具有自我发展能力，才能不断提升自己的专业水平，才能适应教育教学工作的需要。

5）教学设计能力是教师教学能力的核心

教学设计能力是教师专业标准中提出的教师专业能力之一，标准中给出的具体要求是：38. 科学设计教学目标和教学计划。39. 合理利用教学资源和方法设计教学过程。40. 引导和帮助中学生设计个性化的学习计划。

随着教师专业化运动的开展和新课程改革的进行，教学设计能力成为影响教学质量的关键因素，逐渐跃升为教师教学能力的核心。师范生的教学设计能力的培养也成为职前教师教育的重点，而教学设计文本是教学设计的文字表达形式，直接体现着师范生的教学设计能力。

设计是指人们为了达到特定的目的，在开展一项较复杂的工作之前，进行系统分析、规划、决策、制定并形成工作方案的活动和过程。人类作为目的性动物，在行动之前会奔着目的的实现做些准备、对目标达成的过程加以规划、对目标达成过程中出现的变化做出预案，并在行动过程中依据实际情况予以局部的调整，力求结果与目的的高度吻合。因此，任何设计活动的宗旨都是提出达到预期目标的最优途径。

教学工作同其他活动一样，也适用“预则立、不预则废”的俗理，都需要做好准备。以往将教师在教学之前所做的准备统称为备课，即教师根据课程标准的要求和本门课程的特点，结合学生的具体情况，对教科书内容作教学法上的加工和处理，选择合适的教学方式方法规划教学活动的过程。

教学设计也称教学系统设计，是以传播理论、学习理论和教学理论为基础，运用系统论的观点和方法，针对课程内容主题、学生特征和环境条件，运用教与学的原理，为学生策划学习资源和学习活动的过程，即教学设计是在现代教育理论指导下，为了促进学生学习和发展而设计的，解决教与学问题的一套系统化程序。教学设计方案，内容包括学习内容特征分析、学习者特征分析、任务分析、教学目标、设计思路或意图、教学过程、课堂小结（含板书设计）、自主性教学评价（教学反思）、教学资源链接等。教学设计能力作为教师的基本素质之一，是教师专业化的重要标志，它体现着教师在专业活动与行动中表现出的专业品质。

备课与教学设计的共同点：使得教学活动可以有计划、有步骤和有效率地展开，直到达到规定的教学目标。

二者的不同点：备课可以是经验型的，凭经验设计教学；而教学设计则要有理论上的依据，教育科学和教育技术的含量比较高，是一件专业化的工作。

既然教学设计能更好地体现教师的专业性，所以，做出好的教学设计就是上好课的前提，而上好课是教师最朴实的追求。同时，《高等师范学校学生的教师职业技能训练大纲》中指出："教学工作技能训练主要包括进行教学设计的技能，使用教学媒体和编制教学软件的技能，课堂教学的技能，设计和批改作业的技能，组织和指导学科课外活动的技能及教学研究的技能"。下面将通过以下章节的学习，帮助未来的教师习得教学设计的技能。

1. 张奠宙，于波．数学教育的"中国道路"．上海：上海教育出版社．2013.

2. 张奠宙，丁传松，柴俊．真情实意话数学．北京：科学出版社．2011.

1. 简述中国数学教育的文化背景对当下数学教育的影响。

2. 结合自己的成长经历谈一谈十多年的数学教育对你的影响（请举实例加以阐述）。

第二章　数学教学设计概述

第一节　教学设计概述

设计是由目的指引的过程，该过程的目的就是构想和实现某种新的东西。教学设计针对的是一定的实际的学习目的，力求创作某种新的教材或学生在其中学习的系统。为做到这一点，设计者试图形成对教学条件及所期望结果的理解，并使这种理解变为具体的方法。

教学设计作为一种理论和新兴的学科的诞生则要追溯到20世纪50年代的美国。教学设计（In-struction Design，ID）在教学计划制订中的应用最初是由美国国防部在第二次世界大战时期开发的，其目的是满足有效训练大量士兵的直接需要。今天ID的理论与实践的研究与开发已经成为广泛的国际性行动。华东师范大学的高文教授在对荷兰土温蒂大学Sanne Dijkstra教授的访谈中，请Sanne Dijkstra作为ID研究领域中的一个国际著名学者，对该领域的发展阶段作一个简要说明。Sanne Dijkstra所做的阐述是：确切地说，教学设计的构想最初起始于美国，它跟教育技术学密切相关。所谓教育技术学是对待教育的一种观点，该观点起始于20世纪50年代的美国，它把工业制造和系统工程学引入了教育。根据这种观点，任何教学设计问题的解决方法都可以被概括在一个设计模型中。到20世纪60年代后期，教学设计的研究已经形成一个专门领域。教学设计有两个根源：作为当时学习心理学主要理论趋势的行为主义（behaviorism）理论和系统工程学。行为主义为如何“安排（program）”教学提供了一系列的规则。印第安纳大学学者莫兰达（Molenda）认为，系统工程学对教学设计的影响比行为主义更强。此后，在20世纪70年代和80年代，即从1970年到1990年的20年间，教学设计的理论与模式得到了检验和优化。在这20年中，教学设计领域研究的重点主要是对主题的描述，是包括认知任务分析和信息加工分析在内的主题分析，是对表现出来的“行为”的描述，是以“教学程序”和“计算机辅助教学”的形式进行教学设计的。20世纪90年代，在国际教学设计领域有两个最引人注目的变化：其一是认识论、学习心理学和教学设计的整合；其二是由于所有类型信息的数字化、凭借因特网的远程指导，以及计算速度的提高和记忆容量的增加使得技术有可能以新的方式应用于教育。

一、教学设计的“本土化”解读

对于教学设计这样一个“舶来品”，在我国进行本土化的过程中，许多学者对此进行了解读，下面便是其中的部分内容。

（1）在肖川主编的《教师：与新课程供成长》一书中提出：教学设计是运用系统方法分析教学和确定教学目标，建立解决教学问题的策略方案，试行解决方案，评价试行结果和对方案进行修改的过程，主要是通过对学习过程和学习策略所做的系统安排，着重创设学与教的系统，以达到优化教学、促进学习者学习的目的。教学设计的主要理论基础是学习论和教学论。

（2）在周小山、雷开泉、严先元编著的《新课程视野中的数学教育》一书中提出：教学设计是运用系统方法对各种课程资源教学有机整合、对教学过程中相互联系的各个部分作出整体安排的一种构想，即为达到教学目标，对教什么、怎么教运用达到什么结果所进行的策划，反映了设计者对未来教学的认识和期望，在很大程度上决定着教学活动的效果。

（3）张大均在《教育心理学》一书中，认为教学设计是许多学科研究的内容。教学论、教育科学技术等学科都研究教学设计，但不同学科的侧重点不同，教育心理学侧重教学对象的身心特点、已有知识及教学目标的要求。提出教学设计是根据教学对象和目标，确定合适的教学起点与终点，将教学诸要素有序、优化地安排，形成教学方案的过程。

（4）管延禄、夏玉钦等老师编著的《学数学教育教学论》中，认为教学设计是运用教学理论和系统方法分析教学中问题和需求，研究教学对象，选择教学内容，阐明教学目标，设计解决问题的步骤，选择相应的教学策略和教学资源，评价其结果，使教学效果优化的系统设计与决策过程。

（5）何克抗在其《教学系统设计》一书中将教学设计定义为：教学设计主要是运用系统方法，将学习理论与教学理论的原理转换成对教学目标、教学内容、教学方法和教学策略、教学评价等环节进行具体计划、创设教与学的系统“过程”或“程序”，而创设教与学的根本目的是促进学习者的学习。

综合上述，各位老师对教学设计的表述不尽相同，但有一点是共同的，那就是教学设计的最终目的是为了优化教学效果，是一个系统化规划教学系统的过程（加涅语）。

究竟是怎样的一个过程呢？所谓系统，就是指各元素之间具有有机联系，形成能够执行特定任务的功能的整体，教学就是一个有一些要素构成的系统。粗看教学系统包括教师、学生、教材三个基本因素，而这三者共同受制于课程标准。课程标准是国家对数学课程的基本规范和要求，是教师教学、学生学习、教材编写的依据。因此，课标、教师、学生、教材共同组成一个系统。具体到一节课的教学系统看，教学系统则是由教师、学生、教学内容、教学目标组成。在这个系统中，教学目标处于统领地位，对教师而言，它是教师依据课标为学生制定的学习目标。对学生来说，教学目标是学生的学习目标。教学内容作为实现教学目标的载体，教学目标是创造性使用教材的依据。教师作为教学过程的设计者，制订教学目标必然考虑学生的学习现实，要针对教学内容考虑学生生成教学内容意义的方式和方法，要对教学的整体流程加以设计，还要对学生学习目标的达成设计评价。

因此，面对相互联系又相互制约，充满复杂性、动态的教学系统，必须找到一个合适的着力点，那就是以教学的根本为着眼点，进行着眼于学生学的教学活动规划。

常言道：理念是行动的先导。不同的理念导致不同的设计，以学习理论为例，行为主义认为学习是刺激与行为的联结。就像给饿猫提供食物的刺激，猫在反复的练习中学会了开启栅栏门获得食物的行为一样，教学设计的重点就是精心选择刺激，来形成、强化期望的反应。比如，不断提供同类题型的练习，让学生获得相应的解题能力。认知主义认为学习是个体学习加工的过程，其中有感觉、记忆、提取、鉴别、比较、分析、综合等心理操作。那么，教学设计的重点就在将知识和技能分解，以有利于学习加工。建构主义学习理论认为学习是学生自主建构新知的过程。那么，教师就不再是学习活动的主体，而是学生学习过程中的辅助者。设计的核心就是为学生创设问题情境，引发认知上的冲突，进而探究，最终建构出知识的意义。所以，要做好教学设计需要有理论的支持。

在学习理论、教学理论、传播理论的支持下，先要确定学习的目标，接下来规划学的方式、呈现教学内容的方式、教学的流程、教学效果的反馈与评价等内容，最后得出一个突出学生主体地位的教学实施规划。

因此，教学设计可以被看成是用系统的方法，依据教学理论、学习理论和传播理论，对各种课程资源进行有机整合，对教学过程中相互联系的各个部分作出整体安排的一种构想。它是一种构想，是一种整体的安排，是我们教师为将来进行的教学勾画的一些图景，它反映了我们的教师对自己未来教学的一种认识和期望。

二、关于数学教学设计

目前它的一个发展趋势便是向学科靠近，关于各个学科教学设计的书籍的出现便是一个例证。数学教学设计方面的书籍也开始出现，那么，什么是数学教学设计呢？

(1) 奚定华认为，数学教学设计是“以数学学习论、数学教学论等理论为基础，运用系统方法分析数学教学问题，确定数学教学目标，设计解决数学教学问题的策略方案、试行方案、评价试行结果和修改方案的过程”。

（2）管廷禄提出，数学教学设计是以认知学习理论为基础，以数学教育传播关系为对象，用系统科学的方法将各种教学资源有机地结合起来，对数学教学过程中相互联系的各个部分的安排重点整体计划的过程。

（3）何小亚认为数学教学设计是一个系统过程，其核心问题是教什么？怎么教？达到什么效果？

（4）张奠宙等认为，数学教学设计是为数学教学活动制订蓝图的过程，完成数学教学设计需要考虑以下三个方面：

①明确教学目标。课堂教学必须完成课程标准设置的要求。针对学生的学习任务，教学应该对教学活动的基本过程有一个整体把握，按照教学情境的需要和教育对象的特点确定合理的教学目标。

②形成设计意图。根据教学目标，选择适当的教学方法和教学策略，形成科学、合理、实用、艺术化的设计意图。这种设计是一种创造过程，具有自己的个性特征。

③制订教学过程。将设计意图转换为采用可操作的、有效的教学手段，创设良好的教学环境，有序地实施各个教学环节，拟订可行的评价方案，从而促使教学活动顺利进行，达到原定目标。

（5）陈柏良老师的观点：数学课堂教学设计是根据一般教育心理学理论，特别是数学教育理论的基本观点和主张，依据课程目标要求，运用系统科学方法，对教学中的要素进行分析，从而确定数学教学目标，设计解决数学教学问题的教学活动模式与工作流程，提出教学策略方案和评价办法，并最后形成设计方案的过程。它具有规划性、超前性、创造性和可操作性等特点。

（6）田中在《实现数学素质教育目标重在教学设计》一文中这样说：所谓“教学设计”，就是用一定的教育思想作指导，规划自己的教学行为而形成的教学设想。对于同一个数学内容的教学，可以做出不同的设计，这种不同的设计取决于设计者所持的不同的数学观和数学教育观。

就像对于真理的探讨一样，越辨别越明确。对于数学教学设计（本书中的讨论均指课堂教学设计）的内涵，无论是安排重点整体计划的过程，还是为数学教学活动制订蓝图的过程，亦或是形成设计方案的过程，总之，数学教学设计是一个过程，是一种制定教学活动规划的工作或活动。我们可以将其定义为，教学设计是指教师为完成一定的教学任务和达成优化教学效果的目的，用系统的方法，依据教学理论、学习理论和传播理论，对数学教学活动进行从目标、内容、方法、流程到评价全面规划的过程。

通过教学设计，教师制订出教学活动据以展开的实施方案是教师顺利实施教学，帮助学生获得良好学习成果的保障。同时，良好的教学设计能力也是教师胜任其工作的重要前提。因此，师范生需要学习教学设计，并应该在今后的从教生活中不断提高自己的教学设计能力。

数学教学设计能力指的是教师根据教育教学相关理论及自己的教学经验创造性地对数学课堂教学制订出一种恰当的教学方案的能力。进行这种教学设计的目的是构建一种最佳的教学方案，从而促进学生的学习，从而实现教学效果的最优化。

第二节　数学教学设计的理论基础

一、关于学习

学习是获得信息、知识、技能、习惯、态度和信念的过程。学习的结果是由学习过程中经验的变化而导致的相对持久的行为变化。具体可以表现为：意向变化——个体做或不做某事的倾向变化；能力变化——做事情所必需的技能或知识方面的改变。学习是否发生一般是根据学习后的行为表现来确定的。心理学家根据行为的类型将学习分为三类：动作学习（与肌肉协调和身体有关的学习）、情感学习、认知学习（信息或观念的学习）。有关对学习的研究，在教育领域比较有影响的三个流派，分别是行为主义流派、认知主义流派和人本主义流派。

（一）行为主义流派

行为主义作为解释学习的第一个流派，主要通过研究学习后可观察、可预测的行为，以及影响个体行为或可能引起行为的条件之间的关系，即反应与刺激之间的关系，并把学习看作是刺激与反应的联结。该理论也常常被称作刺激—反应理论。该理论的研究起源于对动物行为的研究。主要代表人物有俄国心理学家伊万·巴甫洛夫，他在对消化腺的研究中发现，当准备给狗喂食时，发现这些狗并不是看到或闻到食物时分泌唾液，而是在看到喂养者或听到其脚步声时就开始分泌唾液。于是，巴甫洛夫又做了一系列的实验：他先按电铃或敲铃铛，然后喂食，很快，巴甫洛夫发现，单独按电铃或敲铃铛也导致狗分泌唾液。他将食物看作是无条件刺激，铃声是条件刺激，对食物分泌唾液的反应看作是无条件反应，而将铃声或电铃声所产生的分泌唾液的反应叫做条件反应。一般地，一个能导致反应的刺激或情境可以与中性刺激（不产生反应的刺激）相配对，以产生经典条件反射，这种学习是无意识的。

美国心理学家华生受巴甫洛夫的影响，他的研究拒绝意识、情感、感觉等难以测量的术语，坚持精确、严格和客观的研究态度，相信我们成为什么样的人是我们经验的函数。认为，学习只不过是经典条件反射作用所形成的反射。这种无意识过程中实现的学习可以很好地解释学生对学校、课程、老师及相关刺激物的喜好。例如，数学学科对学生来说是一个中性刺激，课程教师、教室和教材对数学学科的学习来说是无条件刺激物，这些刺激物有些可能与愉快的反应相联系，如老师令人愉快的声音、一个很有亲和力的老师、舒适的学习氛围等；也可能与消极的反应相联系，如态度严厉的老师、零乱的教室陈设、死气沉沉的学习氛围等。数学课程当与这些刺激物相联系后，学生就对数学课程产生了条件反射，就有了喜欢数学或厌恶数学的表现，因此，学习只不过是经典条件反射作用所形成的反射的观点。对教师从事教学的启示，就是要尽量降低课堂学习过程中令学生产生不愉快反应产生的无条件刺激。

心理学家爱德华·桑代克同样通过饿猫开门的实验：将一只饥饿的猫，放在一个设计了开门机关的笼子内，在笼外放上让饿猫垂涎的食物，观察饿猫的行为。猫通过尝试挤出栅栏，在门上抓，喵喵叫，胡抓乱撞，穷尽所掌握的方法，终于，在偶然中碰巧打开了机关，逃出了笼子。之后，当再次将猫放入笼中，发现它逃出的时间缩短了。再三尝试，一个规律性的现象出现了：在同样的情境中，一次比一次出笼所花的时间少。桑代克认为发生在猫身上的行为变化是尝试错误学习的结果。他认为，人类也是按此方式进行学习。学会了就是建立起了外部刺激（笼子提供的环境）与反应（拨开机关）的联结。因此，这种解释学习的理论也被称为联结主义学习理论。

桑代克在对动物进一步的试验研究中还发现并总结出了一些学习过程的规律。其中影响最大的就是效果律，效果律认为只有那些令人获得满意结果的反应更容易被重复，也就是满意的结果反应导致学习产生。关于准备律，桑代克认为，当一个人准备做一些事情并允许他们去做事情时，令人满意的状态更容易产生，也即学习者的准备决定着学习的状态是否愉快。这些观点对教育的重要启示就是学习源于正确的尝试得到奖励（导致满意的状态）。

还有一位重要人物就是斯金纳，他是操作条件反射理论的提出者。他的理论也源于他的动物实验。他将一只老鼠放到斯金纳箱中，斯金纳箱是包括一个杠杆、一个电灯、一个食盒，箱底铺有电网的箱子。当老鼠压杠杆时，电灯就被通电，一个食丸落入食盒。一般情况下，不用多长时间，老鼠很快学会了压杠杆，并且会持续这一行为，即使后面不能得到食丸。如果换一个情景，老鼠一压杠杆，立刻会使地面的电网通电，那么，老鼠很快学会的是避开杠杆。如果在一个地面通电的环境中，一压杠杆，迅速断电，小老鼠又很快学会的是压杠杆。在这些场景中，老鼠压杠杆是一个操作行为，但这种行为不是由直接的刺激产生，而是食丸、电击这些操作的后果引起的，它们在一定程度上增加了行为发生的可能性，故称强化物。斯金纳把强化物还细分为正强化物和负强化物，如食丸是正强化物，电击就是负强化物，并把强化物的效果定义为强化。显然，强化包括两类：一类是呈现一个愉快刺激的，也称正强化；另一类是呈现一个厌恶刺激的，也称负强化。斯金纳对教育的主要贡献在于他对行为结果的分析，就是教师可以通过强化与惩罚塑造学生行为。

反应就是行为。斯金纳是最早将行为区分为两类的心理学家。他认为巴甫洛夫的经典条件反射中的反应是产生于一个刺激的反应，具有不随意性，是一种诱发反应。而客观上还有一种更普遍、更重要的反应，它不是由已知的刺激引起的反应，而是由有机体自主实施的操作行为。所以，他将行为区分为：反应行为和操作行为。例如，打喷嚏、眨眼、愤怒、恐惧、兴奋等是在特定情境不可避免的行为，均属反应行为，它们都是特殊性刺激下的反应。而像读书、写字、唱歌、烹制食物、手工、绘画等行为都是在人有意识和有目的情况下出现的行为，就属于操作行为，是受人控制的行为，它服从于操作性条件反射的规律。

什么是操作性条件反射？斯金纳做过一个实验。将一只老鼠放在一个有杠杆、电灯、地面上有电网和一个食盒的箱子里，当老鼠触压杠杆时，电灯亮了，一个食丸落入食盘。在这种条件下，老鼠很快就学会了压杠杆，并且会不断重复压杠杆的行为，即使每次都得不到食丸。这一情境中，老鼠压杠杆是一个操作行为，不是有刺激物引发的行为。老鼠只要发现自己置身的情境就会产生压杠杆的行为。随后，斯金纳将压杠杆得到食丸，改为压杠杆使地面的电网会产生强烈的电流，则老鼠又很快学会了避开杠杆，像这样是由操作引起的行为或反应就是操作性条件反射。

在斯金纳的这个实验中，食丸、电击都是作为老鼠压杠杆的后果出现，成为老鼠压杠杆行为产生或者避开压杠杆行为产生的增加因素，因而成为行为产生的强化物。

强化导致行为的改变，但在教育情境中要慎用惩罚，原因如下：

（1）惩罚通常没有示范或强调正确行为，而是仅仅吸引学生注意不良行为，因此，在学习中惩罚不是非常有用。

（2）惩罚经常通过产生强烈的不愉快情感来实现其目的，这种影响与惩罚者而不是被惩罚者的行为相联系。

（3）惩罚不总是消除反应，有时会是压抑了反应，也就是说，一个行为很少因惩罚而被遗忘，即便该行为没有出现，很可能仅仅是暂时的。

（4）惩罚常常不会简单地起作用。Sears，Maccoby 和 Lewin 报告称，具有攻击性而严厉惩罚孩子的父母，他们的孩子具有更强攻击性。试图训练孩子上厕所习惯的母亲会由于过分严厉而使孩子更容易尿床。

（二）认知主义流派

在心理学研究中，行为主义与认知主义所持有的立场不同。行为主义采取的立场是：由于内在的思维活动或者心理活动是不可能被直接观察到的，因此，主张对可见的行为进行描述，倾向于根据技能获得来表述学习。其理论依据就是“刺激—反应联结”。然而，随着对这一立场的质疑，一些心理学家认为刺激—反应的联结这一公式应该加入中间变量，并认为其变量才是引起行为的关键，由此，心理学的研究由仅仅局限于外部的可见行为变成了深入内在的心理活动，而认知主义开始逐渐占据心理学研究的主导地位。认知主义研究认知，即认识。认知究竟是一个怎样的过程？当一个主题不能被精确描述时，人们往往借用比喻即类比，在认知心理学中最重要的比喻就是信息加工的比喻，用信息处理的过程来说明人的认知过程及其机制，解释人的行为。试图用计算机模拟人脑，借此来弄清人脑是如何工作的？类比模型如图 2-2-1。

	功能			结构		
人类	S	认知活动（思考、问题解决、创造和其他心理活动）	R	感官	神经系统	反应系统
计算机	输入	软件（程序操作）	输出	感受器（键盘）	硬件（芯片、存储器、线路）	打印机屏幕

图 2-2-1　计算机与人脑结构与功能的类比

注：认知科学基本的计算机比喻是将输入比作刺激、将神经系统的认知功能比作计算机的软件运作

资料来源：Form G. R. Lefrancois，Theories of Human Learning：What the old man said（4th ed.）Copyright © 2000 Wadsworth. Used by permission.

认知就是知晓。

要搞清楚人类的认识究竟是一个怎样的过程，不能不提瑞士著名心理学家皮亚杰的研究。皮亚杰对一个九个半月大的小女孩所做的一个实验：“小女孩坐在那里，我在她的膝盖上放了一块她刚才抓在手上的橡皮擦，在她正要重新抓起这只橡皮擦时，我把我的手放到了她的眼睛和橡皮擦之间，她立即放弃了先前的努力，就像这一目标根本不存在一样。”“这样的实验重复了十次，如果我正好在这个小女孩的手指触及橡皮擦时挡住她的视线，她继续先前的努力直至活动成功，……然而，如果在我挡住她视线之前并没有直接的触及，这个小女孩就收回了自己的手。”皮亚杰从这个实验中提出了这样的观点：对非常小的儿童来说，看不见的东西就不存在。也就是说儿童并不具有成年人关于物体“常存性”的认识。

还有一个关于液体体积“守恒性”的实验：把两个 8 盎司的苏打水分别倒入高而细的玻璃杯和矮而粗的玻璃杯中，小孩会认为液面高的玻璃杯装有更多的苏打水。皮亚杰对此的解释是在一个液体体积并不具有守恒性的世界之中，小孩认为将液体从一个容器倒入另一个容器不仅会改变它的形状，而且也会改变它的

体积。

由此表明，认识是一种以主体已有知识和经验为基础的主动建构活动。这种对个体已有的知识和经验在新的认识活动中作用的肯定，引出了关于认识活动本质的一种新认识就是“建构主义”。

按照皮亚杰的观点，“客体只是在它顺应或违抗主体在一个连贯的系统中的活动或位置的协调作用时才被建构的”“客体只是通过被建构成才被发现”，因此，认识并非思维对外部事物或现象简单的、被动的反映，而是主体的一种主动的建构活动。

建构的方式有两种：一种是同化，另一种是顺应。同化即把所说的对象纳入（整合）到主体已有的认识框架中；顺应即在已有的认识结构无法容纳新的对象时，主体必须通过对已有的认识结构进行改革以使其与客体相适应。

由于学习是一种特殊的认识活动，因此，可以根据建构主义的观点来分析学生的学习。知识并不是简单地由教师或其他人传授给学生，而是只能有每个学生依据自身已有的知识和经验主动地加以建构。因为学生对教师所说并非照搬，而是依据自身已有的知识与经验去做出“解释”，使其获得确定的意义。对此，下面这个故事是一个很好的诠释。“有一条鱼，它很想了解陆地上发生的事，却因为只能在水中呼吸而无法实现。它与一只蝌蚪交上了朋友。小蝌蚪长成青蛙之后，便跳上陆地。几周后青蛙回到池塘，向鱼汇报它所看到的，青蛙描述了陆地上的各种东西：鸟、牛和人。鱼根据青蛙对每一样东西的描述，得出了自己对这些东西的图画表征——人被想象为用鱼尾巴走路的鱼、鸟是长着翅膀的鱼、奶牛是长着乳房的鱼。”

建构主义的相关理论作为本轮课改的基础理论，现已为越来越多的教师认同并在实践中践行。因此，也是需要重点了解的内容。

建构主义的数学观：传统的数学观将数学看成是一套已完成的严密的数学结论体系，但是随着对一些已有认知的丰富，比如，对 π 值计算的精度变化、三角形内角和是 180° 这一结论在曲面上并不成立等过程的分析，使人们的观念发生了变化，那就是数学在生长中是难免有错的，需要依靠假设、尝试、证明、举反例、接受反驳、调整等一系列复杂的、有实践意义的过程来建立结论。因此，数学不是建立在独立于人类思想之外的、纯客观的事实，而是人类构造出来的心理上的东西，是人们将自己在实践中的经验，经过反复验证，通过人们之间的交流、解释、批驳等合作性活动取得的共识。所以数学应当被看做人类发明的结果，而不是发现。

建构主义的学习观：学生要学习的数学是历史上前人早已建构好的，但对学生来说确是全新的、未知的，需要他们用数学学习活动来再现类似的过程。在这个活动中学生作为认知的主体，通过亲身体验，建构自己对内容、意义的理解，这种身份是任何人无法替代的。因此，要设法调动学生的积极性和主动参与学习活动的兴趣，通过师与生、生与生间的交流，使学生本人的思想更清晰，也更适应于他人的想法。

建构主义的教学观：既然学生的学习是一个基于原有认知基础的、自主建构的过程。那么，与之相适应的教学也不应被理解为将知识单向向学生传授的活动，教师的作用也不再是传播“真理”，而是在充分理解学生的认知过程、认知图式特点的基础上，采用恰当的认知模式来识别和确定数学知识的表征、学生自己的操作运算、存储知识、组织情境的方法，顺着学生的经验和思路，引导启发学生的自我建构。

建构主义刻画了儿童的数学学习在很大程度上取决于主体已有的知识和经验，所谓对知识的理解是指新的学习内容与学习者已有的经验间建立联系。比如，学生对分数的认识，作为教师都知道在小学阶段，分数是自然数系的第一次扩充，对于学生是认识上的一次重要飞跃。通常教师会从学生最熟悉的生活经验入手，如分苹果。当教师提出一个苹果两人平分，每人分到多少时，学生们会说一半，或者半个，进一步引导“一半”可以怎么表示时，学生回答 0.5，更多的学生回答“二分之一”，之后的教学活动就是让学生感受用 1/2 表达一半的优越性，感受学习分数的必要性。但是这样的设计并没有让学生感受到学习分数的必要性。有的老师还通过“涂一涂”等活动让学生理解 1/2 的含义，而这一活动的效果是学生会很快完成，但是问学生怎么想到要涂图形的 1/2 时，学生的回答却是：这些都是轴对称图形，1/2 不就是图形的一半吗；还有的说我们什么都没想，这在幼儿园都会画了等，显然通过涂色并没有理解 1/2 的本质含义。如何从学生的经验出发，创设能够让学生感知分数的含义、体会学习分数的必要性，进而能够用自己的语言描述一个分数的意义，达到对新知的理解。请看下面的案例。

案例：

师：淘气妈妈为淘气和笑笑做了一个饼，他们平均分着吃，怎么切？

师：如果这张圆形纸就代表这个饼，如果用你的手掌当刀，可以怎样切？

全体学生用手掌比划切痕，有不同切法。

师：这样也可以吧（翻转圆片呈现竖直切痕，贴在黑板上），每人分到多少？

生：半个，一半……

师：这半个或一半还可以怎么说？

生：（多数学生）二分之一。

生：（少数补充）0.5。

生：（个别表达）平均分成两份中的一份。

师：二分之一？我们好像从来没学过，谁知道二分之一写出来是什么样子的？（请一位学生写出 1/2，并鼓励课外主动观察学习的好习惯）

师：妈妈刚要切，这时淘气的好朋友明明来了，这时他们又该怎么分呢？

生：分三份。

师：我也这样竖切两刀分成三份可以吗？（手势示意竖切两下）

生：不行，要平均分，应该这样切……（纷纷手势比划扇形）

师：哦，我明白你们的意思了，是要这样切吧！（翻转圆片出示120°三等分切法）

师：每人又能分到多少呢？

生：（多数学生脱口而出）三分之一。

师：（故作疑惑的眼神）三分之一？什么意思？能在这张圆片上解释一下吗？

生：（边指边说）就是把这个圆饼分成三份，其中的一份就是三分之一。（师在圆片上画三分之一的阴影）

师：他的说法你认为有道理吗？谁再来说说？

生1：就是把一个饼子分成三份，其中的一份就是三分之一。

生2：把一个饼子平均分成三份，其中的一份就是三分之一。

师：他们的意思大概都说对了吗？

生：对了。

师：不过你们注意到没有，第二个同学在分法上好像突出了三个字？（生迟疑片刻，有学生发现了平均分）

师：这个“平均分”只是口头上说说，还是必须平均分？为什么？

生1：我认为必须平均分，否则就不公平。

生2：我也觉得必须平均分，只有平均分，每个人才能分到的一样多。

师：现在请你用对三分之一的理解，解释一下二分之一是什么意思？（绝大多数学生都能类比表达出二分之一的含义）

师：（指图）原来我们学过1，2，3…，能表示1个饼，2个饼，3个饼……，今天学了1/2可以表示这个饼的一半，1/3可以表示这个饼的三分之一，在今天之前，虽然半个饼我们可以用0.5表示，但要表示这一块（1/3部分）只能说它是这块饼的一小块，现在可以准确表达了吗？

生：（得意地说）可以，是三分之一。

师：那这一部分呢？

生：二分之一。

师：分数怎么才能写正确呢？智慧老人有一个小秘密，他说，如果分数写得好，分数就会说话。

师：不信？咱试试看：“把一个饼平均分成2份，其中的一份就是这个饼的1/2。”（边叙述边示范规范的书写）

师：咱再写一次，看你们写得分数说了什么。

师：在刚才写分数的过程中，你知道先写什么，后写什么，再写什么吗？分数 1/3 里的“/”“3”“1”又分别表示什么？

资料来源：刘庆华．“课堂观察”，读懂学生的真实的想法．小学数学教与学，2010（12）

人本主义心理学是 20 世纪 60 年代兴起的一个心理学流派，主要代表人物有马斯洛（A. H. Maslow）、罗杰斯（C. R. Rogers）等。

（三）人本主义流派

人本主义心理学关心的是人类的价值、个体性、人性及个体决定自我行为的权利，把自我实现作为所有人奋斗的终点。因此，对于学习，人本主义认为学习就是学习者获得知识、技能和发展智力，探究自己的情感，学会与教师和班集体成员交往，阐明自己的价值和态度，实现自己的潜能，达到最佳境界的过程。强调必须把学习者视为学习活动的主体；必须重视学习者的意愿、情感、需要和价值观；必须相信任何正常的学习者都能自己教育自己，发展自己的潜能，并最终达到“自我实现”。

罗杰斯对学习归纳出了十条原则：

（1）人类生来就有学习的潜能。

（2）当学生觉察到学习内容与他自己的目的有关时，意义学习便发生了。

（3）涉及改变自我组织（即改变对自己的看法）的学习是有威胁性的，并往往受到抵制。

（4）当外部威胁降低到最低限度时，就比较容易觉察和同化那些威胁到自我的学习内容。

（5）当对自我的威胁很小时，学生就会用一种辨别的方式来直觉经验，学习就会取得进展。

（6）大多数意义学习是从做中学的。

（7）当学生负责地参与学习过程时，就会促进学习。

（8）涉及学习者整个人（包括情感与理智）的自我发起的学习，是最持久、最深刻的。

（9）当学生以自我批判和自我评价为主要依据、把他人评价放在次要地位时，独立性、创造性和自主性就会得到促进。

（10）在现代社会中最有用的学习是了解学习过程、对经验始终持开放态度，并把它们结合进自己的变化过程中去。

根据这些学习原则，凡是可以教给别人的东西，相对来说都是无用的，即对人的行为基本上没有什么影响。能够影响一个人行为的知识，只能是他自己发现并加以同化的知识。所以，教师的基本任务是要允许学生学习，满足他们自己的好奇心，并且，主张废除教师中心，提倡学生中心；学生中心的关键，在于使学习具有个人意义。废除教师是知识的拥有者、学生学习的支配者角色，以学生学习的促进者取而代之。

为了实现对学生学习的促进，罗杰斯又列举了始终促进学生学习的方法：

(1) 构建真实的问题情境。

(2) 通过学习资源。

(3) 使用合约。

(4) 利用社区。

(5) 同伴教学。

(6) 分组学习。

(7) 探究训练。

(8) 程序教学。

(9) 交朋友小组。

(10) 自我评价。

其中，有许多提法与新课程倡导的理念有一定程度的耦合，可以通过阅读和查阅相关书籍来借鉴其中能为己所用、为今所用的合理内涵。

二、教学理论

由于教学是一个起源很早的实践活动，教学涉及的方面很多，如教学过程、教学方法、教学原则、教学评价等，教育前辈们不断地将自己在教学实践中的发现加以总结、概括，最后得出一些具有普遍意义的规律，再将它们应用于实践，通过教学实践对这些教学规律进行修正和丰富，经历了从零散到体系的发展过程，构筑出当代的教学理论体系。

数学教学理论则是数学教学实践经验的概括与总结。它主要研究数学教学情境中教师引导、维持或促进学生学习的行为，从而提供一般性的规定或处方，以指导数学课堂的教学实践活动。

同其他实践活动规律的研究一样，教学理论研究的目的是为了使用规律指导实践，并实现实践。数学教学论的研究目的也是用探讨到的规律，来指导数学教学实践，以达成数学教育的目的。

数学教学理论涵盖的内容有：数学教学及其过程；数学教学方法；数学教学原则；数学教学评价。我们将在第三章感悟教学中予以介绍。

三、传播理论

所谓传播，就是人与人之间为了达到分享知识、互相影响的目的而进行的信息交流活动。在文明社会中，人们相互接触，大量地传播着自认为是正确的和重要的思想。教育作为一种传承活动，其过程也是一种传播，而且是一种有目的、有组织的传播，即向学生传递新的日益复杂的各种知识、技能、价值观念的一个过程。

借用伯罗（D. Berlo）的 SMCR 传播模式解读教学过程如图 2-2-2。

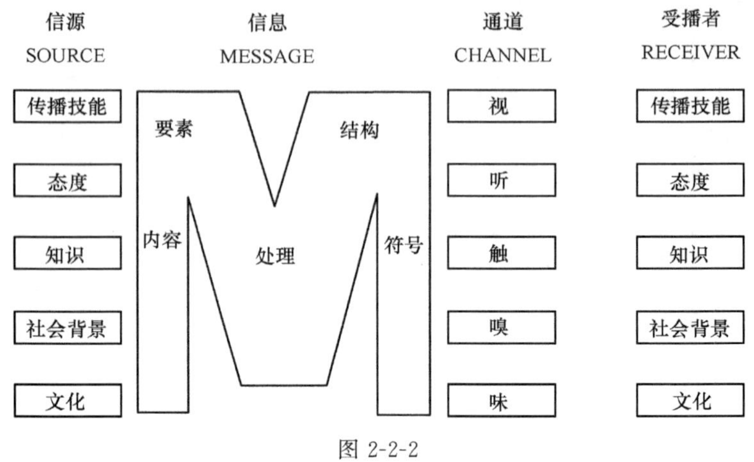

图 2-2-2

1. 信源

信源：即传授信息和知识的人——教师，处在信息交换的发送端。其主要任务和功能如下。

（1）提供信息：根据教学目标的要求，选择、收集、组织编排适用的信息内容、资料。

（2）信息编码：把已选择的信息内容（知识、技能等）转换成适宜的传递信号（如声音信号、书写文字信号、图象信号、动作信号等）以实现有效的传递。换言之，就是教师根据课标和课程特点，结合学生的具体实际，设计课程结构、选择课体、确定表达方式、程序，以期将储存状态的信息（教材、材料、自身教养）重新组合，变成传输状态的信息而输出。在整个过程起主导作用。

就教师这一传播要素来说，至少有四个要素影响传播效果：

（1）传播技能，如教师的书写、表达等技能，这些技能的掌握程度将直接影响教学效果。

（2）态度，包括对自我的态度，对所有教学内容的态度，对教学对象的态度等。如果一个教师对自己所教的学科毫无兴趣和信心，则很难设想其教学会有好的效果。

（3）知识水平，一般来说，教师教授自己不懂或不甚了解的内容肯定无法收到好的教学效果。

（4）生活及文化背景，教师本人的生活阶层及文化背景，均影响他们对内容的选择和理解，传播方法、传播目的的确定及对事物的认识等。

2. 信息

信息：即传播的内容和事实（数据、资料、知识、例证等）——教学内容。它的传播知识则受内容的结构、内容表征的符号（语言、非语言图象、文字、音符、代号等）、教师对内容的处理等因素的影响，比如，同一内容的不同处理将产生出不同的教学效果已成为一个不争的事实。

3. 通道

通道：即传递信息的渠道——教学方法和手段。因为，不同的方法提供给信息接受者的刺激不同，使接受者形成不同的经验。美国试听教育家戴尔（Edgar Dale）1946 年创办的专著《视听教学法》一书中提出了“经验之塔”理论。该理论认为经验有三类：做的经验——通过亲身对事物的接触与实践获取事物信息；观察的经验——通过观察和载有信息的媒体区间接获取事物的信息；抽象的经验——通过抽象符号的媒体去获取事物的信息。这些通过直接或间接方式获取的经验被划分为十个阶层，如图 2-2-3 所示。

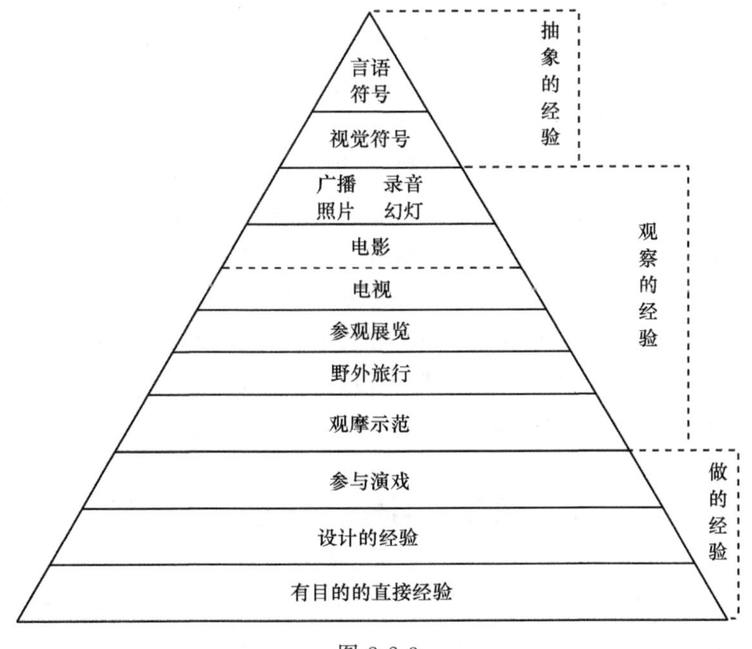

图 2-2-3

从经验之塔我们不难获得这样的启示：越底层的经验越具体；较言语、视觉符号来说视听教具能提供较具体和易于理解的经验。因此，在具体的教学中，可以通过针对不同内容与恰当教学媒体的搭配研究，提高教学的效果。比如，了解一个静态物品，通过观看幻灯、图片就可以取得良好的效果。如果要示范跑步，则用路线的方式来展示动感就比较好等。

4. 接受者

接受者：即信息的接收端——学生。就传播过程来看，接受者需要将接受信息后产生的反应与行为，以反馈方式向传播者发送信息；传播者与接受者在信息传递和交流的过程中，不断地改变他们的位置，发挥着传播信息与接受信息的作用。从这个意义上说受传者亦是传播者，具有与传播者相类同的基本素质和相关因素。因此，教学活动可以被认为是教师与学生之间的一种互动传播。

既然教师与学生在教学传播中的地位是平等的，因此，有着相同的影响因素，只是表现形式不同。从传播技能的因素来说：学生已经具备的有关知识与技能的基础，以及其年龄、认知成熟度、学习动机、个人对学习的期望、成长背景等都会直接影响学生接受教师信息后的回应表现，如应答、书写、提问等，而这些“回应”直接影响教学传播的进程和效果；就态度因素而言学生以下三个方面的态度将影响其传播能力：对自己的态度；对学科的态度；对传播者的态度。没有一个缺乏自信的学生能够很乐意、也很享受地回应别人发出的信息；也没有一个不喜欢自己学科的学生在课堂上与教师和同学有良好的互动；也没有一个学生因讨厌老师而在课堂上有良好的表现。因此，也很难有良好的学习成果。另外，就知识水平这一因素来说，任何新知识的学习都是基于学习者原有的知识与技能。就像奥苏贝尔曾说过的教学最重要的就是知道学生已经知道了什么。学生的已知就是学生的现实发展基础和水平，它的把握决定着教学的效果。所以，从教育传播的角度来看，数学课堂教学是信源（数学教师）通过信道（数学教学方法和手段）向接受者（全体学生）传授一定的学科知识，使学生在数学课堂上从教师那接收知识信息同时吸收内化，并能够使其及时反馈的信息传播过程。在教学中进行数学教学设计时，我们还需要从传播的角度探寻导致良好教学效果的成因，为教学方案的制订提供依据。

第三节　数学教学设计的过程与内容

教学是一种多要素的、动态的复杂系统，教师、学生、教材、课程标准、教学方法、教学手段等要素构成了教学活动，教学设计就是将这些要素放在一起来进行规划和安排。如果把教学设计最后的成果成为实施教学的“蓝图”，那么，教学设计的过程就是绘制这张“蓝图”的过程。

下面先一起看看前人已做出的研究：

一、奚定华的研究

奚定华老师将数学教学内容分析和学生情况分析统称为教学设计的前期分析。通过数学教学内容分析明确要教给学生哪些数学知识和技能，通过学生情况分析了解学生学习的起点能力和学生学习数学的心理特点分析。对学生数学学习应该达到的行为状态做出具体、明确的说明就是编制数学教学目标。确定课的类型、选择教学模式、教学顺序设计、教学活动设计、教学形式设计和教学媒体设计则属于数学教学方案的设计内容。对教学设计成果的评价，并由此对教学设计的方案进行修改，以便不断完善则是顺序教学方案评价完成的工作（图 2-3-1）。

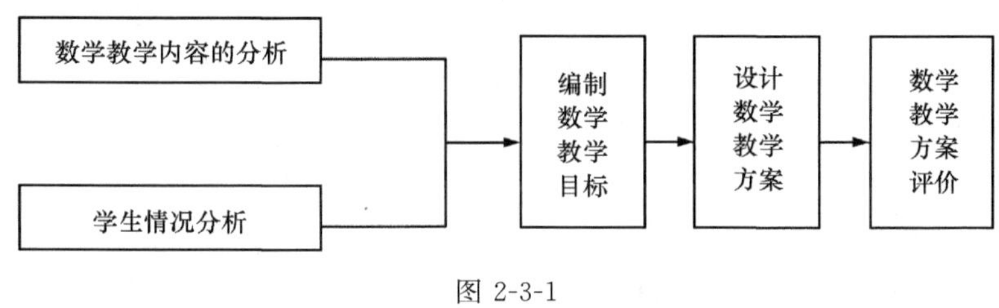

图 2-3-1

二、周小山等人的研究

（1）确立目标。教学目标的关注点是“学生学完这些数学能够做什么”。特别是新课程提出的过程性目标，要求学生经历知识发生、发展的过程，实际上可以看做是对数学活动的提示。

（2）分析任务。分析数学教学任务的目的在于明确学习主题属于哪一类目标，它所包含的数学知识、方法有哪些；学生需要具备的数学知识（方法）前提是什么；学习素材与教学目标的联系是什么，评价项目可以考察哪些教学目标的实现情况等。

（3）了解学生。对学生的了解需关注是否具备将要进行的数学教学活动所需要的知识与方法；需要了解学生的思维水平、认知特征、对数学的价值取向、学生之间在数学活动方面的群体差异等。

（4）设计活动。这是整个教学设计达到目标最具操作性的一个环节，教师应该根据所学内容的特点，引导学生在动手、动口、动脑中学习相关的知识和技能。

（5）评价结果。学生是否达到了教学设计的目标，需要加以判断与界定。需要提供引导的方式、方法和手段进行评价。

三、张奠宙等人的研究

张奠宙先生认为设计课堂教学有三个阶段：

1）课堂教学设计前的准备

这一阶段的主要任务是明确教学具体目标，把握教学的重点、难点，了解其他教师是如何教授同样内容的。具体环节一是学习课程标准，明确当前我国数学课程的目标要求。环节二是阅读教科书和教学参考书，领会编写意图。环节三是广泛涉猎参考资料，学习同行宝贵经验。

2）课堂教学方案的酝酿

这一阶段主要包括以下任务：估计学生现有的数学水平，设计精彩的情境，摸清楚教材中所有例题和习题的根底，决定教学的大致过程。

3）课堂教学设计的成型

经过重复的准备和反复的酝酿，课堂教学方案已经比较成熟，下一步就是具体的落实与准备。首先，准备教具；其次，形成课堂教学设计的书面方案。一个完成的教案主要包括三部分：摘要（课题、上课时间和对象、教学目标、教学重点和难点、教学过程梗概）、过程（怎样引入、怎样探究新课、怎样巩固反思、怎样结束等）、反思（记录教学后的感想、经验、对今后教学的建议、学生不同一般的解题方法和比较普遍的错误等）。

四、管廷禄的研究

管廷禄老师将课堂教学的全程办法框图表示为图 2-3-2。

图 2-3-2 中虚线框内的："分析学习需要""研究教学对象""选择教学内容"是这个教学设计的基础，经过这一步之后将得出学生学习的目标。在这个目标中规定了学生学习之后能够达到的能力水平。教学策略是对完成特定的教学目标而采用的教学顺序、教学活动程序、教学方法、教学组织学生和教学媒体等因素的总体考虑，它主要解决教师"如何教"和学生"如何学"的问题。

按照此流程，便可以得出完成数学教学设计具体需要完成的工作：

（1）制订数学教学目标（教学目标要明确、具体，便于考察与评价）。

（2）分析和处理数学教材（研究教材的知识体系和逻辑结构，挖掘教材内容所蕴涵的数学思想方法，明确每一个教学内容体现出的基础知识和基本技能及教学内容中的重点、难点）。

（3）了解学生（了解学生的学习实际、心理特征、思想实际）。

（4）制订数学教学策略。

（5）制订数学教学计划和编写教案。

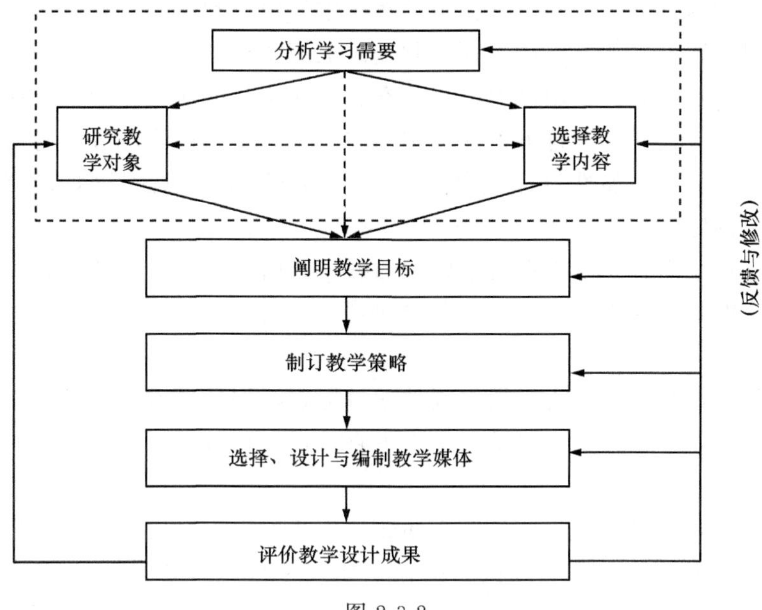

图 2-3-2

（6）作业类型与设计。

（7）学习评价。

五、陈柏良的研究

陈柏良老师的教学设计过程如图 2-3-3 所示。

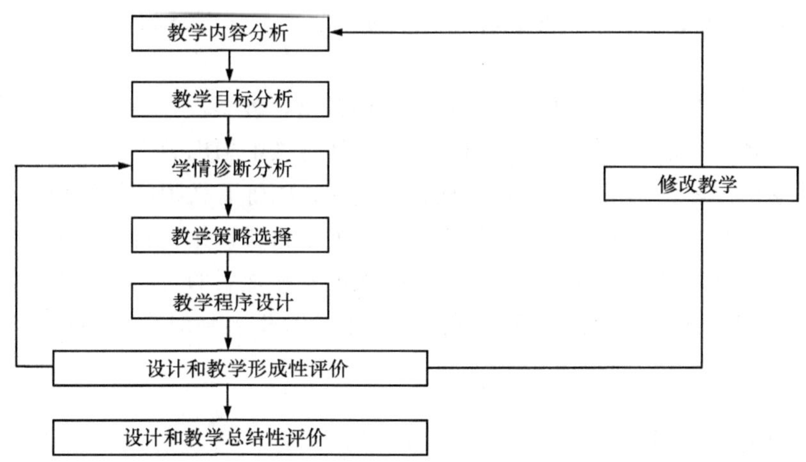

图 2-3-3

(1) 教学内容分析：对教材在中学教学中的地位和作用进行分析，对其隐含的数学思想方法做出明确表述，并在此基础上阐明教学重点。

(2) 教学目标分析：用可测、可观察、可评价的外显行为动词具体而明确地表述目标、并对其含义进行解析，强调把情感、态度与价值观等“隐性目标”融合到知识、技能等“显性目标”中，以避免空洞阐述“隐性目标”，使目标对教学具有有效的定向作用。

(3) 学情诊断分析：根据自己以往的教学经验、教学内在的逻辑关系及思维发展理论，对学生在学习本内容中可能遇到的障碍进行预测，并对出现障碍的原因进行分析。

(4) 教学策略选择：为有效实现教学目标，根据学情诊断分析和学习行为分析，选择合适的教学策略，以帮助学生更有效地进行数学思维，使他们更好地发现数学规律，掌握数学知识。

(5) 数学程序设计：将数学概念和数学方法的发生发展过程和学生数学思维过程两个方面融合确定教学过程的内在逻辑。一般数学教学过程设计以“问题串”呈现为主。在每个问题后，写出问题设计意图、师生活动预设、需要概括的概念要点、渗透的思想方法、需要进行的技能训练、需要培养的能力等。

(6) 设计和教学形成性评价：评价课堂教学目标是否达成需要用一定的习题、练习进行检测。

(7) 修改教学：在形成性评价之后，针对学习者遇到的问题及发生问题的原因改进教学。

(8) 设计和教学总结性评价：教学实施完成后，对整个教学设计过程进行全面的总结评价与反思。它不属于教学设计的一个环节，而是教学任务完成后必做的一项工作。

鉴于这样的教学设计过程，陈柏良老师还指出，教学设计不是对课堂情景进行面面俱到的预设，而是一个大体轮廓；教学设计是教师构思教学的过程，它凝聚着教师对教学的理解、感悟和对教育的理想、追求，闪烁着教师的教学智慧和创造精神；教学设计是一部不能画上句号的手稿，它处于自我校正、自我完善之中，它是课前构思与实际教学之间的反复对话，是一次次实践之后的对比、反思与提升。

以上可以看成是陈柏良老师作为浙江省中学教学名师对自己多年教学经验的感悟。

六、蒋宗尧的研究

蒋宗尧老师认为设计教学过程是指在钻研教材、了解学生情况的基础上，对一节课的程序安排和教学方法的选择。进行教学过程设计时应考虑以下问题：

（1）怎样根据新旧知识的联系与迁移规律，组织旧知识的复习与新知识的引入，需要创设什么样的教学环境。

（2）以怎样的程序组织教学，怎样设计教学机构。

（3）选择怎样的教学方式，怎样培养学生良好的学习习惯，怎样引导学生进行思考、讨论、实践操作。

（4）怎样进行分层练习，怎样训练学生的听、说、读、写、算等技能。

（5）运用哪些教学手段，利用哪些直观教具，怎样设计板书。

（6）怎样科学分配教学时间。

（7）怎样进行教学评价。

（8）如何做小结和布置哪些课外作业。

七、肖川的研究

关于教学设计过程，肖川老师在《教师：与新课程共成长》一书中对传统教学设计、以学为中心的教学设计和建构主义环境下的教学设计过程进行了阐述。

1）传统教学设计的过程

（1）确定教学目标（我们期望学生通过学习应该达到的结果）。

（2）分析教学目标并根据分析结果确定教学内容（为达到教学目标所需掌握的知识单元），至于教学顺序（对各知识单元进行教学的顺序）可以通过教学目标的分析来确定，也可以通过其他方法来确定。

（3）分析学习者的特征（是否具有信息当前内容所需的知识基础，以及具有哪些认知特点和个性特征等）。

（4）根据教学内容和学习者特征的分析确定教学的起点（即确定在哪种难度等级和知识基础上对当前的学习者进行教学）。

（5）根据教学目标、教学内容和教学对象的要求，选择与设计教学媒体。

（6）对教学作形成性评价（以确定学生达到教学目标的程度），即根据搜集到的课堂教学信息，对教学内容或教学策略修改或调整，并对学生做出适当的反馈。

肖老师认为这种设计很少涉及学生如何“学”。

2）以学为中心的教学设计步骤

（1）教学目标分析（通过教学目标分析以确定当前所学知识的主题，即意义建构的对象，通常是与基本概念、基本原理、基本方法或基本过程有关的知识内容）。

（2）情境创设（创设与当前学习主题相关的、尽可能真实的情境）。

（3）信息资源的设计与提供（确定学习本主题所需信息资源的种类和每种资源在学习中的作用。教师应提供必要的信息资源，或是当学生在获取和利用信息资源的过程中遇到困难时给予帮助）。

(4) 自主学习策略的设计（自主学习策略的设计是整个以学为中心教学设计的核心内容，是实现学习者主动建构知识意义的关键所在）。

(5) 协作学习环境设计（设计协作学习环境的目的是在个人自主学习、自我建构知识意义的基础上，通过小组或班级讨论、协商，以进一步完善和深化对当前学习主题的意义建构）。

(6) 学习效果评价（相当于以教为中心教学设计的“形成性评价”，它包括小组对个人的评价和学习者的自我评价）。

(7) 强化练习设计（根据小组评价和自我评价结果设计出有针对性的学习材料和强化练习，以纠正原来的错误理解或片面认识，最终达到符合要求的意义建构）。

3) 建构主义的教学设计步骤

(1) 教学目标分析（对整门课程及各教学单元进行教学目标分析，以确定当前所学知识的“主题”）。

(2) 情境创设（创设与当前学习主题相关的、尽可能真实的情境）。

(3) 信息资源设计（指确定学习本主题所需信息资源的种类和每种资源在学习本主题过程中所起的作用）。

(4) 自主学习设计（是整个以学为中心教学设计的核心内容。旨在学习过程中充分发挥学生的主动性，要让学生有多种机会在不同的情境下去应用他们所学的知识，要让学生能根据自身行动的反馈信息来形成对客观事物的认识和解决实际问题的方案）。

(5) 协作学习环境设计（此设计的目的是为了在个人自主学习的基础上，通过小组合作讨论、协商，以进一步完善和深化对主题意义的建构。整个过程由教师组织引导，讨论的问题皆由教师提出）。

(6) 学习效果评价设计（这里的评价既有小组对个人的评价，也有学生本人的自我评价，所采用的方法既能让学生不感到任何压力，又能反映出每个学生的学习效果）。

(7) 强化练习设计（根据小组评价和自我评价结果设计出有针对性的学习材料和强化练习，以纠正原来的错误理解或片面认识，最终达到符合要求的有意义建构）。

(8) 探究学习的教学设计。

第四节　教学设计能力

能力是一个具有多个维度的概念，在不同的学科其内涵和外延也有所不同。心理学将它界定为符合活动要求、影响活动效果的个性心理特征的综合。哲学将它界定为人的综合素质在现实行动中表现出来的正确驾驭某种活动的实际本领、能量，是实现人的价值的一种有效方式，也是社会发展和人生命中的积极力量。

教学设计能力作为教师的基本教学能力之一，是师范生在校期间应该获得的一种能力。

重庆师范大学的杜萍教授在参考了国外的研究：包括美国教育部全国专业教学标准署制订的《美国中小学教师教学能力标准》、日本学者西昭夫提出的开展教学应具备的6种基本能力、欧洲经济合作与发展组织（OECD）属下的教育研究与革新中心（CERI）在1993年有10个国家参加研究并提交的案例研究报告＆国际培训、绩效与教学标准委员会于2004年制订的《IBSTPI（国际教学、绩效与培训标准局）教师能力标准》。并结合上海、重庆、浙江、河北、山东等地关于教师资格考试制度的规定和细则的基础上，提出了有教学设计能力在内的7大类教学能力，列出项目内容，并作了细分。教学设计能力的项目内容和具体细分见表2-4-1：

表 2-4-1

类别	项目内容	能力观测点（行为表现考察项目19项）
教学设计能力	理解学生能力	认识学生 了解学生的学习起点 分析学生的学习风格
	教学目标编制能力	预测学生可能出现的问题 制订学科教学目标 制订开始教学目标及其具体化 熟悉教学内容
	教学内容重组能力	科学地选择教学内容 系统地组织教学内容 具有层次、节奏流畅
	教学过程设计能力	符合学生学习规律 活动达成目标适度有吸引力 熟悉教学策略
	教学策略选择能力	选择科学有效的教学策略 优化组合多种教学策略 预测课堂中可能出现的变化
	弹性设计能力	教学设计预留空白与储备 教学设施中的再次设计能力

不过，顾苗丰老师认为该表中的教学设计能力只体现在教学过程实施之前的设计，没有覆盖到整个教学活动。若按教学设计的要求，除了对教学目标、学习

者、学习内容、方法和策略的分析外，还应包括教学媒体的选择、设计教学评价及对策略和评价进行再修改的能力。

张景焕、金盛华、陈秀珍等将教学设计能力划分为六个维度来评价，并编制“小学教师课堂教学设计评估表”（以盛群力、李志超在《现代教学设计》一书中所列的内容为准），以此作为评判记录的依据，通过对 226 份教师教案运用作品分析法进行教案评价，根据评价结果得出了教学设计能力六个维度发展水平的高低情况，由低到高排列为：①选择与运用教学媒体；②编制教学目标；③分析教学对象；④选择与运用教学方法；⑤分析教学任务；⑥评价教学结果。

王玉江、陈秀珍将教师的课堂教学设计能力分为如下六个维度：①分析教学任务的能力；②分析教学对象的能力；③设计教学目标的能力；④选择教学策略的能力；⑤选用教学媒体的能力；⑥课堂教学设计评价能力。姜春霄、林刚的研究采用了一种综合性的能力观，从教师对教学设计的认识和教学设计应用两个方面调查了 183 名一线中小学教师。调查涉及了如下几个维度：①教师对教学设计的认识；②教师对教学设计方法的应用；③教师对学习方式的认识；④教师对学生课堂学习方式的选择；⑤教师的教学媒体观；⑥教师的教学媒体应用情况。

可谓仁者见仁智者见智，但对于学习者而言这是一个专业视野的开拓。作为一位准教师如何在教师教育类课程学习中，获得或者建立对自己的行为具有直接影响的教育观念呢？第一个关键词“个体经验的挖掘”。依据建构主义的学习理论：学生的学习是一个建立在自己已有知识与经验基础上的自主建构的过程。因此，准教师在建立自己的教育观念时，一定要借助准教师已有的教学经验和教育的知识。可能有人要问，我们一直在做学生，并未进行教学，哪里来的经验？其实不然。我们虽然没有正式从事教学，但是许多年的数学学习经历让我们不自觉地成为教学活动中的一分子，我们感受着不同老师的教学，收获着不同教师的教学带给自己的成长。就像你可能从来没有机会照顾你的父母，但是，你在和父母长期的生活中耳濡目染，你能说你一点都不知道如何照顾他人？我们对教学有一定的感知只是没有把它加以“挖掘”而已。还有，教师的学习是一种基于案例推理的学习。案例推理是一种类比推理。通常是通过回忆一个以往相似的情境，利用相似情境中的信息或知识来解决新问题的过程。就像医生，当检查完病人的情况后，回忆起以前相类似症状的病人的治疗，然后，给新患者进行诊断与治疗一样。拿我们自己为例，在进入大学之后大家都进行过讲课比赛，你们现在回过头思考，你所讲的内容与你当学生时老师教你的内容及方式有多大区别？所以，第二个关键词就是“案例学习”。第三个关键词就是再对教育教学理论学习的基础上“建构”自己的教育教学观念。最终的落脚点就是获得与当下教育教学实践相适应的教学能力。对本门课来说就是获得教育教学能力中最重要的能力——教学

设计能力

通过对上述研究成果的学习，我们不难发现随着时间的推移大家对教学设计的理解、认识在不断地深入，综合各家的观点，我们将数学教学设计的具体步骤分为：

（1）教学内容分析。

（2）学情分析。

（3）制订教学目标。

（4）制订教学策略。

（5）教法与学法分析。

（6）教学过程设计。

（7）教学评价。

1. 何克抗，郑永柏，谢幼如．教学系统设计［M］．北京：北京师范大学出版社．2003.

2. 陈柏良．数学课堂教学设计［M］．上海：华东师范大学出版社．2012.

1. 简析数学教学设计应该持有的观点。

2. 结合自己的学习谈谈你对数学教学设计过程的认识。

第三章 感悟教学

前苏联教育家苏霍姆林斯基对他所在的帕夫雷什中学的教师们说，你们一定要懂得，你不是教物理，你是在教人学物理。简明而通俗地说出了，教师职业的特性“教人学习”。教的真谛是什么？需要我们自己去体验，因为被人告诉的都会随着时光的流逝而淡出我们的记忆，而那些我们体验后的“加工物”却会成为我们的理解、观点留存于我们内心，指导我们的行为。鉴于此，要想做好数学教学设计这件事，离不开我们对数学教学的认知，所以，在开始学习数学教学设计之前，先来感悟教学，建立我们对教学的理解以获得指导我们进行教学设计的教学理念基础。

第一节 认识教学场所、教学对象

一、认识教学场所——课堂

课堂是教师与学生实现沟通、交流的场所。凭借这个场所，教师的作用得以发挥，具体地说，就是将教师在研究教材和学生的基础上，对教学内容、学习环境、师生行为和可能产生的教学效果的预测等创设变成现实的场所。凭借这个场所，学生获得了适应社会生活和进一步发展所必需的数学基础知识、基本技能、基本思想、基本活动经验。体会数学知识之间、数学与其他学科之间、数学与生活之间的联系，运用数学的思维方式进行思考，增强发现和提出问题的能力、分析和解决问题的能力。了解数学的价值，提高学习数学的兴趣，增强学好数学的信心，养成良好的学习习惯，具有初步的创新意识和实事求是的科学态度。凭借这个场所，学生经历了自主学习、大胆质疑、与人合作、交流互动、动手实践、反思等学习活动，促进了学生的社会化程度，发展了未来社会所要求的学识、智能、品行素养。

同时，作为教师还必须认识到课堂是成就教师专业发展的场所。因为教师是个实践性很强的职业，除了教授通识知识、学科知识以外，关于教学的知识在很大程度上依赖教师对教育现场的感悟和体验，正是在课堂教学的实践中，通过不断去想、去做、去不断重新设计，才能获得将所掌握的知识转化为适合学生能力和背景变化的多种形态的能力。

另外，通过对我国许多优秀教师、教改先行者成长历程的调查、分析发现：

在“课堂拼搏”中“学会教学”是他们成长与发展的基本规律。既然，课堂不仅仅是成就学生的场所，它也是成就教师发展的场所。从成就教师的角度来说，学生就是教师提高教学技能过程中的“陪练”，所以教师在实施教学的过程中要善待学生。

二、认识学生

学生最本质的特征之一就是他是发展者，认识学生的发展过程及规律就是认识学生。什么是发展？发展是一个变化和适应的过程，其包括生长发育、成熟和学习。生长发育是指身体的变化，如身高、体重，多反映在数量上的变化。成熟是一个与个体生理遗传特征的影响密切，独立于环境的变化。而学习是有经验导致的相对持久的实际的和潜在行为的变化。

从教育最核心的功能——促进学生的发展来说，学生作为发展中的人，发展既是他的本能也是教育对他提出的要求。教学作为学校教育最基本的形式，要搞好教学，实现教育最核心的功能，教师更需要了解我们的教育对象——学生。

以下介绍一些发展心理学知识（研究随着年龄的增长而发生的变化，并探讨和解释这些变化的进程，以及导致这些变化的影响）。

1. 顺序性发展

人类的发展在很多方面是按照有序的、可预测的过程进行的。胎儿期的发展中，心脏是在四肢最终形成之前出现并发挥作用的。唇和齿龈形成于鼻腔之前，尾巴在永久性的牙胞形成前退化。在动作方面，儿童从一个俯卧的位置先学会抬起下巴，然后学会挺起胸脯，他们先学会坐后学会站，先学会站后学会爬，先会爬后会走，先走路后会爬山。

2. 用阶段描述发展

有关发展的理论多用阶段加以描述。通常，阶段是以年龄为基础。阶段有点像钩子，能把有关的事实挂上去，使我们的理解得以简化。这一点对教师很有用，教师至少应该对各个年龄段的儿童特征和能力有个总体概念。以儿童理解和使用游戏规则为例，皮亚杰通过观察他自己孩子的玩耍，提出：大约直到 3 岁，儿童都不理解规则的概念，他们做游戏时意识不到规则的存在，所以，常常不按规则做游戏。3～5 岁，儿童开始模仿成人或较大的儿童在游戏中使用规则，但他们常常按照个人的意愿和习惯来做游戏，游戏规则常常改变，可以说是边做游戏边定规则。5～11、12 岁，儿童认识到人制定了规则，也能改变规则，但他们严格遵守既定的规则，很少改变他们。11、12 岁以后，儿童彻底理解了规则的作用，也按照游戏规则办事，但是在大家同意的情况下，也会改变规则。

3. 不同性别间有可预测的差异

从出生到青少年早期，男孩的身高和体重一般都超过女孩。大约到 11 岁时，女孩的平均身高和体重超过男孩，11 岁半时，女孩往往比男生高。而大约到 14 岁时，男孩的身高和体重赶上并超过女孩，在以后的生活中也保持这种水平。一般来说，大约到 12 岁时女孩开始出现月经初潮，这一般被认为是性器官成熟的信号。男孩子大约在 14 岁进入青春期——青年期的生长发育高峰。青春期对孩子而言，早熟或晚熟都会给青少年带来烦恼，一般来说，或许因为早熟男孩的社会性成熟更让人向往，或许是男性的成熟仍然比女性更容易为人接受，早熟对男孩更有积极意义。

4. 皮亚杰（Piaget）的道德发展两阶段论

他律道德阶段：儿童要说出他们对规则和法规对错、好恶的看法，发现很小的儿童并不按照对和错的抽象观念做出行动，反而依据个人行为的直接后果来做出反应。儿童认为好的行为都有快乐的后果，坏的行为都有令人不愉快的后果。这一时期，儿童对外界的反应主要源自他们获得的奖励与惩罚，是一种惩罚和服从的道德。皮亚杰把这一阶段叫他律道德阶段。

自律道德阶段：当儿童逐渐长大，开始有了个人独立的道德判断，在对好恶的判断中，更加自主，此时儿童的行为逐渐由内化的原则和想法来支配。皮亚杰称这个阶段为自律道德阶段。

除此之外，教师还应该了解男女生的一些差异。

知觉方面：男生长于视觉和空间知觉；女生长于听觉和言语知觉。

知觉方式：男生倾向于独立型；女生倾向于依存型。

知觉速度：女生优于男生，能够快速、准确地把握事物的细节，并迅速地将注意力从一件事转向另一件事。

记忆类型：男生善于逻辑记忆；女生擅长形象记忆、情感记忆、运动记忆。

记忆方式：男生的有意识记和意义识记优于女生；女生的无意识记忆、机械识记优于男生

思维形式：概念、判断、推理是最基本的思维形式。男女生无差异。

思维类型：根据思维凭借和思维材料的不同将思维分为形象思维和抽象思维。形象思维是用个别表示一般，主要是通过类比、联想等方法。抽象思维是用一般概括个别，主要依据判断、推理、归纳、演绎等过程进行。一般男生偏向抽象思维，女生更趋向于形象思维。

思维品质：思维品质指思维活动中表现出来的深刻性、灵活性、独创性、敏捷性。总体来说，男生优于女生。

学习兴趣：男生对理科的兴趣稍大于女生。

此外，就像美国数学教育家柯普兰（R. W. Copeland）认为的，教师必须了解儿童在各个阶段认知发展的特点，才能按照儿童实际水平施教。他列出了不同年龄阶段的儿童所能掌握的数学概念，具体内容如表 3-1-1 所示。

表 3-1-1

概念	掌握相关概念的大致年龄	概念	掌握相关概念的大致年龄
简易分类	4～7 岁	结合性质	7～11 岁
系统次序	4～9 岁	分配性质	9～11 岁
数目守恒	4～7 岁	欧几里得几何图形	4～9 岁
度量衡守恒	4～9 岁	时间	7～11 岁
加法	7～9 岁	面积	9～11 岁
乘法	7～9 岁	体积	11～15 岁
倍数	7～9 岁	比例	7～15 岁
交换性质	7～9 岁	概率	9～15 岁

第二节　认识教学

关于什么是教学？我们每个人虽然没有经历“教”的角色体验，但从教与学的不可分割性来说，我们是教学活动的亲历者，在十多年的学校学习过程中，既对“学”有了自己的心得，比如怎样学数学，同时，我们也对什么是“好”的数学教学有了自己的看法。我们先从自己经历中对“好”老师的记忆，在自己的内心予以表述。

首先，让我们激活“记忆”。回顾自己数学学习过程中给自己留下深刻印象的老师，缘何使你觉得深刻。这叫个体经验的“挖掘”。

其次，让我们以旁观者来面对现实的中小学数学教师的教学录像，从他人的优秀行为中，来丰富自己已有的对教学的认识，这叫“案例学习”。

最后，进入用他人的思想“丰润”自我的环节。

我们自己的认识固然重要，但受我们认识的深度与广度的局限，我们为了获得一个比较接近教学本真的认识，下面就让我们纳百家之言，了解一下别人的看法，让别人的思想与我们的思想发生冲撞，在冲撞中建构出属于我们自己的、对教学的理解。

（1）教学是教师把知识、技能传授给学生的过程。

（2）《辞海》的解释：教学是由教师的教和学生的学共同组成的活动，学生在教师有目的、有计划和有组织的指导下，积极、主动地掌握系统的文化、科学、知识和技能，发展智力和体力、独立学习和创造的能力，陶冶性情和审美情趣，形成良好的思想品德。

(3) 曹正善老师的观点：教学在本体论意义上是一种游戏，参与这种游戏的人不是主体，而是游戏本身，游戏者只有摆脱了自己的目的意识和紧张情绪后才能真正说在进行游戏。作为游戏的教学存在，是教学本身所具有的魅力足以吸引教师和学生参与进来，使其不由自主地为教学所吸引，在无意识的状态下卷入教学并全神贯注于教学游戏之中，这种境界无疑是教学的终极存在。让教学成为教师、学生自我表现的舞台。实际上，只有当教师能够感受到课堂是自己生命意义自由表现的舞台，当学生在课堂上充分显示自己的活力和价值，当他们把教学当成为是自己生活不可或缺的有机组成部分后，教学才能充满乐趣和快乐，才能显示其对人的发展价值。

(4) 美国教育学理论家加齐（Gage. W. L.）提出，教学是教师与学生互动的活动，这一过程包括了4个方面的要素：①教师的观察和认知过程；②教师的行为；③学生的观察和认知过程；④学生的行为。

(5) 周小山老师认为：教学是教师与学生沟通参与的活动；教学是教师引起、维持与促进学生学习的所有行为；教学是以课程内容为中介，促进学生发展的过程；教学是教师与学生的交往；教学是教师与学生的对话；教学是教师与学生的互动；教学是教师与学生的合作；教学是教师与学生的理解。周小山等还认为教学，就是在一种支持性的学习环境中，教师与学生以教学内容为“话题”“谈资”而展开的一场对话。

(6)《义务教育数学课程标准》中强调：教学时数学活动的教学，是师生之间、学生之间交往互动与共同发展的过程。

(7) 美国的人本主义心理学家罗杰斯认为在教学过程中，教学主要是通过教师和学生的“交往”，相互作用来进行的，要使学生自由自在地学习，充分体现他们的“自我”，发挥其创造性，就必须在教学中形成一种“表里一致”的“人际关系”。

(8) 南京师范大学教育系编的《教育学》：教学是教师引导学生按照明确的目的、循序渐进地以掌握教材为主的一种教育活动。

(9) 鲁洁主编的《教育学》：教学是教师引导学生按照一定的目的，主要通过学习教材来逐步掌握知识技能、发展智力和体力、逐步培养学生健全个性的教育活动。

(10) 教学是一种关系存在。杜威的比喻“教之于学就如同卖之于买”形象地揭示了教学的关系性。教师的教与学生的学相互依存。只有教师的教引起了学生的学的反应、即促进了学，才成其为“教”。

（11）前苏联教学论专家巴班斯基认为，教学是教师和学生在特定的条件下为达成社会的教育目的而展开的共同活动。

（12）王策三老师认为：教学，乃是教师教、学生学的统一活动；在这个活动中，学生掌握一定的知识和技能，同时，身心获得一定的发展，形成一定的思想品德。

显然，对教学的解读有不同的视角。基于教师在课堂上所做的一切努力，都聚集于一点：使学生喜欢学、自主学，离开教师也能学。我们认为教学就是师生间的一种交往，交往的主要形式是对话，交往的目的是达成对他人知识的共识。即教学只有在师生间发生交往的前提下才能发生。交往的目的是寻求“共视”或“共识”，其中“对话”是教学活动的重要特点。

关于对话，柯林伯格指出：“在所有的教学中，进行着最广义的对话……不管哪一种教学方式占支配地位，这种相互作用的对话是优秀教学的一种本质性的标识”。

伽达默尔也认为：对话是两个人相互理解的过程，因此，对话的一个特征是，每个人各自向对方开放自己，真诚接受对方的观点，把对方的观点看作是值得考虑的，循此进入对方的思路，直到理解的不是对方这个特定的个体，而是对方所说的内容。必须紧紧抓住对方观点中的客观正确性，以便就一个主题相互达成一致。

教学对话是思维碰撞、共享知识、共享情感和共享智慧的过程。其最终目的已不再仅仅是传播人类已有的东西，更重要的是把人的创造意识和创造能力通过交往与对话的形式诱导出来，焕发出人的生命活力，从而实现自我意义的建构、达成主体间的相互理解、获得主体（我、你）兴趣的解放。

在教学中存在着以下三种形态的对话：一是教学主体与课程文本的对话，包括教师与课程文本、学生与课程文本的对话；二是教学主体与教学主体的对话，如师生、生生间的对话；三是教学主体的自我对话，含学生的自我对话和教师的自我对话。

另外，在教学对话中，因为，每一个主体都具有不同的个性、思想感情、人生经历和体验，他们都从自己对人生、世界、生活、思想情感等的独特看法和体验感受出发，以自己独特的方式参与对话，自由地表达自己对课程文本的理解和认识。所以，通过这种交流和碰撞，教学主体相互吸纳和获取对方所拥有的知识经验、思想智慧、人格精神等，从而达成教学主体间的知识共享，实现每个教学主体知识经验的增长、思想智慧的拓展和人格精神的提升。

因此，教学是教师与学生共同成长的过程。

通过前面的学习、反思、体验，我们是否可以将教学界定为：教学在师与生的特殊交往中发生和存在。教学是教师与学生以沟通、合作、交流、动手操作等方式，使教师教的责任得以实现、学生学的目的得以达成的行为主体不断转换的双边活动。在这个双边活动中，聚焦教师，教师通过语言、表情、以及手势向学生发出提问、讲述、组织讨论、实验、观察、发现等行为。聚焦学生，学生则通过语言、表情、以及手势向老师发出回答、倾听、展开讨论、操作、汇报观察结果、展示发现等行为予以回应。教师则在学生回应的基础上予以回应，继续发起行为，学生则继续予以回应。事实上，教师对学生的回应和学生对教师的回应本身也是一种发起。只要让自己时刻做个关注课堂的有心人，一个思想者，相信大家每一个人都会、都能生成自己对教学的理解。这种理解将作为我们教学教学的信念影响我们的行为。

作为本章学习的一种补充，下面我们一起探讨教师信念与教师行为的关系。

教学是一系列连续的活动，是师生之间的相互作用。对教师而言，对每一个互动的发起、对每一个来自学生的回应怎样应对、接下来怎样推进互动的展开等都需要教师直接做出决定，通常没有时间让教师仔细思考，这需要教师依据习惯和研究建立起的信念进行反应。

信念是个人的信仰，是解释现象的个人尝试，常常反映在态度、判断和意见中。信念具有指导我们思想和行为的作用。

对教师而言，教师的信念主要包括：对教师工作的信念，对学生的信念，对学生怎样学习的信念，对所教学科的信念。以教师角色为例：关于教师的角色，Fenstermacher 和 Soltis 将教师角色划分为执行官模式、治疗师模式和解放者模式。执行官模式把教师看成是掌握教学技巧，对于安排教学环境负有主要职责，是使学习者获得指定的能力和信息的人。它更倾向于支持教师直接讲授。治疗师模式不把教师看成是执行官，而是看成一个具有高度同情心的个体，他们的主要职责是促教学习者的健康和快乐的发展。这种模式支持建构主义方法，以学生为中心，不支持直接讲授。解放者模式要求教师通过提供给学习者必要的工具和看法来活跃他们的思想。这种模式支持建构主义方法。

这些角色的认识形成是由信念所主使，并表现出不同的行为：

教师是执行官→教师的作用就是给学生准备最好的材料→最可能的教学方式是讲授。

教师是治疗师→教师的作用就是推动学生成长和自我发展→最可能的教学方式是建构主义的方法

教师是解放者→教师的作用就是解放学习者的思想，增强学习者的自学能力→最可能的教学方式是建构主义的方法。

由此可见，教师信念建立的重要性。而且，信念一旦被建立，则很难被改变。但是教师的信念可以改变，证据之一是教师职业的发展性，当一个教师从新手型教师发展到专家型教师，其信念的改变是主要方面。显然，这种改变是教师不断提高自己认识的结果，这也彰显出教师是终身学习者。

1. 王策三．教学论稿．北京：人民教育出版社．2005.

2. ［美］弗莱朗索瓦兹．教学的艺术．佐斌等，译．北京：华夏出版社．2004.

1. 给出你的教学定义，并简述理由。

2. 经过这段时间的学习，你对教师职业的认识是否发生了改变？如果有变化，具体是什么；如果没变化，请反思原因。

第四章　数学课程标准案例解读

第一节　课程标准的前言解读

《辞海》对“标准”作了以下两点解读：①衡量事物的准则；②引申为榜样、规范。因此，一方面，标准具有衡量的功能，用来判断某种活动是否达到了规定的水平和目标；另一方面，标准具有导向性，可以引导事物的发展方向。课程标准是国家对课程的基本规范和要求，数学课程标准则是国家对于数学课程实施效果是否达到了规定的水平和目标的衡量准则，是衡量教学有效性的质量底线。

《基础教育课程改革纲要（试行）》明确地对课程标准的功能做出了如下定位：

依据　国家课程标准是课程活动的依据，教材编写、教学实施、课程评价、考试命题都要依据课程标准进行。

基础　国家课程标准是国家管理课程的基础，也是国家评价课程的基础。

基本要求　国家课程标准体现了国家对不同阶段的学生在知识与技能、过程与方法和情感、态度、价值观等方面的基本要求。

规定　国家课程标准规定了基础教育阶段各门课程的性质、目标及内容框架。

建议　国家课程标准对课程实施的具体环节，特别是教与学、评价等提出建议。

既然《数学课程标准》是教师从教的依据，很好地领会《课标》的内涵是落实课标要求的基础。目前，我国出台的《数学课程标准》包括《义务教育课程标准》和《普通高中数学课程标准》。我们将按照课程标准的前言、数学课程的课程目标、课程内容领域及其基本框架、实施建议四部分逐一进行解读式学习。

一、课程标准的前言

（一）内容概述

《义务教育课程标准（2011 年版）》和《普通高中数学课程标准》前言的第一句话为：数学是研究数量关系和空间形式的科学，这是恩格斯给数学下的定义。这一定义中把现实世界的数量关系和空间形式作为数学的研究对象。

随着数学的发展，数学被赋予很多含义，如数学是关于量的科学、数学是一种文化、数学是一种技术、数学是一种语言、数学是关于模式的学科，等等，但最能揭示学科建立基础表述的还是恩格斯的这一论断。

在《义务教育课程标准（2011 年版）》中，还揭示了数学与人类发展和社会进步的关系：数学与人类发展和社会进步息息相关，随着现代信息技术的飞速发展，数学更加广泛应用于社会生产和日常生活的各个方面。数学作为对客观现象抽象概括而逐渐形成的科学语言与工具，不仅是自然科学和技术科学的基础，而且在人文科学与社会科学中发挥着越来越大的作用。特别是 20 世纪中叶以来，数学与计算机技术的结合在许多方面直接为社会创造价值，推动着社会生产力的发展。

在《普通高中数学课程标准》中，则更多地从数学的价值功能阐述：数学是刻画自然规律和社会规律的科学语言和有效工具。数学科学是自然科学、技术科学等科学的基础，并在经济科学、社会科学、人文科学的发展中发挥越来越大的作用。数学的应用越来越广泛，正在不断地渗透到社会生活的方方面面，它与计算机技术的结合在许多方面直接为社会创造价值，推动着社会生产力的发展。

二者都指出：数学是人类文化的重要组成部分。数学素养是现代社会每一个公民应该具备的基本素养。

对数学教育的功能，在《义务教育课程标准（2011 年版）》中的界定是：数学教育既要使学生掌握现代生活和学习中所需要的数学知识与技能，更要发挥数学在培养人的思维能力和创新能力方面的不可替代的作用。在《普通高中数学课程标准》中的界定是：数学教育作为教育的组成部分，在发展和完善人的教育活动中、在形成人们认识世界的态度和思想方法方面、在推动社会进步和发展的进程中起着重要的作用。在现代社会中，数学教育又是终身教育的重要方面，它是公民进一步深造的基础，是终身发展的需要。数学教育在学校教育中占有特殊的地位，它使学生掌握数学的基础知识、基本技能、基本思想，使学生表达清晰、思考有条理，使学生具有实事求是的态度、锲而不舍的精神，使学生学会用数学的思考方式解决问题、认识世界。

显然，上面的表述与义务教育课程的基础性、普及性和发展性，以及高中课程为学生进一步发展奠基有关。

（二）课程的性质

对于课程的性质，《义务教育课程标准（2011 年版）》中的界定是：是培养公民素质的基础课程，具有基础性、普及性和发展性。数学课程能使学生掌握必备的基础知识和基本技能；培养学生的抽象思维和推理能力；培养学生的创新意识和实践能力；促进学生在情感、态度与价值观等方面的发展。义务教育的数学课程能为学生未来生活、工作和学习奠定重要的基础。在《普通高中数学课程标准》中的界定是：高中数学课程是义务教育后普通高级中学的一门主要课程，它包含了数学中最基本的内容，是培养公民素质的基础课程。高中数学课程对于认识数学与自然界、数学与人类社会的关系，认识数学的科学价值、文化价值，提高提出问题、分析和解决问题的能力，形成理性思维，发展智力和创新意识具有基础性的作用。高中数学课程有助于学生认识数学的应用价值，增强应用意识，形成解决简单实际问题的能力。高中数学课程是学习高中物理、化学、技术等课程和进一步学习的基础。同时，它为学生的终身发展，形成科学的世界观、价值观奠定基础，对提高全民族素质具有重要意义。

(三) 关于课程的基本理念

关于课程的基本理念，相关的表述如下。

1) 义务教育数学课程

(1) 数学课程应致力于实现义务教育阶段的培养目标，要面向全体学生，适应学生个性发展的需要，使得：人人都能获得良好的数学教育，不同的人在数学上得到不同的发展。

(2) 课程内容要反映社会的需要、数学的特点，要符合学生的认知规律。它不仅包括数学的结果，也包括数学结果的形成过程和蕴涵的数学思想方法。课程内容的选择要贴近学生的实际，有利于学生的体验与理解、思考与探索。课程内容的组织要重视过程，处理好过程与结果的关系；要重视直观，处理好直观与抽象的关系；要重视直接经验，处理好直接经验与间接经验的关系。课程内容的呈现应注意层次性和多样性。

(3) 教学活动是师生积极参与、交往互动、共同发展的过程。有效的教学活动是学生学与教师教的统一，学生是学习的主体，教师是学习的组织者、引导者与合作者。

数学教学活动应激发学生兴趣，调动学生积极性，引发学生的数学思考，鼓励学生的创造性思维；要注重培养学生良好的数学学习习惯，使学生掌握恰当的数学学习方法。

学生学习应当是一个生动活泼的、主动的和富有个性的过程。除接受学习外，动手实践、自主探索与合作交流同样是学习数学的重要方式。学生应当有足够的时间和空间经历观察、实验、猜测、计算、推理、验证等活动过程。

教师教学应该以学生的认知发展水平和已有的经验为基础，面向全体学生，注重启发式和因材施教。教师要发挥主导作用，处理好讲授与学生自主学习的关系，引导学生独立思考、主动探索、合作交流，使学生理解和掌握基本的数学知识与技能、数学思想和方法，获得基本的数学活动经验。

(4) 学习评价的主要目的是为了全面了解学生数学学习的过程和结果，激励学生学习和改进教师教学。应建立目标多元、方法多样的评价体系。评价既要关注学生学习的结果，也要重视学习的过程；既要关注学生数学学习的水平，也要重视学生在数学活动中所表现出来的情感与态度，帮助学生认识自我、建立信心。

(5) 信息技术的发展对数学教育的价值、目标、内容，以及教学方式产生了很大的影响。数学课程的设计与实施应根据实际情况合理地运用现代信息技术，要注意信息技术与课程内容的整合，注重实效。要充分考虑信息技术对数学学习内容和方式的影响，开发并向学生提供丰富的学习资源，把现代信息技术作为学生学习数学和解决问题的有力工具，有效地改进教与学的方式，使学生乐意并有可能投入到现实的、探索性的数学活动中去。

2) 普通高中数学课程

(1) 构建共同基础，提供发展平台。

高中教育属于基础教育。高中数学课程应具有基础性，它包括两方面的含义：第一，在义务教育阶段之后，为学生适应现代生活和未来发展提供更高水平的数学基础，使他们获得更高的数学素养；第二，为学生进一步学习提供必要的数学准备。高中数学课程由必修系列课程和选修系列课程组成，必修系列课程是为了满足所有学生的共同数学需求；选修系列课程是为了满足学生的不同数学需求，它仍然是学生发展所需要的基础性数学课程。

(2) 提供多样课程，适应个性选择。

高中数学课程应具有多样性与选择性，使不同的学生在数学上得到不同的发展。高中数学课程应为学生提供选择和发展的空间，为学生提供多层次、多种类的选择，以促进学生的个性发展和对未来人生规划的思考。学生可以在教师的指导下进行自主选择，必要时还可以进行适当地转换、调整。同时，高中数学课程也应给学校和教师留有一定的选择空间，他们可以根据学生的基本需求和自身的条件，制定课程发展计划，不断地丰富和完善供学生选择的课程。

(3) 倡导积极主动、勇于探索的学习方式。

学生的数学学习活动不应只限于接受、记忆、模仿和练习，高中数学课程还应倡导自主探索、动手实践、合作交流、阅读自学等学习数学的方式。这些方式有助于发挥学生学习的主动性，使学生的学习过程成为在教师引导下的“再创造”过程。同时，高中数学课程设立“数学探究”“数学建模”等学习活动，为学生形成积极主动的、多样的学习方式进一步创造有利的条件，以激发学生的数学学习兴趣，鼓励学生在学习过程中，养成独立思考、积极探索的习惯。高中数学课程应力求通过各种不同形式的自主学习、探究活动，让学生体验数学发现和创造的历程，发展他们的创新意识。

(4) 注重提高学生的数学思维能力。

高中数学课程应注重提高学生的数学思维能力，这是数学教育的基本目标之一。人们在学习数学和运用数学解决问题时，不断地经历直观感知、观察发现、归纳类比、空间想象、抽象概括、符号表示、运算求解、数据处理、演绎证明、反思与建构等思维过程。这些过程是数学思维能力的具体体现，有助于学生对客观事物中蕴涵的数学模式进行思考和做出判断。数学思维能力在形成理性思维中发挥着独特的作用。

(5) 发展学生的数学应用意识。

20世纪下半叶以来，数学应用的巨大发展是数学发展的显著特征之一。当今知识经济时代，数学正在从幕后走向台前，数学和计算机技术的结合使得数学能够在许多方面直接为社会创造价值，同时，也为数学发展开拓了广阔的前景。我国的数学教育在很长一段时间内对于数学与实际、数学与其他学科的联系未能给予充分的重视，因此，高中数学在数学应用和联系实际方面需要大力加强。近几年来，我国大学、中学数学建模的实践表明，开展数学应用的教学活动符合社会需要，有利于激发学生学习数学的兴趣，有利于增强学生的应用意识，有利于扩展学生的视野。

高中数学课程应提供基本内容的实际背景，反映数学的应用价值，开展“数学建模”的学习活动，设立体现数学某些重要应用的专题课程。高中数学课程应力求使学生体验数学在解决实际问题中的作用、数学与日常生活及其他学科的联系，促进学生逐步形成和发展数学应用意识，提高实践能力。

(6) 与时俱进地认识“双基”。

我国的数学教学具有重视基础知识教学、基本技能训练和能力培养的传统，新世纪的高中数学课程应发扬这种传统。与此同时，随着时代的发展，特别是数学的广泛应用、计算机技术和现代信息技术的发展，数学课程设置和实施应重新审视基础知识、基本技能和能力的内涵，形成符合时代要求的新的“双基”。例如，为了适应信息时代发展的需要，高中数学课程应增加算法的内容，把最基本的数据处理、统计知识等作为新的数学基础知识和基本技能；同时，应删减繁琐的计算、人为技巧化的难题和过分强调细枝末节的内容，克服“双基异化”的倾向。

(7) 强调本质，注意适度形式化。

形式化是数学的基本特征之一。在数学教学中，学习形式化的表达是一项基本要求，但是不能只限于形式化的表达，要强调对数学本质的认识，否则会将生动活泼的数学思维活动淹没在形式化的海洋里。数学的现代发展也表明，全盘形式化是不可能的。因此，高中数学课程应该返璞归真，努力揭示数学概念、法则、结论的发展过程和本质。数学课程要讲逻辑推理，更要讲道理，通过典型例子的分析和学生自主探索活动，使学生理解数学概念、结论逐步形成的过程，体会蕴涵在其中的思想方法，追寻数学发展的历史足迹，把数学的学术形态转化为学生易于接受的教育形态。

(8) 体现数学的文化价值。

数学是人类文化的重要组成部分。数学课程应适当反映数学的历史、应用和发展趋势，数学对推动社会发展的作用，数学的社会需求，社会发展对数学发展的推动作用，数学科学的思想体系，数学的美学价值，数学家的创新精神。数学课程应帮助学生了解数学在人类文明发展中的作用，逐步形成正确的数学观。为此，高中数学课程提倡体现数学的文化价值，并在适当的内容中提出对“数学文化”的学习要求，设立“数学史选讲”等专题。

(9) 注重信息技术与数学课程的整合。

现代信息技术的广泛应用正在对数学课程内容、数学教学、数学学习等方面产生深刻的影响。高中数学课程应提倡实现信息技术与课程内容的有机整合（如把算法融入到数学课程的各个相关部分），整合的基本原则是有利于学生认识数学的本质。高中数学课程应提倡利用信息技术来呈现以往教学中难以呈现的课程内容，在保证笔算训练的前提下，尽可能使用科学型计算器、各种数学教育技术平台，加强数学教学与信息技术的结合，鼓励学生运用计算机、计算器等进行探索和发现。

(10) 建立合理、科学的评价体系。

现代社会对人的发展的要求引起评价体系的深刻变化，高中数学课程应建立合理、科学的评价体系，包括评价理念、评价内容、评价形式和评价体制等方面。评价既要关注学生数学学习的结果，也要关注他们数学学习的过程；既要关注学生数学学习的水平，也要关注他们在数学活动中所表现出来的情感态度的变化。在数学教育中，评价应建立多元化的目标，关注学生个性与潜能的发展。例如，过程性评价应关注对学生理解数学概念、数学思想等过程的评价，关注对学生数学地提出、分析、解决问题等过程的评价，以及在过程中表现出来的与人合作的态度、表达与交流的意识和探索的精神。对于数学探究、数学建模等学习活动，要建立相应的过程评价内容和方法。

它们不同的课程定位、课程理念决定了不同的课程设计。

(四) 课程设计思路

1. 义务教育数学课程的设计思路

1) 学段划分

为了体现义务教育数学课程的整体性，统筹考虑九年的课程内容。同时，根据学生发展的生理和心理特征，将九年的学习时间划分为三个学段：第一学段（1～3 年级）、第二学段（4～6 年级）、第三学段（7～9 年级）。

2) 课程目标

义务教育阶段数学课程目标分为总目标和学段目标，从知识技能、数学思考、问题解决、情感态度等四个方面加以阐述。

数学课程目标包括结果目标和过程目标。结果目标使用“了解、理解、掌握、运用”等术语表述，过程目标使用“经历、体验、探索”等术语表述（术语解释见附录1）。

3）课程内容

在各学段中，安排了四个部分的课程内容：“数与代数”“图形与几何”“统计与概率”“综合与实践”。“综合与实践”内容设置的目的在于培养学生综合运用有关的知识与方法解决实际问题，培养学生的问题意识、应用意识和创新意识，积累学生的活动经验，提高学生解决现实问题的能力。

“数与代数”的主要内容：数的认识，数的表示，数的大小，数的运算，数量的估计；字母表示数，代数式及其运算；方程、方程组、不等式、函数等。

“图形与几何”的主要内容：空间和平面基本图形的认识，图形的性质、分类和度量；图形的平移、旋转、轴对称、相似和投影；平面图形基本性质的证明；运用坐标描述图形的位置和运动。

“统计与概率”的主要内容：收集、整理和描述数据，包括简单抽样、整理调查数据、绘制统计图表等；处理数据，包括计算平均数、中位数、众数、极差、方差等；从数据中提取信息并进行简单的推断；简单随机事件及其发生的概率。

“综合与实践”是一类以问题为载体、以学生自主参与为主的学习活动。在学习活动中，学生将综合运用“数与代数”“图形与几何”“统计与概率”等知识和方法解决问题。“综合与实践”的教学活动应当保证每学期至少一次，可以在课堂上完成，也可以课内外相结合。

在数学课程中，应当注重发展学生的数感、符号意识、空间观念、几何直观、数据分析观念、运算能力、推理能力和模型思想。为了适应时代发展对人才培养的需要，数学课程还要特别注重发展学生的应用意识和创新意识。

数感主要是指关于数与数量、数量关系、运算结果估计等方面的感悟。建立数感有助于学生理解现实生活中数的意义，理解或表述具体情境中的数量关系。

符号意识主要是指能够理解并且运用符号表示数、数量关系和变化规律；知道使用符号可以进行运算和推理，得到的结论具有一般性。建立符号意识有助于学生理解符号的使用是数学表达和进行数学思考的重要形式。

空间观念主要是指根据物体特征抽象出几何图形，根据几何图形想象出所描述的实际物体；想象出物体的方位和相互之间的位置关系；描述图形的运动和变化；依据语言的描述画出图形等。

几何直观主要是指利用图形描述和分析问题。借助几何直观可以把复杂的数学问题变得简明、形象，有助于探索解决问题的思路，预测结果。几何直观可以帮助学生直观地理解数学，在整个数学学习过程中都发挥着重要作用。

数据分析观念包括了解在现实生活中有许多问题应当先做调查研究，收集数据，通过分析做出判断，体会数据中蕴涵着的信息；了解对于同样的数据可以有多种分析的方法，需要根据问题的背景选择合适的方法；通过数据分析体验随机性，一方面对于同样的事情每次收集到的数据可能不同；另一方面只要有足够的数据就可能从中发现规律。

运算能力主要是指能够根据法则和运算律正确地进行运算的能力。培养运算能力有助于学生理解运算的算理，寻求合理简洁的运算途径解决问题。

推理能力的发展应贯穿在整个数学学习过程中。推理是数学的基本思维方式，也是人们学习和生活中经常使用的思维方式。推理一般包括合情推理和演绎推理。合情推理是从已有的事实出发，凭借经验和直觉，通过归纳和类比等推断某些结果；演绎推理是从已有的事实（包括定义、公理、定理等）和确定的规则（包括运算的定义、法则、顺序等）出发，按照逻辑推理的法则证明和计算。在解决问题的过程中，合情推理用于探索思路，发现结论；演绎推理用于证明结论。

模型思想的建立是学生体会和理解数学与外部世界联系的基本途径。建立和求解模型的过程包括：从现实生活或具体情境中抽象出数学问题，用数学符号建立方程、不等式、函数等表示数学问题中的数量关系和变化规律，求出结果并讨论结果的意义。这些内容的学习有助于学生初步形成模型思想，提高学习数学的兴趣和应用意识。应用意识有两个方面的含义，一方面有意识利用数学的概念、原理和方法解释现实世界中的现象，解决现实世界中的问题；另一方面，认识到现实生活中蕴涵着大量与数量和图形有关的问题，这些问题可以抽象成数学问题，用数学的方法予以解决。在整个数学教育的过程中都应该培养学生的应用意识，综合实践活动是培养应用意识很好的载体。

创新意识的培养是现代数学教育的基本任务，应体现在数学教与学的过程之中。学生自己发现和提出问题是创新的基础；独立思考、学会思考是创新的核心；归纳概括得到猜想和规律，并加以验证，是创新的重要方法。创新意识的培养应该从义务教育阶段做起，贯穿数学教育的始终。

2. 普通高中数学课程的设计思路

（1）课程框架。高中数学课程分必修和选修。必修课程由 5 个模块组成；选修课程有 4 个系列，其中系列 1、系列 2 由若干个模块组成，系列 3、系列 4 由若干专题组成；每个模块 2 学分（36 学时），每个专题 1 学分（18 学时），每 2 个专题可组成 1 个模块。课程结构如图 4-1-1 所示。

（2）必修课程。必修课程是每个学生都必须学习的数学内容，包括 5 个模块。

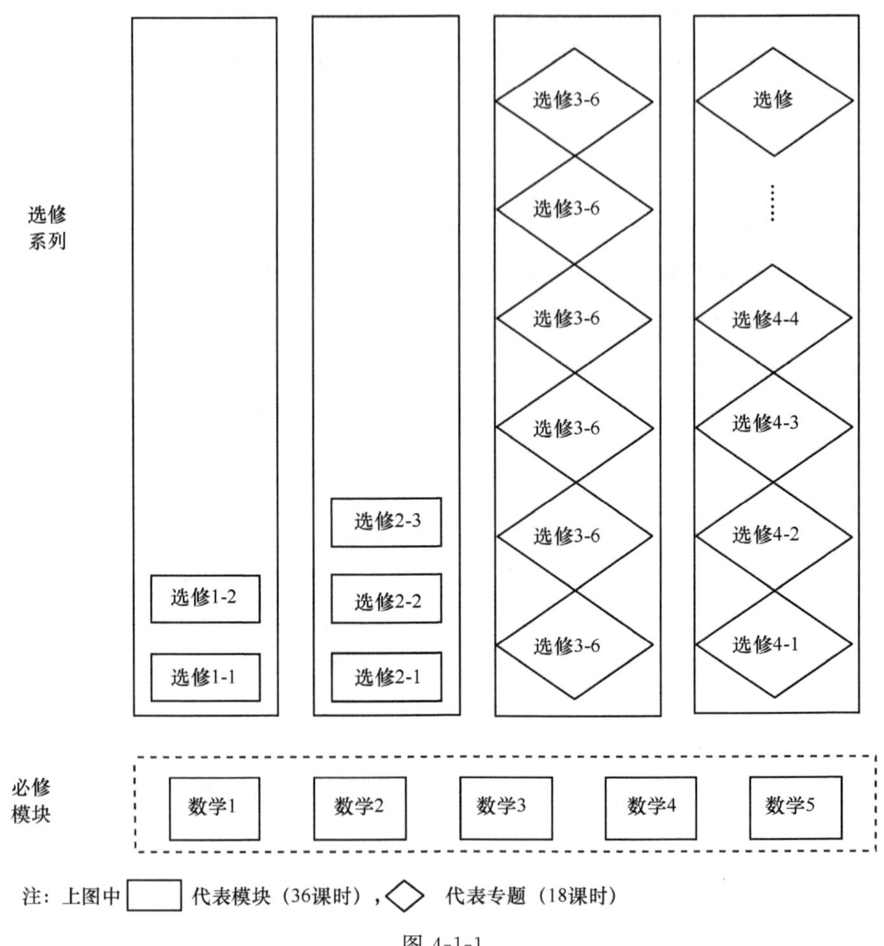

图 4-1-1

数学 1：集合、函数概念与基本初等函数 I（指数函数、对数函数、幂函数）。

数学 2：立体几何初步、平面解析几何初步。

数学 3：算法初步、统计、概率。

数学 4：基本初等函数 II（三角函数）、平面上的向量、三角恒等变换。

数学 5：解三角形、数列、不等式。

(3) 选修课程。对于选修课程，学生可以根据自己的兴趣和对未来发展的愿望进行选择。选修课程由系列 1、系列 2、系列 3、系列 4 组成。

系列 1：由 2 个模块组成。

选修 1—1：常用逻辑用语、圆锥曲线与方程、导数及其应用。

选修 1—2：统计案例、推理与证明、数系的扩充与复数的引入、框图。

系列 2：由 3 个模块组成。

选修 2—1：常用逻辑用语、圆锥曲线与方程、空间中的向量与立体几何。

选修 2—2：导数及其应用、推理与证明、数系的扩充与复数的引入。

选修 2—3：计数原理、统计案例、概率。

系列 3：由 6 个专题组成。

选修 3—1：数学史选讲。

选修 3—2：信息安全与密码。

选修 3—3：球面上的几何。

选修 3—4：对称与群。

选修 3—5：欧拉公式与闭曲面分类。

选修 3—6：三等分角与数域扩充。

系列 4：由 10 个专题组成。

选修 4—1：几何证明选讲。

选修 4—2：矩阵与变换。

选修 4—3：数列与差分。

选修 4—4：坐标系与参数方程。

选修 4—5：不等式选讲。

选修 4—6：初等数论初步。

选修 4—7：优选法与试验设计初步。

选修 4—8：统筹法与图论初步。

选修 4—9：风险与决策。

选修 4—10：开关电路与布尔代数。

4）关于课程设置的说明

（1）课程设置的原则与意图。

必修课程内容确定的原则：满足未来公民的基本数学需求，为学生进一步的学习提供必要的数学准备。

选修课程内容确定的原则：满足学生的兴趣和对未来发展的需求，为学生进一步学习、获得较高数学素养奠定基础。其中，

系列 1 是为那些希望在人文、社会科学等方面发展的学生而设置的，系列 2 则是为那些希望在理工、经济等方面发展的学生而设置的。系列 1、系列 2 内容是选修系列课程中的基础性内容。

系列 3 和系列 4 是为对数学有兴趣和希望进一步提高数学素养的学生而设置的，所涉及的内容反映了某些重要的数学思想，有助于学生进一步打好数学基础，提高应用意识，有利于学生终身的发展，有利于扩展学生的数学视野，有利于提高学生对数学的科学价值、应用价值、文化价值的认识。其中的专题将随着

课程的发展逐步予以扩充，学生可根据自己的兴趣、志向进行选择。根据系列 3 内容的特点，其不作为高校选拔考试的内容，对这部分内容学习的评价适宜采用定量与定性相结合的方式，由学校进行评价，评价结果可作为高校录取的参考。

（2）设置了数学探究、数学建模、数学文化内容。高中数学课程要求把数学探究、数学建模的思想以不同的形式渗透在各模块和专题内容之中，并在高中阶段至少安排较为完整的一次数学探究、一次数学建模活动。高中数学课程要求把数学文化内容与各模块的内容有机结合。具体的要求可以参考数学探究、数学建模、数学文化的要求。

（3）模块的逻辑顺序。必修课程是选修课程中系列 1、系列 2 课程的基础。选修课程中系列 3、系列 4 基本上不依赖其他系列的课程，可以与其他系列课程同时开设，这些专题的开设可以不考虑先后顺序。必修课程中，数学 1 是数学 2、数学 3、数学 4 和数学 5 的基础。

（4）系列 3、系列 4 课程的开设。学校应在保证必修课程，选修系列 1、系列 2 开设的基础上，根据自身的情况，开设系列 3 和系列 4 中的某些专题，以满足学生的基本选择需求。学校应根据自身的情况逐步丰富和完善，并积极开发、利用校外课程资源（包括远程教育资源）。对于课程的开设，教师也应该根据自身条件制订个人发展计划。

通过上述内容的学习，对义务教育数学课程和高中数学课程的性质、基本理念、课程设计思路有了一个概括性的了解。而学习这些理念的目的是为了更好地落实。因此，需要在行动之前，明确究竟什么是这些理念的表现，这样才能谈及践行这些理念。

第二节　课标主要理念的含义及培养

在《义务教育课程标准》和《普通高中数学课程标准》中都提出了一些课程理念，由于它们之间，后者是前者的后继，前者更注重普及性，后者更注重发展性。表述内容有很大不同，在此选择就数学素质的培养与发展都很基础的一些理念，从含义和培养两方面加以解读。

一、数感及其培养

（一）数感的含义

课标中的表述：数感主要是指关于数与数量、数量关系、运算结果估计等方面的感悟。建立数感有助于学生理解现实生活中数的意义，理解或表述具体情境中的数量关系。

美国数学教师委员会对数感的解释：①充分了解数的意义；②了解数与数间的多种关系；③可以辨别数的相对大小；④知道运算的实际效果；⑤能把数学知识与他们周围环境中常见的物体与情境相联系。

数感作为人对数与运算的一般理解，比如走进一个会场，会自然地将会场的座位数组成的集合与出席人数的集合进行比较，这就是数感在发挥作用。要举办一个晚会，会根据自己对场地大小的估计，确定参会人员的范围，这也是数感在起作用。手机上收到一个招聘信息，需招聘营销工作人员，学历高中以上，正直、诚实、勤奋，一经录用交付保证金，月薪2万以上。你在抉择这件事是否靠谱的过程中就会用到你的数感。又如，面对这样一个问题：一段木条被截成两段，其中一段是整个木条的三分之二，另一段木条比这段木条长1米，问整个木条长多少？对这个问题的解答方式也反映出解答者的数感，数感好的人，从题目信息中会发现，这两截木条长度上具有一截是原长的三分之二，另一截是原长的三分之一，可是，题目却给出了木条的三分之二比木条的三分之一短1米的信息，从而判断此题是一个错题。再如面对 $28\times3=624$ 这样的结果，等等，这一系列数感体现的实例，表明数感是当我们遇到可能与数学有关的具体问题时，自然地、有意识地与数学联系起来的一种意识。因此，数感作为一种主动地将数字之间的关联与实际生活中的数的意义相联系的意识或能力对学生的学习和生活都是有积极而现实的意义。

（二）数感培养的途径

（1）在认识数和量的过程中，更多的接触和经历有关的情境和实例，获得对数与量意义的感受，了解数在现实生活中的应用，掌握数的运算规则。比如，海南省海口市英才小学陈英老师在教授体积单位立方厘米、立方分米、立方米时的做法就比较值得借鉴：

教学环节：体验、感悟1立方厘米和1分米。

师：那么1立方厘米到底有多大呢？想知道吗？

生：想。

（老师分别发给学生1立方厘米的学具，并告诉同学们这就是1立方厘米）

师：请同学们用尺子测量一下，看看你有什么发现？（小组合作）

师：通过测量有什么发现呢？

生：每条棱都是1厘米。

师：对！棱长是1厘米的立方体的体积就是1立方厘米……现在请找找我们记忆中的物体，哪些物体的体积大约是1立方厘米呢？

生：手指头、小脚趾头、牙齿、按扣、眼球、发夹……

师：在我们头脑里，1 立方厘米有没有一个印象了？

生：有。

再看 1 例，湖北宜昌市天问小学王昌胜老师对三年级下册第四单元《什么是面积》一节的教学设计：

师：谁能举例说一说什么是面积？

生：黑板有面积。

生：黑板面的大小就是黑板的面积。

师：黑板面的面积在哪儿？请上来摸一摸。

（学生用手指了指黑板面）

师：（顺着学生的手势，在所指的地方画了一个小圈圈）哦，这就是黑板的面积吗？

生：不是的，这都是。（学生用手犹豫地摸了摸，但没有将全部摸到。教师再次根据学生所示，画了一个大一点的圈，全班学生不认同）

师：到底哪里是黑板面的面积？

生：这些全部都是。（学生边说边示意所见到的黑板面应全部摸到）

师：那我们完整地摸一摸黑板面。（随后让学生摸桌面、书面，并引导学生摸完整）

师：物体表面的大小是物体的面积，那这个长方形的面积呢？

师：大家先说说图形的面积指什么？

生：图形里面的大小是它的面积。

师：非常好，图形里面的大小是它的面积。图 4-2-1 中的这些图形有面积吗？

图 4-2-1

（学生认为前三个图形有面积，最后一个没有面积，教师将前三个图形的内部刷黑，显示图形的面积）

师：最后一个图形为什么没有面积？

生：因为这个图形下面有一个小口，没有封闭。

师：这个图形没有封闭，我们能画出它的面积吗？

生：不能。

师：所有的图形都有面积吗？

生：不一定。

师：什么样的图形才有面积？

生：只有封闭图形才有面积。

师：封闭图形的大小就是图形的面积。图 4-2-2 中的图形中谁的面积大？

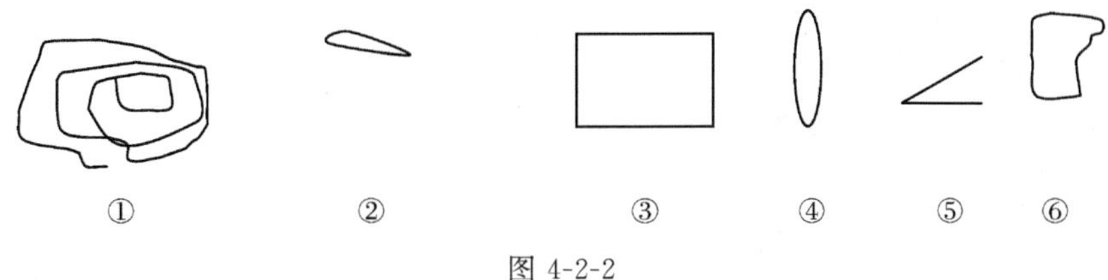

图 4-2-2

生：①⑤两个图形没有封闭，没有面积。剩下的四个面积由小到大的排列是②④⑥③。

这两位老师在教学上表现出的共同点：教学时，应尽量用直观的方式，让学生在现实的情境中经历对概念要素的感受和理解，获得学生对数量及数量关系的感知经验。

(2) 在问题解决的过程中，施以对运算及其法则、算法多样性的探究，增进对数和数量关系及数与数量关系的运算的实际意义的理解，从而有利于巩固和深化数感的形成。比如：对 21 个人要过河，每条船最多可乘 5 人，至少需要买几条船？怎样乘船才合理这个问题的解决中，学生不只是简单地计算 21÷5＝4……1，还体会了商 4 余 1 的实际意义，4 表示 4 条船，1 表示 4 条船上都坐满 5 个人，还剩下 1 个人也需要 1 条船，因此必须 5 条船才可以解决这个问题。在现实中对这个问题的解决方案除了 4 条船上都坐满 5 个人，1 人在船上之外，还可以是怎么安排？3 条船上各乘 5 人，2 条船上各乘 3 人。4 条船上各乘 4 人，1 条船上可乘 5 人。2 条船上各乘 5 人，2 条船上各乘 4 人，一条船上乘 3 人等。（此案例取材于《数学课程标准解读》）

二、符号意识及培养

数学家罗素说：“什么是数学？数学就是符号加逻辑。”可见符号学习对数学学习的重要性。事实上，教学实践也一再印证学生数学学习的困难很多来自对符号的理解。符号最外在的价值就是简便。以字母表示数的一节的教学为例，这样的教学设计就很有代表性：

出示儿歌：“1 只青蛙 1 张嘴；2 只青蛙 2 张嘴；3 只青蛙 3 张嘴……”

师：同学们读一读，能接着说下去吗？大家一起拍手说一说！

生：说不完。

师：那能不能用一句话概括儿歌的内容呢？

生：有多少只青蛙就有多少张嘴。

生：有几只青蛙就有几张嘴。

师：还可以用字母说，比如 n 只青蛙（　　）张嘴怎么填？

生：n 只青蛙（a）张嘴。

师：其他同学呢？

生：n 只青蛙（b）张嘴。

师：还有不同意见吗？

生：n 只青蛙（n）张嘴。

师：为什么这么填？

生：因为青蛙的个数与嘴的个数是一样的。

师：很好。那么，如果让你继续填下去：n 只青蛙（a）张嘴，（　　）只眼睛，（　　）条腿。应该怎么填呢？

生：n 只青蛙（n）张嘴，（a）只眼睛，（b）条腿。

师：还有吗？

生：n 只青蛙（n）张嘴，（n）只眼睛，（n）条腿。

师：眼睛的个数与青蛙的个数也相同吗？

生：不同。

师：眼睛的个数和青蛙的个数有什么关系？

生：眼睛的个数是青蛙的个数的两倍。

师：那么，眼睛的个数怎么表示呢？

生：nn。

师：有什么不同意见？

生：$n\times 2$。

师：非常好。那腿的条数呢？

生：$n\times 4$。

接着教师引导学生看书，明白含有字母的式子怎样简写，从而将整首儿歌表示成：n 只青蛙（n）张嘴，（$2n$）只眼睛，（$4n$）条腿。

师：这里 n 可以代表哪些数？

生：1，2，3，4，5，…

师：用字母把所有的自然数都代表了，可见用字母表示数有什么优点？

生：简便。（本案例取自杨豫晖主编的义务教育课程案例式解读．小学数学）

这个设计虽然教师“牵引”的痕迹重了些，但的确揭示了符号最基本的作用。因为简便，所以被人们广泛使用。

事实上，在学生的生活实际中就有大量的符号，如路口的交通标志、商品的品牌标志、一些特定生活场所的标志（如医院、药店等），这些标志的简洁性为我们的生活提供了便捷。这是生活中的符号与数学中符号相同的作用。

数学中符号的作用还远不止这些。著名荷兰数学教育家弗莱登塔尔关于字母作为数学符号的作用这样说："字母作为数学符号有两种作用，首先，字母可以作为专用名词，如 π 是个完全确定的数，或用 A 表示两直线交点。显然，特定集合需要使用标准的专用名词，如 Z，N。其次，字母可以作为不确定的名词，就像日常生活中的'人'，可以表示所有的人。"从特定的数到用字母表示一般的数，是学生认识上的一个重要进步。具体表现为：一方面，运算法则、运算律及计算公式用字母表示后，算术中关于数的理论有了一般化的意义，字母可以代表任意实数。另一方面，借用字母表示具体情境中的各种数量关系及变化规律。

正是字母可以表示数这一节的内容正式拉开了代数学习的序幕，学习数学符号的意义、使用数学符号解决数学和数学以外的问题成为数学学习的一个重要内容。

在此，不妨就代数预算与算术运算的区别，给大家一个思路供参考，看一个代数解法与算术解法差异的例子：

（鸡兔同笼）今有鸡、兔若干，它们共有 50 个头，140 只脚，问鸡、兔各有多少？

算术解法（波利亚）：假设出现下面的奇观，所有的鸡都用一只脚站，兔子都用后腿站，则站立的脚的只数就成了 70，而 70 恰好是鸡的头数加兔头的 2 倍之和，用 70 减去 50 所得的差 20 就是兔子的头数，于是有鸡 30 只，兔 20 只。

代数解法：设鸡 x 只，兔 y 只。则有方程组

$$\begin{cases} x+y=50 \\ 2x+4y=140 \end{cases}$$

解得，$x=30$，$y=20$，即 30 只鸡，20 只兔。

比较上述解法：算术解法不是人人都能想到，而代数解法则列出方程组就能得到解。显然，代数解法是一种通法，而算术解法是一题一法，此法不能用于别的问题。算术解法是通过运算从一个量得出另一个量，而代数方法倾向于个量之间的相等关系；代数方法是"去情境"的，其中的交通量变成了符号。而算术方法是"含情境"的。其中的数有不同的含义。如鸡的头数，兔子的头数；算术方法中的未知数是"捉摸不定"的，直到解出问题才露出"庐山真面目"，而代数方法中的未知数是设定的、具体的，可以参与运算。

斯黛西等人给出了这两种思维区别的一个比照（表 4-2-1）：

表 4-2-1

算术思维	代数思维
• 通过已知量的运算得出未知的量； • 通过一系列的、连续的运算得出答案； • 未知量是暂时的，表示中间过程； • 方程（如果有的话）被看作是用于计算的公式，或者是对数的产生的一种描述； • 中间量有明确的含义	• 同时操作已知量和未知量； • 进行一系列的等价或者不等价的符号变换； • 在整个问题解决过程中，未知量是设定的、固定的； • 方程被看做是对不同量之间的某种关系的描述； • 中间量不一定有明确的含义

资料来源：鲍建生，周超．数学学习的心理基础与过程．上海：上海教育出版社．2009

课程标准对符号感的解读是：符号意识主要是指能够理解并且运用符号表示数、数量关系和变化规律；知道使用符号可以进行运算和推理，得到的结论具有一般性。建立符号意识有助于学生理解符号的使用，是数学表达和进行数学思考的重要形式。

关于符号意识的培养，主要可以通过字母表示数的运用，逐步让学生体会“符号化”的优越性；帮助学生在现实情境中对数量关系的表示和变化规律的把握，实现认识上一般化的飞跃；再通过对字母赋值或不同的意义等活动，将符号的意义具体化，帮助学生理解数学中的这种具体与一般之间的关系；将实际问题中的变量符号化，即实现实际问题向数学问题的转化，然后用数学特有的方法进行问题解决，在这个过程中，提高学生使用符号进行问题解决的意识和能力。

三、推理能力及其培养

（一）推理的教育价值

思维是人脑对客观事物的本质属性和内部规律性的概括的反映。通俗地说人脑思考问题的活动就是思维。通过思维，人们认识客观事物，发现规律并利用规律改造客观世界，使人成为自然界中的强者。可以说，没有思维，人类就不可能进步。所以，思维在学生的学习生活中都有着特别重要的意义。最基本的思维方法包括分析与综合、抽象与概括、比较与分类、具体化与系统化、联想与猜想等。

一般来说，思维可划分为几个过程：一是形成概念的过程；二是作出判断的过程；三是进行推理的过程。它们之间是逐步递进的关系。对应于数学学习中的思维来说，定义对应形成概念的过程；命题对应作出判断的过程；证明对应推理的过程。也就是说推理是一种思维方式。

概念则是在感知的基础上，通过思维在头脑中形成的对事物的间接反映、概括的反映。恩格斯说：“概念是综合已有经验的结果。”毛泽东也认为：“社会实践的继续，使人们在实践中引起感觉和印象的东西反复了多次，于是在人们的脑子里生起了一个认识过程中的突变（即飞跃），产生了概念。概念这种东西已经不是事物的现象，不是事物的各个片面，不是它们的外部联系，而是抓着了事物的本质，事物的全体，事物的内部联系了。”在概念形成的基础上，判断是“对事物的情况有序判定的思维形式”“由一个或几个已知判断推出另一个未知判断的思维形式”叫推理。

学生为什么要学习推理？为什么可以通过数学课程学习推理？因为生活、工作中都需要人们思考有条理，说话合乎逻辑，做事有依据。而且，要时常面对所面临情境中的事与人做出判断，做出决策。这种能力的获得与学生的推理思维训练有关，而数学学科对这种能力的训练优于其他学科如语文、外语、历史、地理、物理、化学等。比如，中学几何的学习中的因为什么，所以怎样，就是一个推理的过程。代数中的运算过程就是根据运算法则进行的一个推理过程。统计中依据数据分布所做的统计学推断也是一个推理过程。

在《数学课程标准》中提出：推理是数学的基本思维方式，也是人们学习和生活中经常使用的思维方式。推理一般包括合情推理和演绎推理。合情推理是从已有的事实出发，凭借经验和直觉，通过归纳和类比等推断某些结果；演绎推理是从已有的事实（包括定义、公理、定理等）和确定的规则（包括运算的定义、法则、顺序等）出发，按照逻辑推理的法则证明和计算。在解决问题的过程中，合情推理用于探索思路，发现结论；演绎推理用于证明结论。

（二）数学推理方法简介

1. 演绎法

演绎法即演绎推理法，是指从一般到特殊的推理方法。常用的推理形式如下。

（1）直接命题变形直接推理——对作为前提的原命题进行变形而直接推出结论的一种推理。一般有三种方法，分别如下：

①换质法：通过改变命题的联项（肯定变否定，否定变肯定），同时把命题的为此改变成矛盾概念，而得出新命题的推理方法。如

所有的自然数　都不是　负数
所有的自然数　都是　非负数
实数的绝对值　都是　非负数
实数的绝对值　都不是　负数

这种推理的作用在于不仅让你知道它是什么，还知道它不是什么。

②换位法：就是把直言命题的主词和谓词的位置交换，而得出新结论的方法。如：

所有的矩形都是平行四边形

有些平行四边形是菱形

这种推理应注意：所有的 P 是 S 换位后只能是有些 S 是 P.

其作用是人们由 S 是什么推知 P 是什么。

③换质位法：换质法与换位法交互运用的直言命题变形直接推理。如

所有的长方体 都是 直平行六面体——换质为下命题

所有的长方体 都不是 斜平行六面体——换位为下命题

所有的斜平行六面体 都不是 长方体 ——换质位法得出的命题。

(2) 三段论间接推理——就是从某类事物的全称判断（大前提）和一个特称判断（小前提）得出一个新的、较小的全称或特称判断（结论）。它的基本结构是

大前提：M 是 P 或 大前提：M 不是 P

小前提：S 是 M 小前提：S 是 M

结 论：S 是 P 结 论：S 不是 P

三段论推理的依据是人们普遍达成的一种共识：全部是什么或不是什么，那么，这类事物中的部分也是什么或不是什么。

如对顶角相等——大前提

$\angle A$ 与 $\angle B$ 是对顶角——小前提

$\angle A=\angle B$——结论

如等腰三角形的两底角相等——大前提

$\triangle ABC$ 是等腰三角形——小前提

$\angle A=\angle B$——结论

2. 完全归纳法

归纳法是由个别到一般的推理方法。数学中许多公式、法则都是由一些有共性的事实中发现，然后进行一种推而广之的推断，所用的方法就是归纳法。而完全归纳则是通过对一类事物的全体的考察，做出具有某种属性的推理方法。例如，圆周角定理的证明，就是针对圆周角的每一种进行研究后发现，无论圆心在圆周角的一条边上或在圆周角内部，还是在圆周角外部，都有一个结论：圆周角的度数等于圆周角所对弧的度数的一半。于是这就有了对一切圆周角都成立的推断。

3. 不完全归纳法

不完全归纳法是根据一类事物的部分对象具有的某一属性，而做出的对该类事物其他都有该属性的一般性结论的推断。是一种由部分推全体的一种推断，常常会出现“以偏概全”效应，所以，推理的结果只能算是一种猜想，正确性有待进一步论证。但它作为形成猜想的方法，是获得新发现最有效的途径。在数学学习过程中有着广泛的应用，比如：

通过度量某些三角形的内角和形成猜测：任意平面三角形的内角和为 $180°$。

通过 $2\times2=4=2^2$

$2\times2\times2=2^3$

$2\times2\times2\times2=2^4$

$2\times2\times2\times2\times2=2^5$

…………

猜想，$\underbrace{2\times2\times2\times2\times\cdots\cdots\times2}_{n}=2^n$

4. 类比法

类比法是根据两个或两类事物在某些属性上都相同或相似，而推出它们在其他属性上也有相同或相似的推理方法。比如，平面上如果两直线同与第三条直线平行，则这两条直线平行，对于三维空间可以类比得出相同的结论。再如，类比数线段的方法来数图 4-2-3 中角的个数。

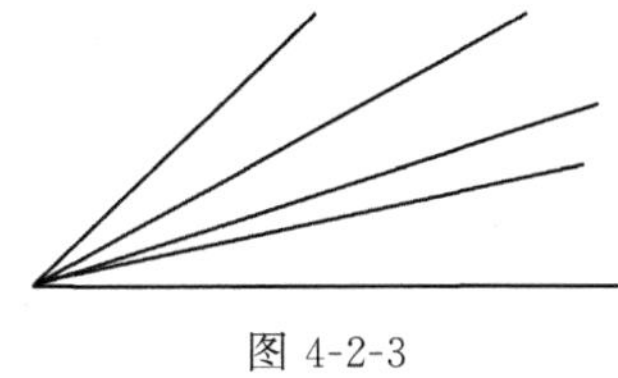

图 4-2-3

（三）如何培养推理能力

依据合情推理适于发现，演绎推理适于给出证明。在教学中，通过创设问题情境，引导学生进行观察、尝试、估算、归纳、类比、作图等活动，通过活动，发现规律，然后予以验证的教学过程，把推理能力的培养落实在教学活动中。比如，长春市十一高中张月柱老师对《含有绝对值的不等式（一）》的教学设计片段。

1. 创设问题情境，激发学生思维

1）复习提问

（1）绝对值定义 $|a|=\begin{cases}a,\ a>0\\0,\ a=0\\-a,\ a<0\end{cases}$。

（2）用“=”“≥”“≤”填空。

$|a|$______$|-a|$，a______$|a|$，a______$-|a|$，$|ab|$______$|a||b|$，$\left|\dfrac{b}{a}\right|$______$\dfrac{|b|}{|a|}(a\neq0)$。

（3）当 $a>0$ 时，$|x|\leqslant a$ 等价于什么命题？如何去掉绝对值？$|x|\geqslant a$ 呢？

2）引例

若 $0\leqslant x\leqslant1$，请你用各种方法证明 $|2x-1|\leqslant1$。

3）引言

由上面的学习可知：积的绝对值等于绝对值的积；商的绝对值等于绝对值的

商，那么请大家猜想，和与差的绝对值与绝对值的和与差有什么关系？

2. 导入新课，启发学生思维

（1）师生共同猜想　$|a|-|b|\leqslant|a+b|\leqslant|a|+|b|$。

（2）定理证明。

再比如，三角形两边之和大于第三边的教学，郑毓信老师文中的这个案例值得借鉴：

教师在黑板上画出两个点 B、C，并问："同学们，从点 B 到点 C 的最短距离怎么画？"学生画出了一条线段。

教师顺势画了一条折线，问道："如果走其他路线，还有更短的吗？为什么？"

学生说"两个点之间走直线是最短的，其他的路线多多少少拐弯了。"

教师在折线的拐点处标出字母 A（图 4-2-4）。

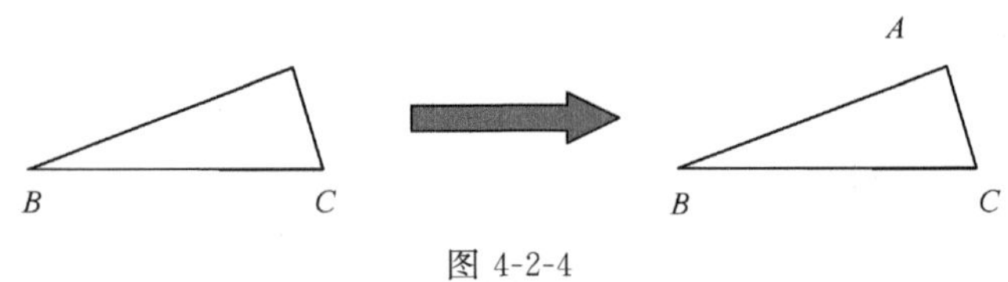

图 4-2-4

"折线一定比线段长，即便是微微'撑起'也是折线。"

"BC 一定是最短的，$BA+AC$ 一定比 BC 长。"

"换一个角度看，任何一个三角形都可以看成是由两点之间的一条线段和一条折线组成的。"

可以说，"不费吹灰之力，就引导学生发现了下面的结论：任意三角形的两边之和一定大于第三边。"这其中有观察、归纳，还向学生渗透着演绎推理，让学生不仅知其然，还要知其所以然，这是一个有新意的案例。

四、模型思想及培养

数学模型是研究者依据研究目的，将所研究的客观事物的过程和现象的主要特征、主要关系，采用形式化的数学语言，概括或近似地表达出来的一种结构。因此，数学模型是数学抽象的结果。对数学模型的理解有两类：一类是广义的理解，即把从现实原型抽象概括出来的数学概念、公式、定理、理论体系，以及应用数学中各种具体的数学模型（如人口模型、交通模型、传染病模型……）统称为数学模型。二是狭义的理解，就只指应用数学的各种具体模型。基于对数学模型的广义理解，数学建模既包括数学学习中概念的形成，公式、定理的提出与证明，理论体系的建立，又包括解决从实际背景中抽象出来的问题，以及现实原型问题。

课标提出：在数学课程中，应当注重发展学生的模型思想，并进一步说明模型思想的建立是学生体会和理解数学与外部世界联系的基本途径。建立和求解模型的过程包括：从现实生活或具体情境中抽象出数学问题，用数学符号建立方程、不等式、函数等表示数学问题中的数量关系和变化规律，求出结果、并讨论结果的意义。这些内容的学习有助于学生初步形成模型思想，提高学习数学的兴趣和应用意识。

也就是说，在教学过程中，把数学概念、公式、定理、理论体系等作为数学模型来学习，既然是当做模型来学习，那就包括建立模型和应用模型的过程。因此，要给学生提供概念的形成过程，公式、定理的发现过程，问题解决的思维及数学化的过程。让学生在过程中领悟数学模型、使用模型和初步建模的能力。

五、空间观念及培养

人生活在空间中，对于空间我们应该有怎样的认知？弗莱登塔尔曾就几何的价值做过这样的阐述“几何就是掌握空间，儿童在这个空间居住、生活和活动，儿童必须了解、探索和征服这个空间，才能更好地居住、生活和活动于这个空间”。另外，许许多多的发明创造都是以实物的形态呈现的，但这些实物一定先在设计者的头脑中形成实物的模型图，然后，由图做出实物模型。显然这与人的空间观念有关。

在课程标准中这样描述空间观念的主要表现：主要是指根据物体特征抽象出几何图形，根据几何图形想象出所描述的实际物体；想象出物体的方位和相互之间的位置关系；描述图形的运动和变化；依据语言的描述画出图形等。

对于空间观念的培养，要善于利用学生非常熟悉的生活世界，比如教室，操场上的旗杆与地面，黑板面与墙面、桌面、地面等具有几何直观的内容作为培养空间观念的载体，引导学生通过观察、探究来把握空间几何元素之间的关系及图形表达。

六、几何直观和含义及培养

（一）什么是几何直观

标准中的表述：几何直观主要是指利用图形描述和分析问题。借助几何直观可以把复杂的数学问题变得简明、形象，有助于探索解决问题的思路，预测结果。几何直观可以帮助学生直观地理解数学，在整个数学学习过程中都发挥着重要作用。

数学家克莱因认为：“数学不是依靠在逻辑上，而是依靠在正确的直观上；数学的直观是对概念、证明的本质把握。”庞加莱说：“我们是通过逻辑去证明，但我们是通过直观去创造。”

数学家希尔伯特在其名著《直观几何》一书中谈到，图形可以帮助我们发现、描述研究的问题；可以帮助我们寻求解决问题的思路；可以帮助我们理解和记忆得到的结果。我国著名数学家徐利治教授也指出：“几何直观是借助于见到的或想到的几何图形的形象关系产生对数量关系的直接感知。”综合起来，几何直观就是利用图形进行数学的思考和想象，几何直观主要是指利用图形描述和分析问题，帮助学生直观地理解数学。

（二）几何直观能力的培养

事实上，对于几何直观这种能力，应该注意到“形”的重要。对“形”的来源，可以是借用，还可以绘制。因此，在教学中要注意借“形”。

下面就通过一些案例来领悟几何直观观念在教学中的展现方式。比如，五年级下册的《打电话》教学案例就是对线段图使抽象的数量关系变得简明，把复杂的数学问题直观化的一个实例。在这个题目的解决中，图就起到了一图抵百语的作用（图 4-2-5）。

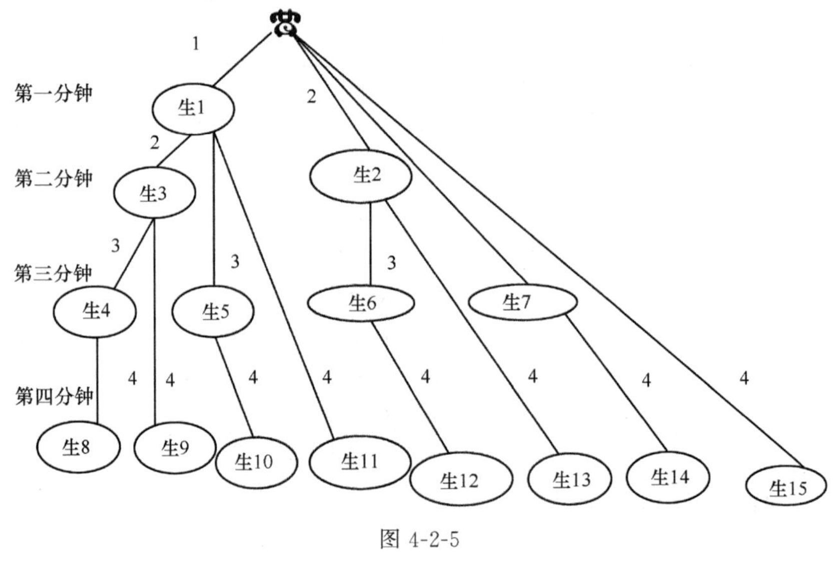

图 4-2-5

案例：学校合唱队有 15 人，暑假有紧急演出，老师要尽快通知每个队员，用打电话的方式，每分钟通知 1 人，最少需要多少分钟？

对打电话这个复杂数量关系的图示，把一些讲不太请的东西清楚地呈现出来，让学生真切地领悟到图的作用。还有我们每个人都经历过的路程中的相遇问题、相向问题，工程问题、整体 1 问题等的学习中，老师教给我们的图示分析方法。

再看几何直观能力培养的教学案例：

（一）教材分析

1. 教学目标

（1）会结合表格画出二次函数图象，利用其变化趋势比较函数值大小；

（2）会结合图象信息，找到相等关系和不等关系，解决 a、b、c 及相关代数式问题；

（3）会借助图象解决二次函数相关问题；

（4）经历解决二次函数问题的过程，感悟几何直观，体会化归思想、数形结合思想，发展分析问题和解决问题的能力。

2. 教学重点

结合图象，利用性质解决二次函数相关问题。

3. 教学难点

利用图象解决二次函数相关问题。

（二）学情分析

九年级的学生已经进入总复习阶段，面临毕业和升学的双重压力，致使一些学生产生了畏难情绪。学生对问题的分析能力、计算能力、概括能力良莠不齐，尤其是所涉及的知识拓展和知识的综合能力方面不足。为了进一步解决以上问题，根据实际情况，创新课堂教学模式，推行“小组合作学习”教学法，真正让学生成为课堂的主人，发展学生的思维。

（三）教学辅助手段

根据本节课的教材内容特点，教师采用多媒体《几何画板》和实物投影演示。

（四）教学过程

环节 1：梳理知识，引入新课

问题 1 已知二次函数 $y=x^2-2x-3$，当 $y<0$ 时，求自变量 x 的取值范围。

分析：要求自变量 x 的取值范围，直接建立一元二次不等式不符合学生的认知基础，自然想到画函数图象的方法，借助几何直观分析、解决问题，从而引出课题，教师用屏幕出示“几何直观”的描述。

教师重点关注学生：

（1）是否出现解不等式的方法，如有，给予恰当解释；

（2）是否会画出二次函数图象的草图，由草图来分析问题：

【设计意图】创设问题情境，促进学生的独立思考，找到解决问题的思路和方法，引出课题，揭示几何直观的定义。

环节 2：梳理知识，把握重点

问题 2 本章学习了哪些知识？它们之间的联系是什么？

引导学生回顾本章知识要点，指出知识之间的内在联系。让学生思考二次函数的性质是如何探究的，再次体会几何直观是研究函数问题的最优方法，也是最普遍的方法，要善于借助几何直观解决二次函数的相关问题（图 4-2-6）。

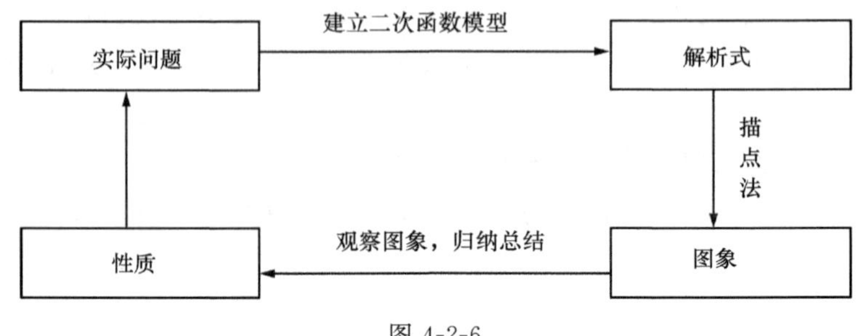

图 4-2-6

教师重点关注学生：

（1）对函数知识内在联系的理解水平；

（2）是否知道如何画图象或是草图。

【设计意图】通过回顾本章知识要点，帮助学生建立解析式、图象、性质与实际问题之间的联系，使学生在梳理本章知识的基础上，将知识系统化，明确函数是数形结合的产物，提升借助几何直观解决问题的意识。

环节 3：典例分析，强调方法

例 1　已知二次函数 $y=ax^2+bx+c$，函数 y 与自变量 x 之间的部分对应值如表 4-2-2 所示。

表 4-2-2

x	…	0	1	2	3	4	…
y	…	4	1	0	1	4	…

点 $A(x_1, y_1)$、$B(x_2, y_2)$ 在函数的图象上，则当 $1<x_1<2$，$3<x_2<4$ 时，求 y_1 与 y_2 的大小关系。

教师重点关注：

（1）不同层次的学生是否能够画出草图去分析问题；

（2）是否发挥小组合作的作用；

（3）是否可以利用二次函数的性质比较大小。

【设计意图】用列表法表示函数，让学生学会将表格的信息转化为函数的图象，从而直观地解决问题，紧扣主题，并体会二者之间的关系。

例 2　已知二次函数 $y=ax^2+bx+c(a\neq 0)$ 的图象，如图 4-2-7 所示，下

面结论正确的是________。

①$b^2-4ac>0$；②$abc>0$；③$2a+b>0$；④$9a+3b+c<0$；⑤$8a+c>0$。

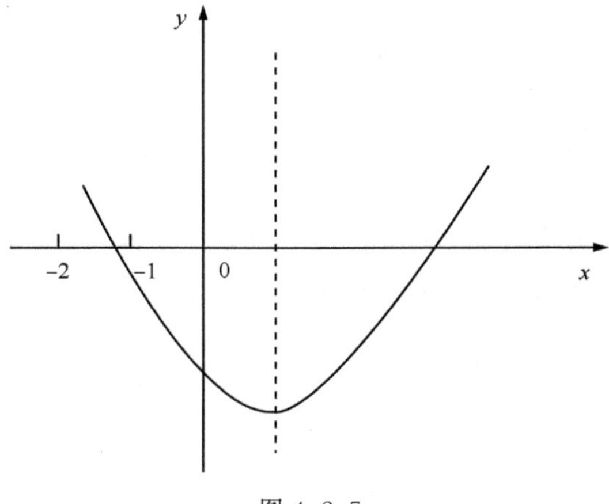

图 4-2-7

答案：①②④⑤

对例 2 的处理：由学生独立完成后，与小组交流。由学生回答问题，并说明理由，学生之间可以相互补充。

生 1：答案①②④⑤。从图象上看抛物线与 x 轴有 2 个交点，则 $b^2-4ac>0$。

生 2：有抛物线开口向上，可知 $a>0$。对称轴 $x=-\dfrac{b}{2a}>0$，$a>0$，所以，$b<0$，抛物线与 y 轴交点在 y 轴的负半轴，则交点的纵坐标 $c<0$，所以，$abc>0$。

生 3：由图象，可知 $x=-\dfrac{b}{2a}=1$ 得到 $b=-2a$ ，所以，$2a+b=0$。

生 4：由 $9a+3b+c>0$ 想到，当 $x=-3$ 时，$y=9a+3b+c$，因此，观察图象上点的位置，借助图象的对称性，得到结论。

学生 5：由 $8a+c>0$ 想到，当 $x=-2$ 时，$y=4a-2b+c>0$。而 $b=-2a$，所以化简得到 $8a+c>0$。

师：到底应从图象上读取哪些信息，才能帮助我们更快、更好地解决例 2 中的问题呢？

归纳总结：

从图象上得出：

①判断 a、b、c 的符号：$a>0$（由抛物线开口方向决定）；$b<0$（因为 $-\dfrac{b}{2a}>0$，$a>0$ 所以 $b<0$，$c>0$ 抛物线与 y 轴交点纵坐标的值）。

②研究对称轴：首先，对称轴的特殊性：$x=-\frac{b}{2a}=1$，得到 $b=-2a$ 。其次，抛物线关于对称轴的对称性：抛物线与 x 轴交点是什么或是在哪两个整数之间。

③图象与坐标轴的交点个数：图象与坐标轴的交点个数决定 $\Delta=b^2-4ac$ 的符号。

④特殊点：图中给出的特殊值，如可以判断点（-1，y_1），（-2，y_2）中的 y_1、y_2 的符号，即 $a-b+c<0$，$4a-2b+c>0$，由对称性得到点（3，y_3）、（4，y_4）中 y_3、y_4 的符号。

难点在于所判断的表达式中的 a、b、c 中缺少字母的情况，必然图象中会存在特殊的对称轴或是特殊点，我们要借助这些特殊点对应的函数值来解决此类问题。

教师重点关注学生能否由图象读出有效信息：

(1) a、b、c 的符号；

(2) 由对称轴得到的相等或不等关系；

(3) 由特殊点得到的相等或不等关系。

【设计意图】运用图象给出有关信息，让学生学会分析图象，合理使用图象中的信息解决问题。

环节 4：巩固提高，拓展延伸

例 3 已知抛物线 $y=-x^2+2x+3$ 与 x 轴交于 A，B 两点（点 A 在点 B 的左侧），与 y 轴交于点 C，直线 l 是抛物线的对称轴，设点 P 是直线 l 上的一个动点，当 $\triangle PAC$ 的周长最小时，求 P 点的坐标。

答案：略。

教师重点关注学生：

(1) 能否熟练画出二次函数图象的草图；

(2) 能否将其转化为已学知识来解决；

(3) 能否找到解决问题的多种方法；

(4) 是否有克服困难的勇气。

【设计意图】用解析式呈现例题，学生应学会用解析式求出有用的一些结论，从而会画函数图象。可以帮助学生，进一步加深对二次函数知识的理解，学会“借助几何直观”这一方法解决问题。

环节 5：课堂小结，布置作业

课堂小结：请你谈谈本节课的收获。

最后，再看一位教学前辈的实践智慧总结。四川省南充市嘉陵区教育科学研究室的蒲大勇认为，初中数学“几何直观”教学按照直观的目的可划分为直观验证型、直观理解型、直观探索型、直观建构型、直观拓展型和直观简约型六种类型。这些一线专家老师的研究一方面为我们更好理解课标中提出的核心理念提供了案例；另一方面，也让我们今后的教学实践获得操作层面的借鉴；更让我们感受到研究给教师带来的成长。下面我们就一起分享一下蒲老师的思想：

1）直观验证型

直观验证型是通过动手操作、实验检测等方式验证已得结论或猜想的正确性，从而在直观操作的基础上获得对数学知识理解的一种数学教学活动。这种类型的目的是验证已知结论的正确性和合理性，一般步骤为已知结论→构造图形→观察分析→得出结果。直观验证型的特点是直观，思维起点低，操作简单。

案例 1：“完全平方公式”教学片断

师：通过上面的探究活动，我们知道完全平方公式为 $(a+b)^2=a^2\pm 2ab+b^2$，你能根据公式形式，自己构造图形，表示完全平方公式吗？（小组合作探究 5 分钟后）

生 1（边展示边说）：构造如图所示的正方形，这个正方形的面积为 $(a+b)^2$；而图 4-2-8 中Ⅰ、Ⅱ、Ⅲ、Ⅳ的面积分别为 ab，b^2，a^2，ab，它们的面积和为 $a^2+2ab+b^2$。因为是同一图形的面积，所以它们相等，即 $(a+b)^2=a^2\pm 2ab+b^2$。

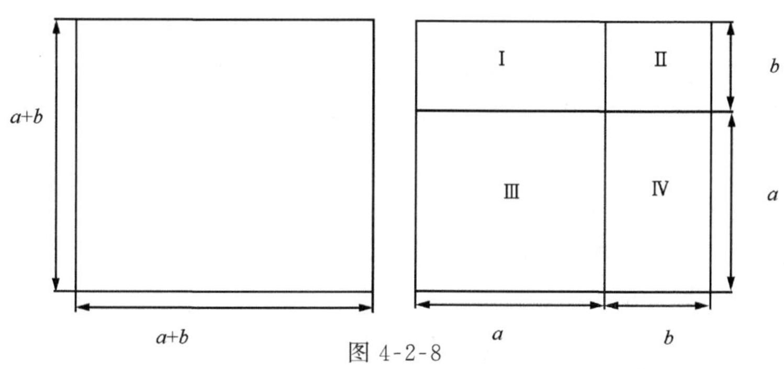

图 4-2-8

师：很好，生 1 通过构造几何图形，以两种不同方式对同一图形面积进行计算，最后，由计算结果相等，验证了完全平方公式的正确性。

2）直观理解型

直观理解型是借助实物或图形直观，以学生理解数学概念、定理等数学知识为目的的数学教学活动。这类教学借助对实物或图形进行直观的操作，深刻理解数学概念、原理等，它主要通过学生对实物或图形的“数学化”操作来实现对数学概念、原理、事实的接受和理解。

一般步骤为产生疑惑→“数学化”操作→内化理解。直观理解型的特点是抽象的数学知识形象化，在形象知中理解。

案例 2：无理数教学片断

师：任何一个有理数都可以在数轴上找到一个点来表示，类似地，任何一个无理数也可以用数轴上的点来表示。（学生对“任何一个无理数也可以用数轴上的点来表示”的理解比较困难）

师：以无理数 π 为例。请看多媒体演示，如图 4-2-9，用直径为 1 单位长度的圆从原点 O 沿数轴向右滚动一周，圆上的点 O 运动到 O' 的长就是这个圆的周长 π，所以点 O' 的坐标为 π，这样，无理数 π 就用数轴上的点表示出来了。

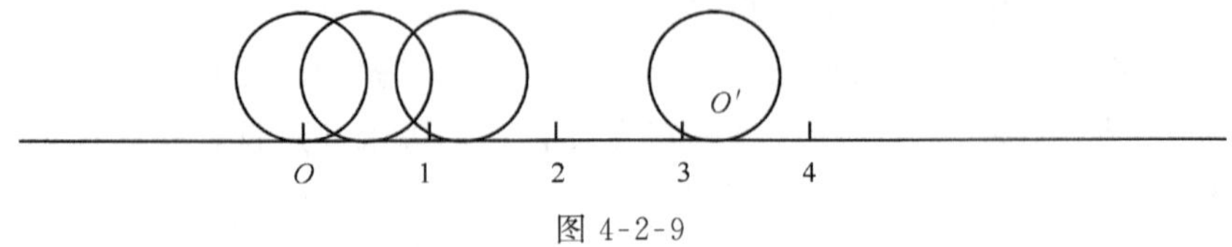

图 4-2-9

3）直观探索型

直观探索型是借助实物或图形直观，以探索未知结论为目的的数学教学活动。这类教学教师要创造、模拟、再现问题情境，引导学生自主探究数学知识、发现数学结论（或假设）。直观探索型对学生智力的发展、创造能力的培养、科学方法的形成都有很大的帮助。一般步骤为：问题提出→直观探索→抽象概括→发现结论。例如，轴对称概念的学习。步骤为：①观察蝴蝶、心形、松树、美、8 这些图形，你能发现它们有什么共同点？②通过对折活动，探索对折后的两部分有怎样的关系？③概括出轴对称图形的定义。

4）直观建构型

直观建构型是借助实物或图形直观，以建构某个数学知识或图式模型为目的的数学教学活动。这类教学是在建构直观的方程模型、图式模型等的基础上，使得学生能够进一步把握和理解更加抽象、更为深刻的思维对象。一般步骤为：问题提出→实物演示→观察分析→建构模型。

直观建构型的特点是具有空间性、模型性、探索性。

例如：圆锥侧面展开图的教学。

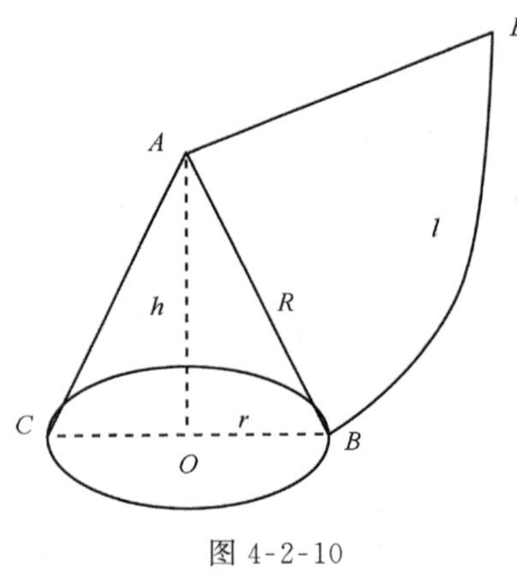

图 4-2-10

师（边演示模型，边启发提问）：如图 4-2-10，现在老师把这圆锥的侧面沿它的一条母线剪开，展在一个平面上，哪位同学能发现这个展开图是什么图形？

生 1：扇形。

师（再次演示模型）：请同学们仔细观察，并回答：

（1）扇形的弧长 l 与圆锥底面圆的周长是什么关系？

（2）扇形的半径其实是圆锥的什么线段？

生 2（上讲台指着模型，边说边写）：扇形的弧长是底面圆的周长，即 $l=2\pi r$，扇形的半径就是圆锥的母线。

师（追问）：圆锥的侧面积与扇形的面积有何关系？

生 3：圆锥的侧面积等于扇形的面积。

师生共同推导出：$S_{侧}=\pi rl$，$\theta=\frac{r}{l}\times 360^{\circ}$（其中，$r$ 为圆锥底面的半径，l 为圆锥底面圆的周长）。

5）直观拓展型

直观拓展型是借助实物或图形直观，以拓宽研究思路或拓展数学知识为目的的数学教学活动。这类教学是对已有研究方案或思路的延伸，若运用得当，可以充分调动学生已有的知识结构，拓展思维视野，发挥教师教学的创造性，给不同能力倾向的学生提供较大的选择空间，使他们获取各自发展所需要的知识、技能和能力。一般步骤为：任务引入→任务拓展→分解任务→应用拓展。

6）直观简约型

直观简约型是用数学符号、图表、图式等直观表达数学中的数、数量关系和变化规律的数学教学活动。从学习过程上看，把数学概念、法则或公式简约化，都要经历“理解含义—选取符号或字母—确定运算—简约表达”四个环节。直观简约型的特点是简洁、抽象、易记。对上述内容，若想更详细的了解，大家可在知网上搜索原文进行学习。

七、数据分析观念及培养

在以信息和技术为基础的现代社会里，人们身边充满着大量的数据，需要人们具有针对这些数据做出合理的决策。这对人们关于数据分析的观念和知识提出了要求。

课标对数据分析观念做出阐释：数据分析观念包括了解在现实生活中有许多问题应当先做调查研究，收集数据，通过分析做出判断，体会数据中蕴涵着信息；了解对于同样的数据可以有多种分析的方法，需要根据问题的背景选择合适的方法；通过数据分析体验随机性，一方面对于同样的事情每次收集到的数据可能不同；另一方面只要有足够的数据就可能从中发现规律。

什么是数据分析观念呢？

数据是信息的载体，这个载体包括数，也包括言语、信号、图象，凡是能够承载事物信息的东西都构成数据。

观念是一种需要在亲身经历的过程中培养出来的对认知对象的“领悟”。

数据分析指的是，用适当的统计方法对收集来的大量第一手资料和第二手资料进行分析，以求最大化地开发数据资料的功能，发挥数据的作用。是为了提取有用信息和形成结论而对数据加以详细研究和概括总结的过程。

数据分析观念定义为，学生在有关数据的统计活动过程中所建立起来的对数据分析的某种“领悟”，是关于数据分析内涵、思想方法及其应用价值的综合性认识。

对于数据分析观念的培养，第一，要让学生经历做调查研究，收集数据的活动。第二，学习整理数据和分析数据的基本知识，能够根据问题的背景选择合适的方法。比如，能根据分析的需要：想要比较数据之间的数量关系，选用条形统计图；想要了解数据的变化情况，选用折线统计图；要表达某部分数据在整个数据中所占的比例，选用扇形统计图。第三，经历从数据分析中获取信息的过程，一方面体会数据中蕴涵着信息；另一方面经历利用数据中的信息做出决策的过程，体会数据的作用。第四，由于观念是在人们不断的亲身经历中获得的，因此数据分析观念也不例外，应让学生关注现实生活中，各种传媒提供给我们的，与日常生活密切相关的一些信息，如白色污染、空气污染、近期市场菜价的变动、食品添加剂销售量的变化，等等，培养学生从数据分析角度思考问题的意识。提供不断的经历数据分析的全过程：调查研究、收集数据、整理数据、分析数据、获取信息、做出决策、进行经历、评价与改进，获得利用数据分析获得问题解决的策略，注重发展学生的数据统计观念。

八、运算能力及提高

运算贯穿于学生数学学习的全程。作为数学最基本的研究对象数来说，数的扩充从运算的角度看，如正分数的引进是为了解决自然数除法运算的封闭性；实数的引进是为了解决极限运算的封闭性；复数的引入是为了解决开方运算的封闭性，可以视为为了解决运算的封闭性。

在初等数学中，运算的对象主要有数、式、向量、几何图形等，相应的运算主要有如下：

初等代数运算：加、减、乘、除、乘方、开方。

初等超越运算：指数运算、对数运算、三角及反三角运算等。

几何运算：平移、旋转、反射、位似、相似等。

运算离不开运算律。运算律是经验的总结，是从大量实践中抽象出来的一般规律，能简化计算。运算与运算律是构成算理的基本要素。在运算过程中每一步依据的都是运算律，运算律的作用类似于几何推理中的前提，因此，运算的过程也可以被认为是推理的过程。运算能力的培养也是对学生的逻辑推理能力的培养。

何为运算能力？课标中给出的界定是：运算能力主要是指能够根据法则和运算律正确地进行运算的能力。培养运算能力有助于学生理解运算的算理，寻求合理简洁的运算途径解决问题。

那么，从培养层面来说，要能够根据法则和运算律正确地进行运算。第一，要明确运算的方式不仅局限于笔算，还应包括口算、估算。尤其是估算，在西方的中小学中早已是教学内容之一，我国在此次课改的数学课程标准中首次提及。这样在能力培养上就要按照能够寻求合适的运算方式解决问题。第二，要帮助学生理解各种运算对象的意义，掌握其运算法则和运算律。第三，重视学生在运算练习过程中形成的数学活动经验的交流。因为学生毕竟从理解力、心理特征上来说，有一定的共性，生生之间的这种交流更容易被彼此所认同，所以，在运算教学中应该让学生自主交流，充分表达出自己的想法。第四，提倡算法的多样化。这里说的算法多样化的含义指学生掌握各种运算法则的基础上，能自由地发现并使用各种运算策略进行运算。

关于估算，其所以被强调是因为："一是与数学应用有关，毕竟日常生活中经常遇到的是估算而不是精确的计算，估算可以使数字与真实生活情境联结起来，不至于使数字失去意义，并能判断数字在情境中需要的精确程度；二是源自对数感的重视。"而且，有调查表明，在 7 年级学生直至成年人中，好的估算者使用了三种估算过程：①精简——改变数据资料，即通过对数字的四舍五入、截断取值和兼容等相关的技能把数字重新改变成心理上更友善的形式（如用 6＋8＋4 来估算 632＋879＋453，或用 7200÷60 来估算 7431÷58）；②转化——改变问题的结构，即把数学结构改变为一种更为容易的形式（如使用 4×80 来估算 78＋82＋77＋79，或估算百分数时转化为小数或分数）；③补偿——反映数学的变化，也即在心算之前或之后对结果进行补偿性调整，使估算结果更接近精确值。

第三节　数学课程的课程目标

数学课程目标是数学课程价值观在数学课程领域的具体化。它为数学学习活动的目的明确了达成标准；为课程内容的选择提供了依据；决定着数学课程的组织类型和呈现方式，同时还为数学课程的实施及数学课程的评价提供依据。

一、义务教育数学课程目标的课标表述

（一）总目标

通过义务教育阶段的数学学习，学生能：

（1）获得适应社会生活和进一步发展所必需的数学的基础知识、基本技能、基本思想、基本活动经验。

（2）体会数学知识之间、数学与其他学科之间、数学与生活之间的联系，运用

数学的思维方式进行思考，增强发现和提出问题的能力、分析和解决问题的能力。

（3）了解数学的价值，提高学习数学的兴趣，增强学好数学的信心，养成良好的学习习惯，具有初步的创新意识和实事求是的科学态度。

总目标从以下四个方面具体阐述（表 4-3-1）：

表 4-3-1

知识技能	经历数与代数的抽象、运算与建模等过程，掌握数与代数的基础知识和基本技能。 经历图形的抽象、分类、性质探讨、运动、位置确定等过程，掌握图形与几何的基础知识和基本技能。 经历在实际问题中收集和处理数据、利用数据分析问题、获取信息的过程，掌握统计与概率的基础知识和基本技能。 参与综合实践活动，积累综合运用数学知识、技能和方法等解决简单问题的数学活动经验
数学思考	建立数感、符号意识和空间观念，初步形成几何直观和运算能力，发展形象思维与抽象思维。 体会统计方法的意义，发展数据分析观念，感受随机现象。 在参与观察、实验、猜想、证明、综合实践等数学活动中，发展合情推理和演绎推理能力，清晰地表达自己的想法。 学会独立思考，体会数学的基本思想和思维方式
问题解决	初步学会从数学的角度发现问题和提出问题，综合运用数学知识解决简单的实际问题，增强应用意识，提高实践能力。 获得分析问题和解决问题的一些基本方法，体验解决问题方法的多样性，发展创新意识。 学会与他人合作交流。 初步形成评价与反思的意识
情感态度	积极参与数学活动，对数学有好奇心和求知欲。 在数学学习过程中，体验获得成功的乐趣，锻炼克服困难的意志，建立自信心。 体会数学的特点，了解数学的价值。 养成认真勤奋、独立思考、合作交流、反思质疑等学习习惯，形成实事求是的科学态度

总目标的这四个方面，不是相互独立和割裂的，而是一个密切联系、相互交融的有机整体。在课程设计和教学活动组织中，应同时兼顾这四个方面的目标。这些目标的整体实现，是学生受到良好数学教育的标志，它对学生的全面、持续、和谐发展有着重要的意义。数学思考、问题解决、情感态度的发展离不开知识技能的学习，知识技能的学习必须有利于其他三个目标的实现。

（二）学段目标

1. 第一学段（1～3 年级）

1）知识技能

（1）经历从日常生活中抽象出数的过程，理解万以内数的意义，初步认识分数和小数；理解常见的量；体会四则运算的意义，掌握必要的运算技能；在具体情境中，能进行简单的估算。

（2）经历从实际物体中抽象出简单几何体和平面图形的过程，了解一些简单几何体和常见的平面图形；感受平移、旋转、轴对称现象；认识物体的相对位置。掌握初步的测量、识图和画图的技能。

（3）经历简单的数据收集、整理、分析的过程，了解简单的数据处理方法。

2）数学思考

（1）在运用数及适当的度量单位描述现实生活中的简单现象，以及对运算结果进行估计的过程中，发展数感；在从物体中抽象出几何图形、想象图形的运动和位置的过程中，发展空间观念。

（2）能对调查过程中获得的简单数据进行归类，体验数据中蕴涵着信息。

（3）在观察、操作等活动中，能提出一些简单的猜想。

（4）会独立思考问题，表达自己的想法。

3）问题解决

（1）能在教师的指导下，从日常生活中发现和提出简单的数学问题，并尝试解决。

（2）了解分析问题和解决问题的一些基本方法，知道同一个问题可以有不同的解决方法。

（3）体验与他人合作交流解决问题的过程。

（4）尝试回顾解决问题的过程。

4）情感态度

（1）对身边与数学有关的事物有好奇心，能参与数学活动。

（2）在他人帮助下，感受数学活动中的成功，能尝试克服困难。

（3）了解数学可以描述生活中的一些现象，感受数学与生活有密切联系。

（4）能倾听别人的意见，尝试对别人的想法提出建议，知道应该尊重客观事实。

2. 第二学段（4～6年级）

1）知识技能

（1）体验从具体情境中抽象出数的过程，认识万以上的数；理解分数、小数、百分数的意义，了解负数；掌握必要的运算技能；理解估算的意义；能用方程表示简单的数量关系，能解简单的方程。

（2）探索一些图形的形状、大小和位置关系，了解一些几何体和平面图形的基本特征；体验简单图形的运动过程，能在方格纸上画出简单图形运动后的图形，了解确定物体位置的一些基本方法；掌握测量、识图和画图的基本方法。

（3）经历数据的收集、整理和分析的过程，掌握一些简单的数据处理技能；

体验随机事件和事件发生的等可能性。

(4) 能借助计算器解决简单的应用问题。

2) 数学思考

(1) 初步形成数感和空间观念，感受符号和几何直观的作用。

(2) 进一步认识到数据中蕴涵着信息，发展数据分析观念；感受随机现象。

(3) 在观察、实验、猜想、验证等活动中，发展合情推理能力，能进行有条理的思考，能比较清楚地表达自己的思考过程与结果。

(4) 会独立思考，体会一些数学的基本思想。

3) 问题解决

(1) 尝试从日常生活中发现并提出简单的数学问题，并运用一些知识加以解决。

(2) 能探索分析和解决简单问题的有效方法，了解解决问题方法的多样性。

(3) 经历与他人合作解决问题的过程，尝试解释自己的思考过程。

(4) 能回顾解决问题的过程，初步判断结果的合理性。

4) 情感态度

(1) 愿意了解社会生活中与数学相关的信息，主动参与数学学习活动。

(2) 在他人的鼓励和引导下，体验克服困难、解决问题的过程，相信自己能够学好数学。

(3) 在运用数学知识和方法解决问题的过程中，认识数学的价值。

(4) 初步养成乐于思考、勇于质疑、实事求是等良好品质。

3. 第三学段（7～9 年级）

1) 知识技能

(1) 体验从具体情境中抽象出数学符号的过程，理解有理数、实数、代数式、方程、不等式、函数；掌握必要的运算（包括估算）技能；探索具体问题中的数量关系和变化规律，掌握用代数式、方程、不等式、函数进行表述的方法。

(2) 探索并掌握相交线、平行线、三角形、四边形和圆的基本性质与判定，掌握基本的证明方法和基本的作图技能；探索并理解平面图形的平移、旋转、轴对称；认识投影与视图；探索并理解平面直角坐标系，能确定位置。

(3) 体验数据收集、处理、分析和推断过程，理解抽样方法，体验用样本估计总体的过程；进一步认识随机现象，能计算一些简单事件的概率。

2) 数学思考

(1) 通过用代数式、方程、不等式、函数等表述数量关系的过程，体会模型的思想，建立符号意识；在研究图形性质和运动、确定物体位置等过程中，进一步发展空间观念；经历借助图形思考问题的过程，初步建立几何直观。

(2) 了解利用数据可以进行统计推断，发展建立数据分析观念；感受随机现象的特点。

(3) 体会通过合情推理探索数学结论，运用演绎推理加以证明的过程，在多种形式的数学活动中，发展合情推理与演绎推理的能力。

(4) 能独立思考，体会数学的基本思想和思维方式。

3) 问题解决

(1) 初步学会在具体的情境中从数学的角度发现问题和提出问题，并综合运用数学知识和方法等解决简单的实际问题，增强应用意识，提高实践能力。

(2) 经历从不同角度寻求分析问题和解决问题的方法的过程，体验解决问题方法的多样性，掌握分析问题和解决问题的一些基本方法。

(3) 在与他人合作和交流过程中，能较好地理解他人的思考方法和结论。

(4) 能针对他人所提的问题进行反思，初步形成评价与反思的意识。

4) 情感态度

(1) 积极参与数学活动，对数学有好奇心和求知欲。

(2) 感受成功的快乐，体验独自克服困难、解决数学问题的过程，有克服困难的勇气，具备学好数学的信心。

(3) 在运用数学表述和解决问题的过程中，认识数学具有抽象、严谨和应用广泛的特点，体会数学的价值。

(4) 敢于发表自己的想法、勇于质疑，养成认真勤奋、独立思考、合作交流等学习习惯，形成实事求是的科学态度。

二、普通高中数学课程目标的课标表述

高中数学课程的总目标是：使学生在九年义务教育数学课程的基础上，进一步提高作为未来公民所必要的数学素养，以满足个人发展与社会进步的需要。具体目标如下。

(1) 获得必要的数学基础知识和基本技能，理解基本的数学概念、数学结论的本质，了解概念、结论等产生的背景、应用，体会其中所蕴涵的数学思想和方法，以及它们在后续学习中的作用。通过不同形式的自主学习、探究活动，体验数学发现和创造的历程。

(2) 提高空间想象、抽象概括、推理论证、运算求解、数据处理等基本能力。

(3) 提高数学地提出、分析和解决问题（包括简单的实际问题）的能力，数学表达和交流的能力，发展独立获取数学知识的能力。

(4) 发展数学应用意识和创新意识，力求对现实世界中蕴涵的一些数学模式进行思考和作出判断。

(5) 提高学习数学的兴趣，树立学好数学的信心，形成锲而不舍的钻研精神

和科学态度。

(6) 具有一定的数学视野，逐步认识数学的科学价值、应用价值和文化价值，形成批判性的思维习惯，崇尚数学的理性精神，体会数学的美学意义，从而进一步树立辩证唯物主义和历史唯物主义世界观。

三、三维目标的关系

我们一起探讨本次课改的一个“亮点”——三维目标。

在义务教育数学课程标准中从知识与技能、数学思考、解决问题、情感态度价值观四个方面（它们作为“知识与技能、过程与方法、情感态度与价值观”目标的具体体现），分总体目标和学段目标两部分对数学课程目标进行了阐述。知识技能是学生适应未来生活生活和进一步发展所必须的。人们希望通过知识技能的学习，掌握的不仅仅是知识和技能，更主要是在经历观察、实验、猜想、验证、推理与交流等数学学习活动中，学会运用数学进行思考和解决问题。也就是通过观察、实验、猜想、验证、推理等获取知识技能的来龙去脉的过程，即让学生经历有过程的知识与技能的学习。

数学思考包括两方面的含义：思考数学和数学地思考。前者是对数学本身的相关思考，后者指运用数学的思维方式思考在生活、工作、学习、研究等过程中遇到的问题。因为，在数学学习者中真正以数学为工作内容的毕竟是少数，多数人从事的都是与数学无关的事情，因此，第二种含义更适合数学教育的价值取向。

数学思维方式是指数学思维过程中主体进行数学思维活动的相对定型、相对稳定的思维样式。它们可以分为三组（图 4-3-1）：

第一组：
- 数与符号思维方式
- 形式推理思维方式
- 公理结构思维方式
- 数学模型思维方式

第二组：
- 变量函数思维方式
- 空间想象思维方式
- 无穷分析思维方式
- 概率统计思维方式
- 系统化思维方式
- 计算逼近思维方式

第三组：
- 化归映射思维方式
- 相似类比思维方式
- 探索归纳思维方式
- 模式构造思维方式
- 反例反驳思维方式
- 数觉审美思维方式

图 4-3-1

这些思维方式体现在具体内容的数学学习过程中。比如，空间的平面划分问

题，即用 n 个平面最多可把空间划分成几部分？我们记 $f(n)$ 为 n 个平面分空间所成部分数。则

$n=0$ 时，　　$f(n)=1$；

$n=1$ 时，　　$f(n)=2$；

$n=2$ 时，　　$f(n)=4$；

$n=3$ 时，　　$f(n)=8$；

$n=4$ 时，　　$f(n)=15$；

$n=5$ 时，　　$f(n)=26$；

…………

其中，当 $n=4$ 时，可在 $n=3$ 的基础上添加第四个平面，它与前 3 个平面各交于一条直线，这 3 条交线又把第四个平面划分成 7 个区域，从而使其所在的空间部分一分为二，共有 15 部分。对于 $n=5$ 可作出同样分析。于是可知它与后一平面添加后所得交线分平面数有关。若列出表 4-3-2：

表 4-3-2

n	交线分平面数 $g(n)$	平面分空间数 $f(n)$
0	1	1
1	2	2
2	4	4
3	7	8
4	11	15
5	…	26
…	…	…

由观察可知下一行的 $f(n)$ 等于上一行的两数之和，于是归纳出：

$f(n)=f(n-1)+g(n-1)$，而 $g(n-1)=\frac{1}{2}n(n-1)+1$

由此，利用迭代或迭加可求得 $f(n)=\frac{1}{6}(n^3+5n+6)$。

可见，数学思考也是通过过程体现的。

问题是数学的心脏，问题也是社会、生活这个矛盾体存在的方式。由此为了将来更好地生活在社会里，学生需要有发现问题、分析问题、解决问题的能力。就像人是在游泳活动中，以多种方式学会游泳一样，学生问题解决也是在各种数学活动中逐渐体验到了解决问题的策略，并在解决问题的实践中内画出自己的方法和策略。

可以发现，数学思考、问题解决所涉及的目标都需依托数学教学活动的过程

来完成，是教学过程逐渐积累的结果。因此，这两个领域的目标可以并称为过程与方法目标。

情感态度与价值观，情感是指人对客观事物是否于自己的需要符合而产生的内心体验。态度是人对所面对的事、人进行反应的一种心理倾向。价值观则是人对是否进行判断所秉持的标准。这些内在的人格特质始终伴随在人们的数学学习过程中，影响着学生在学习活动中行为变化、课堂参与、课程学习的自我效能感；等等。

这四个方面，不是相互独立和割裂的，而是一个密切联系、相互交融的有机整体。在课程设计和教学活动组织中，应同时兼顾这四个方面的目标。这些目标的整体实现，是学生受到良好数学教育的标志，它对学生的全面、持续、和谐发展有着重要的意义。数学思考、问题解决、情感态度的发展离不开知识技能的学习，知识技能的学习必须有利于其他三个目标的实现。

也就是说知识与技能、过程与方法、情感态度与价值观这三者是一个相互联系、相互渗透的整体。具体地说，首先，知识与技能的获得使发展学生的数学思考能力、解决问题能力，形成积极的情感态度价值观的目标得以实现。其次，只有经历思考、探究以及问题解决的过程，学生才能收获基本知识、基本技能、基本数学思想、基本数学活动经验，并产生相应的情感体验、形成一定的态度和价值观，所以，过程与方法是实现其他目标的途径。最后但也是最重要的目标就是情感态度价值观目标。因为数学学习过程中的失败感、挫折感会影响学生的自信心、自我意识、质疑精神等，而这些对一个人的发展影响更深远。

四、四基的含义

课标中提出：通过义务教育阶段的数学学习，学生能获得适应社会生活和进一步发展所必需的数学的基础知识、基本技能、基本思想、基本活动经验。简称“四基”。基础知识与基本技能俗称“双基”。长期以来关于双基的教学已成为中国数学教育的一大特色。在2011版的课标中首次提到四基，目前对于四基中的新成员基本思想和基本活动经验，学界还未达成一致给出统一的定义。这就需要每一位一线教师通过自己在教学实践中的思考和数学教育的研究者共同努力，早日弄清楚它们的定义和彼此的关系。

以下是一些专家和老师们的部分研究，供大家开拓思路。

1）张学杰老师的观点

什么是“数学基本思想”呢？数学基本思想主要是指数学抽象的思想、数学推理的思想和数学模型的思想。数学的基本思想是数学的精髓。数学抽象的思想派生出的有分类的思想，集合的思想，数形结合的思想，变中有不变的思想，符号表示的思想，对称的思想，对应的思想，有限与无限的思想等。数学推理的思想派生出的有归纳的思想，演绎的思想，公理化思想，转换与化归的思想，联想与类比的思想，逐步逼近的思想，代换的思想，特殊与一般的思想等。数学模型的思想派生出的有简化的思想，量化的思想，函数的思想，方程的思想，优化的思想，随机的思想，抽样统计的思想等。

2）什么是数学基本活动经验

张奠宙先生认为所谓基本数学经验，当是指在数学目标的指引下，通过对具体事物进行实际操作、考察和思考，从感性向理性飞跃时所形成的认识。数学活动经验的积累过程是学生主动探索的过程，并且基本数学活动经验的类型有以下几种：

（1）直接数学活动经验：直接联系日常生活经验的数学活动所获得的经验。

（2）间接数学活动经验：创设实际情景构建数学模型所获得的数学经验。

（3）专门设计的数学活动经验：由纯粹的数学活动所获得的经验。

（4）意境联结性数学活动经验：通过实际情景意境的沟通，借助想象体验数学概念和数学思想的本质。

3）关于数学基本活动教育

刘杨老师认为，数学基本活动经验是指“在学生参与或间接经历数学学习活动过程而获得的经验”。它包括操作的经验、探究的经验和思考的经验，等等。

张丹教授认为：

（1）基本活动经验建立在生活经验基础上。

（2）是在特定数学活动中积累的。

（3）其核心是如何思考的经验。

（4）最终帮助学生建立自己的数学现实和数学学习的直觉，学会运用数学的思维方式进行思考。

东北师范大学教授孔凡哲认为，“这种经验就是发现问题、提出问题，进而分析问题、解决问题的直接经验。”

刘坚教授在解读数学活动经验时重点强调了“学习者只有在从事与数学有关的具体而真实的活动中，才有可能发生数学活动，获得数学活动体验。”

4）关于四基之间的关系

张奠宙，郑振初在他们撰写的文章《“四基”数学模块教学的构建——兼谈数学思想方法的教学》中给出四基数学教学模块的示意图：

第一维度，基本数学知识的积累过程；

第二维度，基本数学技能的演练过程；

第三维度，基本数学思想方法的形成过程。

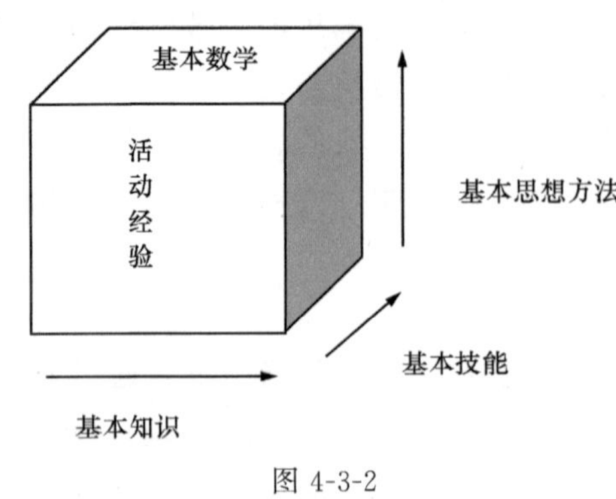

图 4-3-2

那么第四个“基本”——基本数学活动经验应该放在哪里呢？基本数学活动经验本身并不构成一个单独的维度，而是充填在 3 维模块中间的黏合剂。事实上，数学教学是数学活动的教学，学生通过无处不在的基本数学活动获得的经验，与数学基本知识、基本能力、基本思想方法交织在一起，渗透在整体数学学习过程之中（图 4-3-2）。

1. 中华人民共和国教育部．普通高中数学课程标准［M］．北京：人民教育出版社．2003.

2. 教育部基础教育司：数学课程标准研制组．全日制义务教育数学课程标准解读（实验稿）［M］．北京：北京师范大学出版社．2008.

1. 义务教育课程标准提出“四基”目标其意义何在？
2. 如何理解过程与方法目标？
3. 如何理解情感态度与价值观目标？

第五章　教学内容分析的含义及案例

第一节　教学内容分析的含义

数学教学内容是指为了实现数学教学目标，要求学生学习的数学知识、技能、思想、活动经验的总和，它是师生进行对话的主题。为了使教学对话顺畅进行，教师必须在教学准备阶段要对对话内容进行分析。一般包括以下内容(图 5-1-1)：

- 教学内容在教材体系中的地位和作用
- 教学内容重难点的确定
- 教学方法的选择
- 教学内容的呈现流程

图 5-1-1

一、教材内容在教材体系中的地位和作用

因为教材是师生交流的“话题”，熟悉话题是顺利交流的前提，所以，此环节主要是熟悉教材。教材是由专家和有丰富经验的一线教师根据课程标准编写的，供教师和学生阅读的文本资料。一般教师首先要浏览全套教材，对教材内容了如指掌，把握教材的基本思路，领会教材编写者的写作意图，及认清教材各部分的内在逻辑和知识关联。其次，通读某一册教材，全面了解全册教材有哪些教学内容，掌握各章节教学的知识技能目标、重点、难点、关键点。再次，细读教材的某一单元，弄清楚单元的主题，单元内容的编排与呈现，把握知识点之间的联系，明确各教学内容在整套教材知识体系中的地位与作用。至此，从宏观的角度把握住教材整体的内容及编排顺序，从微观的角度知道了章节内容横向之间编排顺序和逻辑联系。从而，对教学内容在这个教材知识体系中的地位和作用有一个较全面的认识。

二、教学内容重难点的确定

此环节首先要精读每节课的内容。弄清本节讲什么，按照什么方式呈现的，本节教材所包含的知识点有哪些？需要掌握什么技能？教材内容背后蕴含着怎样

的数学思想？然后，依据课标中的内容要求和教师教学用书提供的信息，确定本节的教学重点和难点是什么。重点通常指对学生认知结构起核心作用，在进一步学习中，起基础作用和纽带作用的内容。通常教材中的定义、定理、公式、法则、数学方法、基本技能等都是教学的重点。难点指学生接受起来比较困难的知识点，往往是由于学生的认知能力、接受水平与新老知识之间的矛盾造成的。它的分析往往要从教材本身、教学过程、学生学习心理障碍等角度综合分析，并构想如何突出重点和突破难点。另外，此环节还可确定本节课的知识与技能目标。

三、教学方法的选择

（一）教学方法的概念

什么是教学方法？前苏联教育家凯洛夫认为，教学方法是指教师的工作方式和由教师决定的学生的工作方式。

前苏联教育家巴班斯基提出，教师和学生在教学过程中为解决教养、教育和发展任务而开展有秩序的、相互联系的活动的办法，就叫教学方法。

日本学者藏原三雪认为："教学方法是教师为了完成教学目的，使学生得到良好的成长，指导他们工作和学习的方法和方式"。

我国学者在这方面也做出了许多研究，比如，王三策认为，"可以把教学方法定义为：为达到教学目的，实现教学内容，运用教学手段而进行的，由教学原则指导的，一整套方式组成的，师生相互作用的活动"。吴杰认为："教学方法是教师与学生实现教学目的，完成教学任务所采用的途径和程序。"唐文中的看法是："教学方法是师生为达到一定教学目标而采用的相互关联的动作体系（包括内隐的和外显的动作）。"李秉德则认为："教学方法，是在教学过程中，教师和学生为实现教学目的、完成教学任务而采取的教与学相互作用的活动方式的总称。"刘继武老师认为："教学方法是师生为了完成教学任务所采用的一系列教学活动方式的组合，它包括教师所采用的教的方法与教师指导下学生所采用的相应的学的方法。"蒋宗尧老师认为："教学方法是教学过程中为数学教学目标，教师指导学生学习所采取的手段、途径和程序。教学方法不应是教师的"教"与学生"学"的方法的简单相加，而应是"教师指导学生学习的方法。"

纵观上述，虽然说法各有不同，但是确有以下的相同之处：①教学方法是实现教学目的的方法；②教学方法是师生达成教学目标过程中师生互动的配合方式的总称；③教师作为教学活动的设计者，教法决定学法。

教是为了不教，即要授之以"渔"，而不是授之以"鱼"。也就是通过教这个过程，让学生掌握发现问题、解决问题的方法，进而有独立面对问题情境，创造性地解决问题的能力。所以，教师要为学生提供有过程的教学，向学生暴露知识发生、发展过程中鲜活的思维活动，让学生感受如何观察、如何发现、如何进行问题解决、如何概括；向学生提供新认知建构内化、巩固的过程，让学生知道练习的重要性；为学生提供将知识系统化的过程，一方面养成学生善于总结的习惯；另一方面指导学生掌握将知识系统总结的方法；向学生提供温故知新的过程，指导学生复习和完成作业，掌握复习、做作业的方法；等等。在对学生学习全程指导的过程中，学生不仅仅掌握学科知识及方法，更重要的掌握自主获取知识的方法。所以，教学设计中过程与方法目标的设计不仅是知识发生、发展过程的揭示，而且更要从学法指导的高度加以认识。

教与学之间不可分割又相互独立，二者以互动的方式统一在教学活动中。教的方法是讲授，相应的学法就是倾听，教的方法是发问，学的方法是回答等，像讲授、讨论、演示、实验、实物观察、参观、探究等都是非常常用的教学方法。在课标中，提出学生的学习方式除接受学习外，动手实践、自主探索与合作交流同样是学习数学的重要方式。从以学定教的角度，需要探索针对新学习方式的新教学方式，如为学生创设自主探索的学习活动，那么，教师的教学方法就是为学生创设探究的情境，对学生自主发现的产物，组织学生进行交流，通过补充、修正，达成对探究对象的一个共识。教师在利用巩固的方法，学生通过练习与反馈，完成新认知结构的完善。但是，教无定法。

虽然，教无定法，但是教学有法。就像孔德拉秋克所说：“教学的成败在很大程度上取决于教师是否妥当地选择教学方法。知识的明确性、具体性、根据性、有效性、可信性，有赖于对教学方法的有效利用。”

（二）教学方法的选择与优化

巴班斯基认为教学方法是为了达到教养、教育和发展的目的，是教师和学生在教学过程中相互联系的活动方法。根据任何活动都由组织、激励、检查组成，教学方法也可以分为三大类：

（1）组织学习认知活动的方法；

（2）激励学习认识活动的方法；

（3）检查学习认知活动效率的方法。

在组织学生认知活动时，教师首先就是使用口述（讲述、演讲、谈话等）、直观法（演示仪器、指示图解等）、实践法（练习、实验室实验、劳动活动等）等方法，学生则借助听、观察、实际活动得以接受教师发出的信息。此活动也可采用问题探索法和复现法。

在激励学习认识活动时，可以设计一些绝大多数学生都能参与的探究、游戏等活动，激发学生的学习兴趣。

可以通过口头检查、书面检查、实验检查、个别抽查、全班性检查等方法来检查学习认知活动的效果。

要对教学方法做出合适的选择，需要依据教学过程要完成的任务来确定。表5-1-1可作为一种借鉴：

表 5-1-1

教学方法	教学过程所要完成的任务								要求的教学速度
	形成理论知识	实践知识	实践和劳动技能	抽象思维	发展直观形象思维	思维的独立性	记忆	言语	
教师指导下的学习方法	+!	+	+	+	+	+	+	+	快
独立学习的方法	+	+!	+!	+!	+	+	+!	+!	中
复现法	+	+!	+!	+	+!	—	+!	+	快
问题探索法	+!	+	—	+!	—	+!	+	+!	慢
归纳法	+	+!	+!	+	+!	+	+	—	慢
演绎法	+!	+	—	+!	+	+	+	+	快
口述法	+!	+!	—	+!	—	—	+	+!	快
直观法	—	+	+	—	+!	+	+!	—	中
实践法	—	+	+!	—	+	+!	+	—	小

标注：+！表示完成该任务比同组的其他方法好。

+表示基本上能完成该任务。

—表示完成该任务比其他同组其他方法差。

除此之外，还需考虑教学内容的特点、学生的实际情况、教师自身的条件，也就是说教学方法的选择需要综合考虑。由于每个教学方法都有各自适合的范围和使用的条件，所以，在使用之前有必要对各种教学方法的合理使用加以了解，看表5-1-2：

表 5-1-2

在何种情况下合理地使用	1. 在解决各种任务时使用这种方法特别有效	2. 哪种教材内容使用这种方法特别合理	3. 学生具有何种特点的情况下使用此法比较合理	4. 为使用这种方法教师必须具备哪些条件
口述法	形成理论知识和实践知识	教材主要是理论资料性的	学生有掌握口头信息的基础	教师掌握这种方法比其他方法好
直观法	发展观察力，提高对所学问题的注意	教材内容可能用直观手段来传授	直观教具是该班学生所能接受的	教师备有必要的直观教具，或者可以独立制作这些教具

续表

在何种情况下合理地使用	1. 在解决各种任务时使用这种方法特别有效	2. 哪种教材内容使用这种方法特别合理	3. 学生具有何种特点的情况下使用此法比较合理	4. 为使用这种方法教师必须具备哪些条件
实践法	发展实践的技能和技巧	专题的内容包含实践练习，进行实验和劳动作业	学生有做实践作业的基础	教师备有教学物质用品和教学参考资料，可供组织实践练习
复现法	形成知识和技巧	内容太复杂或很简单	学生不具备接受研究问题的方法学习该专题的基础	教师没有时间用研究问题的方法研究该专题
探索法	发展独立思维能力、研究的能力和对事业的创造精神	教材内容具有中等难度	学生已经受过训练，可以用研究问题的方法学习该专题	教师有时间用研究问题的方法研究该专题，并且很好地掌握探索教学法
归纳法	发展概况能力好归纳推理（从个别到一般）能力	教材内容在教科书里是用归纳方法论述的，或者这样来论述比较合理	学生已经受过训练，能够进行归纳推理，但演绎推理尚有困难	教师已掌握归纳教学法（一般地说，教师都能掌握这种方法）
演绎法	发展演绎推理（从一般到个别）能力和发展分析能力	专题的内容在教科书里是用归纳方式论述的，或者这样来论述特别合理	学生已经受过训练，能够进行演绎推理	教师已掌握演绎教学法
独立学习的方法	发展学习活动的独立能力，形成学习劳动技巧	教材可用来独立学习	学生已具备独立学习该专题的基础	有教学参考资料可供学生独立学习，也有时间在课堂上组织独立学习

比如，一元二次方程的因式分解法这一节教学方法的选择。从教学过程所要完成的任务：会用因式分解一元二次方程来看，可选独立学习的方法、复现法、归纳法、实践法。

针对教材内容可选独立学习的方法、归纳法、实践法。从学生具有的特点来看可选独立学习的方法、归纳法、实践法。从教师方面可选独立学习的方法、归纳法、实践法。所以，本节课的教学方法可确定为独立学习的方法、归纳法、实践法。

四、教学内容的呈现流程

任何事物都是由一些要素组成的，这些要素往往按照某种方式组合在一起，它们的组合方式就形成了事物的结构。教材也一样，整个小学、初中、高中的教材分别有自己的结构，每一课时的内容也有自己的结构。比如(图 5-1-2)：

感性材料引入	操作	复习
↓	↓	↓
概念	观察	思考
↓	↓	↓
定理、或公式、或法则	证明	引出定理
↓	↓	↓
应用	应用	证明
		↓
		应用

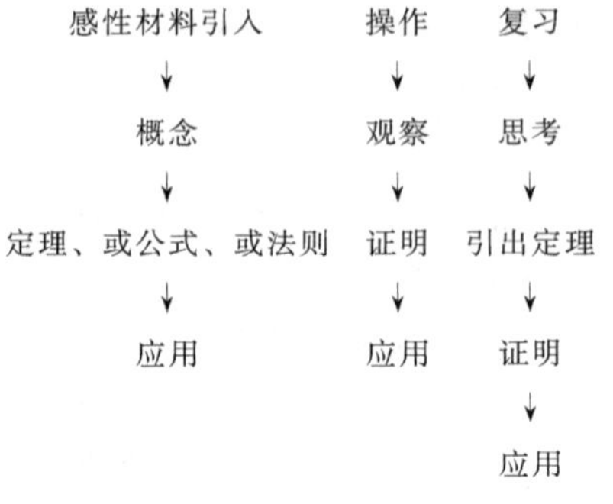

图 5-1-2

由于教材内容的结构告诉了教材内容的呈现流程，在具体的教学中，教学内容的呈现顺序可以为教学顺序的设计提供参照。比如，如果课时教材的内容结构如图 5-1-3。

两张互相重合的平行四边形纸，其中一张围绕对角线的交点在另一张上面旋转 180°

↓

发现平行四边形的对角线相等，对边相等的性质

↓

证明上述发现

↓

应用这两个性质解决有关平行四边形的内角和边长的计算

图 5-1-3

那么，教学顺序课设计为图 5-1-4

操作探究——组织学生用两块三角板画出两个完全重合的平行四边形，然后剪出两张完全重合的平行四边形的纸片，进行其中一张围绕对角线的交点在另一张上面旋转 180°的操作

↓

发现新知——发现平行四边形的性质一和性质二

↓

证明新知——证明性质一和性质二

↓

应用新知——例题讲解

↓

巩固深化——练习与反馈

↓

课堂小结——由学生完成知识点的梳理

图 5-1-4

第二节　教材内容分析的案例

案例：平行四边形的性质这一节的教材内容分析

首先查阅了本届学生小学时学过的教材，发现小学教材“平行四边形”的定义用粗体做出了明确的界定，“对边相等”的特征，学生使用度量或折叠的方法得到的。平行四边形的面积，通过割补转化为长方形进行了重点学习。学生对平行四边形的概念和特征已经有所认识并会求其面积。

初中数学八年级“四边形”中的“平行四边形”是全章的重点内容之一，它是在学生已掌握了平行线的性质、全等三角形和多边形的有关知识的基础上学习的。同时，平行四边形是平面几何的又一典型图形，它既是以前知识的综合应用，也是下一步研究各种特殊平行四边形的基础，具有承上启下的作用。矩形、菱形、正方形的性质和判定都是在平行四边形的基础上扩充的，它们的探索方法也都与平行四边形的性质和判定方法一脉相承。梯形的性质、三角形中位线定理等的推证，也都是以平行四边形的有关定理为依据的。而“平行四边形的性质”又是本章的第一节，这一节的学习对学习平行四边形的判定和其他特殊四边形起着关键的作用，教材中平行四边形的“对边相等”“对角相等”“对角线互相平分”三个性质是分两部分说明的。因为这节课采用探索式教学法：采取观察—猜想—直观验证—推理证明—得出性质。预计学生在同一节课中就能够得出这三个性质，所以把这三个性质放在一节课处理。此案例摘自朱文芳、周志英老师撰写的《初中数学》一书。

1. 奚定华．数学教学设计［M］．上海：华东师范大学出版社．2000.
2. 王策三．教学论稿［M］．北京：人民教育出版社．2005.

1. 任选一节教学内容进行教学内容分析。
2. 请结合一个具体的教学内容进行教学结构分析。

第六章　学情分析及其案例

第一节　学情分析的内涵

学情分析主要指对学生的已有基础、接受能力、认知习惯、学习兴趣、学习态度等的考虑。学情分析可为教学内容的组织、教学目标的编制、教学活动的设计、教学方法的选择及教学媒体的使用提供可靠的依据。对学生学情的分析也是为了使教师与学生之间的互动交流得以顺畅实施的保证。就像俗语所说：知己知彼，方能百战不殆。教学设计既然是为了使学生的学更有效而进行的教学活动实施前的规划，当然，作为设计师的教师必须要了解学生学习的知识技能水平；了解学生的年龄、认知特点，除此之外，还应了解学生的学习风格。

一、学生的知识技能分析

学生应该具备的知识技能状况分析，旨在为学生的学习获得起点。也就是了解学生学习新知识与技能应该有的基础。比如，要学会解一元一次方程，底色涂灰的部分就是学会解一元一次方程应该具备的知识技能基础（图 6-1-1）。

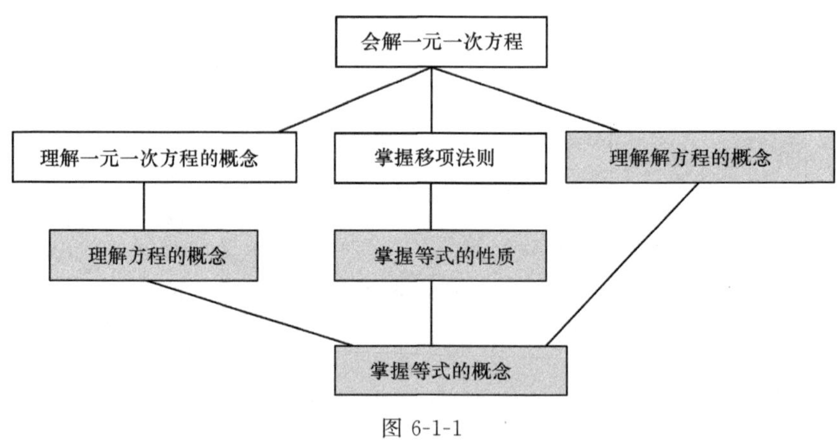

图 6-1-1

如果学生这些基础知识与技能不具备，那么就必须要进行弥补，使新知识与技能有一个建构的基础。确定起点可以用追问的方法，即进行为了学习这个，必须先知道什么的思考，直到所确定的展示和技能都是学生具备的，这种方法也称为技能分析方法。但是，这是理想状态下的一种假设，为了提高准确度，让理想中的起点与学生的实际出入小，还需借助学生的作业、小测验、口头提问、或自己的教学经验、或向他人讨教的经验等都可以被教师利用当作确定教学起点的依据。

二、学生发展的阶段特征

从学生发展的阶段来说，一般把 1～8 岁称为幼儿期。2～5 岁称为幼儿前期，这是儿童的自我中心阶段，在此阶段儿童还不能把自己同外在环境区别开来，把外在环境看作是自身的延伸，客观规则对他来说还不具有约束力。6～8 岁是幼儿后期，儿童就出现了绝对尊敬和顺从外在权威的倾向，甚至把人们规定的准则看作是不可更改的。

从 6 岁左右至 12 岁左右的小学时期称为儿童期。这个时期的儿童，运动能力已经发展到可以从事诸如游戏、体育、劳作等需要敏捷而灵巧的协调与平衡的活动；在言语方面，儿童可以依据语言作出假定和推理；在道德判断方面，他们逐渐产生自己儿童式的道德判断，摆脱了权威阶段，不再把准则看成是不可更改的，而把它看做同伴间共同约定的，对伙伴集体的归属意识也提高了。

从 12～15 岁称为少年期。这个阶段儿童在生理方面的变化是性成熟的开始(女生略早于男生)。在道德判断上，产生了公正观念，开始倾向于主持公正、平等，认为公正的奖惩不能千篇一律，应该根据个人的具体情况进行。

从 14、15 岁到 17、18 岁即高中阶段，一般称为青年初期。

我们需要特别关注一下少年期和青年期的孩子心理发展上的一些特点：

(1) 这个阶段的孩子的感知觉和有目的的观察力有了明显的提高，表现为在一般的学习活动中集中精力的观察随年级的升高而有延长的趋势。初中二年级是观察力的精确性和概括性发展的一个转折期。初二以后，学生已能按照一定的规律去填补图形的缺失，即他们已经能概括所观察的事物。在观察时还能抓住事物的主要特点和属性进行较为全面、深刻的分析，能把个别事物同一般的原理、规则联系起来。比如，把几何图形与几何定理联系起来。在教学中我们尽量让学生自己去发现新知、概括新知，通过教学促进学生观察力和概括能力的发展。

(2) 这期间的孩子逐渐能使自己的记忆服从于识记的任务和教材的性质，并通过理解来掌握教材内容和各部分教材之间的关系。意义识记逐渐取代机械记忆。我们在教学中应该通过为学生展示知识发生发展的过程，来帮助学生建构出自己对知识的理解，学生会达到因为我理解了，我觉得它已经属于我；我可以把他解释给别人听；我可以忘掉所有细节，而在需要的时候重新构造的效果。

(3) 这期间的孩子抽象逻辑思维开始逐步占有相对优势。所谓抽象逻辑思维即使用概念，通过判断、推理的形式达到对事物本质特征和内在联系的认识过程。不过对于一些比较复杂的概念，没有具体形象的支持，掌握起来还是比较困难。比如，集合、异面直线、二面角、函数的单调性等，这些概念的学习就需要教师提供生活中的实例、模型帮助学生理解。这个阶段的孩子开始逐渐具有独立思考的意识和能力，表现为不轻易盲从别人，开始对别人提出的观点表示质疑，不接受没有经过自己论证的观点，还会对自己认为的观点固执己见。因此，教学中要针对这种特点，创设合作交流学习的机会，允许他们发表自己的看法。所以，随着教学年级的增加，要注意突出学生在课堂中的主体地位。与其让他半信半疑不如为他们创设富有探索性的教学情境，让他们自己探索、自己发现、自己论证、自己在问题解决的过程中提高解决问题的能力。

（4）除此之外，这个阶段的孩子，对自己喜爱的对象和活动表现很狂热，对自己信服或自己认为关心自己的人表现出崇拜和感激，开始为成就而自我赏识，同样为失败而苦恼、焦虑、悲伤，开始为不公打抱不平。在教学中，教师要注意展示自己的人格魅力和高超的教学水平，让学生信服，产生亲其师而信其道的效果。绝不对学生实施言语上的“暴力”，从而保证课堂教学的平稳推进，同时，体现教学的教育性。

三、学生的学习风格

学习风格是学习者在学习过程中经常采用的学习方式，包括学习策略、对教学刺激的偏爱及学习倾向。学习风格自 20 世纪 80 年代以来，已成为教育界普遍关注的课题。学习风格是学习者在长期的学习过程中逐渐形成的，具有个人独特性和稳定性的特征。学习风格的构成要素有三类：生理性要素、认知要素、情感、意动要素。

学习风格的生理性要素主要指：学习者对学习时间的偏好，分为清晨型、上午型、下午型、夜晚型。学习者在偏好的时段学习会表现出注意力集中，精力充沛，反应敏捷，记忆和思维的效率高。学习者知觉反应的偏好，分为视觉型学习者、听觉型学习者、动觉型学习者。它们分别代表长于用不同感知通道接受信息进行学习的类型。学习者对声音的偏好，也分为三类：需要安静类、利用背景声音掩盖学习时其他声音干扰类、没有明显地意识到背景声音垂直，即可容忍一定程度噪音类。表现为只有安静环境才能静心学习，学习者在自己喜欢的背景声音下学习效果好，身处嘈杂、充耳不闻照样集中精力学习。学习者对光线的偏好，分为喜欢明亮型和偏爱弱光型。学习者对温度的偏好，适宜的温度下有利于学习效率的提高，但比较难以控制。学习者对活动性与坐姿的偏好，顾名思义，这是与学习者活动需要和学习时的坐姿的偏好。学习者这些偏好的满足程度影响学习效率。在缺乏实现个别化教学实施条件的前提下，只能从利于学习者身体发育的角度去考虑学习者学习风格中的生理性要素。

学习风格的认知要素指：认知风格在知觉、信息加工、记忆、思维、解决问题等方面的表现。从知觉上说有两类：一类是场独立型，这类学习者在学习中倾向于以内部参照作为信息加工的依据，凡事倾向于以个人意志所决定，不易受他人影响，喜欢个人独自学习，对自然科学感兴趣；另一类是场依存型，这类学习者倾向于以外部参照作为信息加工的依据，他们的学习更多依赖于外在反馈，容易受周围人和环境的影响，偏爱社会科学。从加工信息的方式上分为信息同时加工和继时加工两类。同时加工的学习者长于在同一时间内对多个信息作出加工，并把它们联合成整体。继时加工的学习者对学习的加工倾向于按部就班，逐一加工。从记忆方式来看，分为趋异与趋同两类。趋异者倾向于精确地直觉新信息，能觉察新旧信息的细微不同与变化，能进行精确地回忆；趋同者则倾向于很快将新信息同化到原有信息之中，而不做精确的区分，在头脑中保持较为模糊的印象，不能进行精确的回忆。由于记忆对学习来说是至关重要的，因为趋异者能较好地回忆起新旧学习材料，而趋同者无法将新旧学习材料分离，所以，表现为两种不同的记忆水平，造成不同的学习效果。从解决问题的速度和正确性上，可划分为沉思与冲动两种类型。沉思型学习者倾向于运用充足的时间考虑、审视问题、权衡各种问题解决的方法，然后从中选择一个满足多种条件的最佳方案，但做出的反应往往是正确的。而冲动型学习者则倾向于根据问题的部分信息或未对问题作透彻的分析就仓促做出决定，反应速度较快，但容易发生错误。

学习风格的情感、意动要素主要涉及：理性水平、成就动机、控制点（揭示儿童对自己学业失败的成就归因是否合适）、焦虑水平、学习坚持性这些方面。而学习坚持性——指人为完成学习任务而持续地克服困难的能力、焦虑水平——个体在一定压力状态下类似担忧和紧张的反应水平、对学业失败的正确归因、成就动机——个体力求成功的倾向、理性水平反映出学生在教育环境中对组织结构的需要和依赖程度等这些都与学生在学习过程中行为倾向有关。更详细的内容可以去阅读学习风格方面的资料。

学习风格作为学生在学习活动中经常使用的学习方式。教师应给予了解，并在教学中制定一些与学生学习风格相匹配的策略，以促使学生学得更快、更好。

第二节　学情分析案例

在具体分析学生的学情时，对于学生发展特征的分析及学生学习风格的分析，作为教师在操作层面就是对他们的年龄、思维特点、学习态度、学习兴趣加以把握。事实上，教师对学生这两方面的分析会体现在教学内容的选择、教学方法的确定、教学推进的速度、教学情境的创设，甚至例题、练习、习题的选择及反馈，即教学设计的各环节。因为教不是目的，关键是学生的收获，所以，即便不做很翔尽的表述，但这些个环节都在教师内心做过功课了。比如，没有一个老师不想吸引学生的注意力，怎么吸引，对这个问题的思考就必然会涉及学生的学习风格。对教学活动的设计肯定要考虑是否与学生的发展相适应，比如，三角形内角和定理的教学，对内角和为 180°这个结论对初中的学生来说是否需要设计剪一剪、拼一拼这个环节。事实上教材编写者在编写教材时就已经对学生的发展特征进行了考虑。关键是学生个体间的差异性，所以需要教师结合本班的实际进行深度的调整，这也是教师创造性使用教材的体现。而对实现以一节课学生应知应会的分析写得比较具体。下面就来看确定起点的技能分析案例：

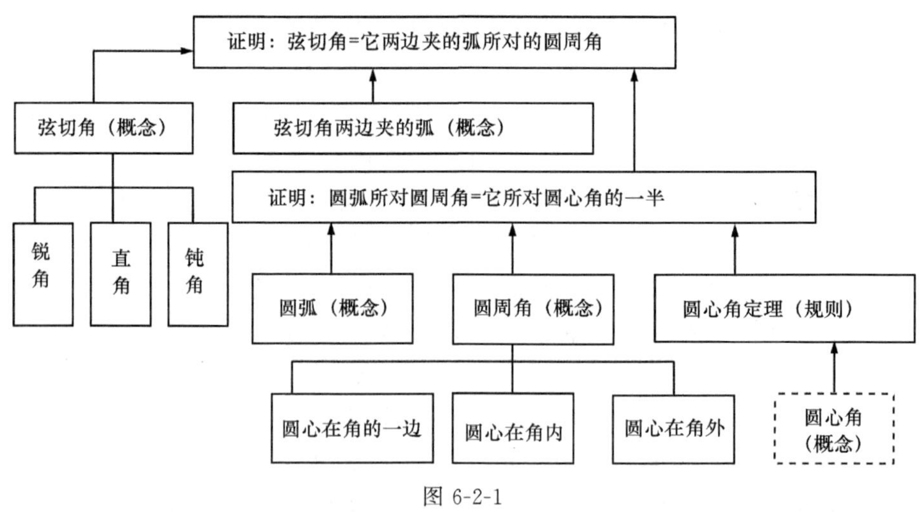

图 6-2-1

资料来源：皮连生．实施《基础教育课程改革纲要（试行）》的心理学基础．上海：上海教育出版社．2004

要掌握弦切角＝它两边夹的弧所对的圆周角这一结论的证明，学生必须先具备弦切角、弦切角两边所夹的弧、圆弧所对的圆周角等于它所对圆心角的一半的证明这些知识。再往下追溯，对于圆弧所对的圆周角等于它所对圆心角的一半的证明需要具备三方面的知识：圆弧、圆周角的概念及圆心角定理。就圆周角而言有三种位置情况，还要知道圆心角的概念。因此，在安排教学内容时，就从最基本的内容开始。切记这是一种假设的起点，并不具备可操作性，它需要用学生的作业、提问、与学生的交流、测验、教师自己的教学积累及教学同伴的交流等来佐证。正因为如此，在这个教学班使用的教学设计无法照搬到另一个教学班，必须改变，改变的依据之一就是学生的学习起点上的差异。下面的这个起点设计也是一个学生信息起点的理想假设（图 6-2-2）。

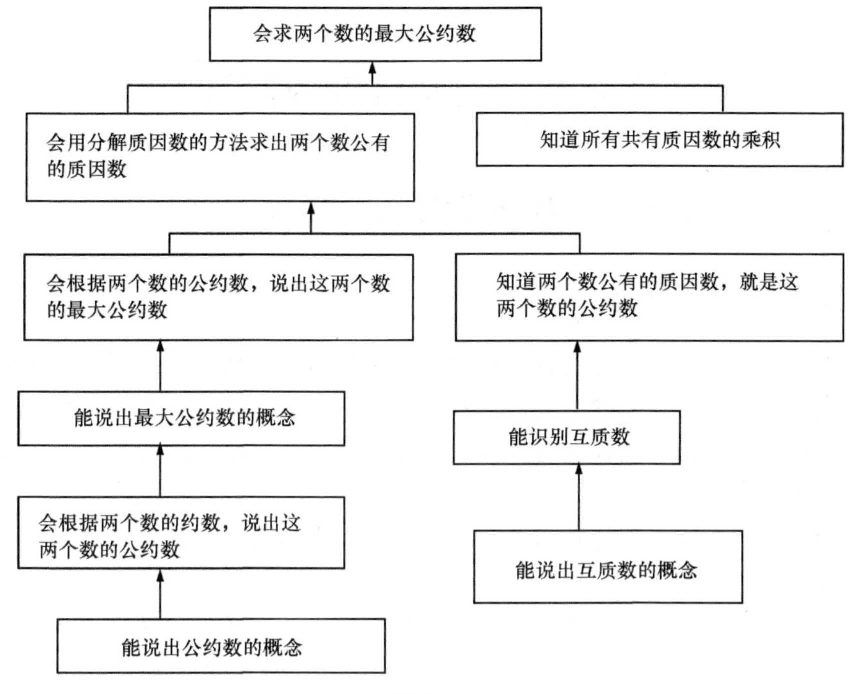

图 6-2-2

资料来源：胡宜．教学设计心理学的原理与技术．上海：华东师范大学出版社．2010

拓展资源

1. 奚定华．数学教学设计［M］．上海：华东师范大学出版社．2000.
2. 谭顶良．学习风格论［M］．南京：江苏教育出版社．1999.

思考题

1. 请在查阅关于学习风格的相关资料后，找出一个你最认同的学习风格的定义。

2. 请在查阅关于学习风格的相关资料后，分析一下你自己的学习风格，另外谈谈面对不同的个体，怎样能够在教学中体现对学生学习风格的思考。

第七章　教学目标的制订

第一节　数学课时教学目标的制订

一、教学目标概述

人是目的性动物。人类进行的任何活动都是目的的使然，并且，目的作为活动要达到的标准或要求，或是人们活动开展之前对活动结果的预期贯穿于整个活动的全过程，对活动的全程起着导向、调控、评价的作用。通常这种目的也可以叫做目标。

教学作为人类的一项特殊活动，其目标是教学活动预期达到的结果，也就是学生学习之后预期发生的变化。

教学这项活动的落实是依托不同的课程来实现的。而每门课程，国家根据未来公民的素质需要制定了相应的课程标准。比如，数学课程标准、历史课程标准，英语课程标准，等等。在每一门课程标准中都给出了学生经过某一学段学习后应该达到的要求，这是一种底线要求，并规定课程标准是实施课程教学的依据。

在实施课程的过程中，数学课程标准分为《义务教育数学课程标准》和《普通高中数学课程标准》。

（一）义务教育数学课程标准

《义务教育数学课程标准》分为总体目标和学段目标。总体目标描述的义务教育完成后学生达到的一个水平。义务教育的学程分为三个学段，1～3 年级为第一学段，4～6 年级为第二学段，7～9 年级为第三学段。课程目标分别从知识技能、数学思考、问题解决、情感态度等四个方面，对“数与代数”“图形与几何”“统计与概率”“综合与实践”四个学习内容加以阐述。《普通高中数学课程标准》分必修和选修两部分，按照模块提出每一模块的学习要求。但是，课程标准是对学生的学习结果的一种描述，它关注结果，淡化了对教学过程的指导和控制。而且，这种描述是概括化的，它并不指向一节具体的课，也不指向一个单元的课，它指向的是学生在整个学段内的学习。对此，大家可以在对总目标和学段目标的研读中体会。

来看一下总目标，学段目标见第四章第三节的内容。

下面着重看一下不同学段对数与代数这一学习内容的要求：

第一学段（1～3年级）

一、数与代数

（一）数的认识

1. 在现实情境中理解万以内数的意义，能认、读、写万以内的数，能用数表示物体的个数或事物的顺序和位置。

2. 能说出各数位的名称，理解各数位上的数字表示的意义；知道用算盘可以表示多位数（参见例1）。

3. 理解符号＜，＝，＞的含义，能用符号和词语描述万以内数的大小（参见例2）。

4. 在生活情境中感受大数的意义，并能进行估计（参见例3）。

5. 能结合具体情境初步认识小数和分数，能读、写小数和分数。

6. 能结合具体情境比较两个一位小数的大小，能比较两个同分母分数的大小。

7. 能运用数表示日常生活中的一些事物，并能进行交流（参见例4）。

（二）数的运算

1. 结合具体情境，体会整数四则运算的意义（参见例5）。

2. 能熟练地口算20以内的加减法和表内乘除法，能口算百以内的加减法和一位数乘除两位数。

3. 能计算三位数的加减法，一位数乘三位数、两位数乘两位数的乘法，三位数除以一位数的除法。

4. 认识小括号，能进行简单的整数四则混合运算（两步）。

5. 会进行同分母分数（分母小于10）的加减运算以及一位小数的加减运算。

6. 能结合具体情境进行估算，并会解释估算的过程（参见例6）。

7. 经历与他人交流各自算法的过程。

8. 能运用数及数的运算解决生活中的简单问题，并能对结果的实际意义作出解释（参见例7）。

（三）常见的量

1. 在现实情境中，认识元、角、分，并了解它们之间的关系。

2. 能认识钟表，了解24时记时法；结合自己的生活经验，体验时间的长短（参见例8）。

3. 认识年、月、日，了解它们之间的关系。

4. 在现实情境中，感受并认识克、千克、吨，能进行简单的单位换算。

5. 能结合生活实际，解决与常见的量有关的简单问题。

(四) 探索规律

探索简单的变化规律（参见例 9，例 10）。

二、图形与几何

(一) 图形的认识

1. 能通过实物和模型辨认长方体、正方体、圆柱和球等几何体。

2. 能根据具体事物、照片或直观图辨认从不同角度观察到的简单物体（参见例 11）。

3. 能辨认长方形、正方形、三角形、平行四边形、圆等简单图形。

4. 通过观察、操作，初步认识长方形、正方形的特征。

5. 会用长方形、正方形、三角形、平行四边形或圆拼图。

6. 结合生活情境认识角，了解直角、锐角和钝角。

7. 能对简单几何体和图形进行分类（参见例 21）。

(二) 测量

1. 结合生活实际，经历用不同方式测量物体长度的过程，体会建立统一度量单位的重要性。

2. 在实践活动中，体会并认识长度单位千米、米、厘米，知道分米、毫米，能进行简单的单位换算，能恰当地选择长度单位（参见例 12）。

3. 能估测一些物体的长度，并进行测量。

4. 结合实例认识周长，并能测量简单图形的周长（参见例 13），探索并掌握长方形、正方形的周长公式。

5. 结合实例认识面积，体会并认识面积单位厘米^2、分米^2、米^2，能进行简单的单位换算。

6. 探索并掌握长方形、正方形的面积公式，会估计给定简单图形的面积（参见例 14）。

(三) 图形的运动

1. 结合实例，感受平移、旋转、轴对称现象（参见例 15）。

2. 能辨认简单图形平移后的图形（参见例 16）。

3. 通过观察、操作，初步认识轴对称图形。

(四) 图形与位置

1. 会用上、下、左、右、前、后描述物体的相对位置。

2. 给定东、南、西、北四个方向中的一个方向，能辨认其余三个方向，知道东北、西北、东南、西南四个方向，会用这些词语描绘物体所在的方向（参见例 17）。

三、统计与概率

1. 能根据给定的标准或者自己选定的标准，对事物或数据进行分类，感受分类与分类标准的关系（参见例 18）。

2. 经历简单的数据收集和整理过程，了解调查、测量等收集数据的简单方法，并能用自己的方式（文字、图画、表格等）呈现整理数据的结果（参见例 19）。

3. 通过对数据的简单分析，体会运用数据进行表达与交流的作用，感受数据蕴涵的信息（参见例 20）。

四、综合与实践

1. 通过实践活动，感受数学在日常生活中的作用，体验能够运用所学的知识和方法解决简单问题，获得初步的数学活动经验。

2. 在实践活动中，了解要解决的问题和解决问题的办法。

3. 经历实践操作的过程，进一步理解所学的内容。

（参见例 21，例 22，例 23）

第二学段（4～6 年级）

一、数与代数

（一）数的认识

1. 在具体情境中，认识万以上的数，了解十进制计数法，会用万、亿为单位表示大数。

2. 结合现实情境感受大数的意义，并能进行估计（参见例 24）。

3. 会运用数描述事物的某些特征，进一步体会数在日常生活中的作用（参见例 25）。

4. 知道 2，3，5 的倍数的特征，了解公倍数和最小公倍数；在 1～100 的自然数中，能找出 10 以内自然数的所有倍数，能找出 10 以内两个自然数的公倍数和最小公倍数。

5. 了解公因数和最大公因数；在 1～100 的自然数中，能找出一个自然数的所有因数，能找出两个自然数的公因数和最大公因数。

6. 了解自然数、整数、奇数、偶数、质（素）数和合数。

7. 结合具体情境，理解小数和分数的意义，理解百分数的意义（参见例 26）；会进行小数、分数和百分数的转化（不包括将循环小数化为分数）。

8. 能比较小数的大小和分数的大小。

9. 在熟悉的生活情境中，了解负数的意义，会用负数表示日常生活中的一些量。

（二）数的运算

1. 能计算三位数乘两位数的乘法，三位数除以两位数的除法。

2. 认识中括号，能进行简单的整数四则混合运算（以两步为主，不超过三步）。

3. 探索并了解运算律（加法的交换律和结合律、乘法的交换律和结合律、乘法对加法的分配律），会应用运算律进行一些简便运算。

4. 在具体运算和解决简单实际问题的过程中，体会加与减、乘与除的互逆关系。

5. 能分别进行简单的小数、分数（不含带分数）加、减、乘、除运算及混合运算（以两步为主，不超过三步）。

6. 能解决小数、分数和百分数的简单实际问题。

7. 在具体情境中，了解常见的数量关系：总价＝单价×数量、路程＝速度×时间，并能解决简单的实际问题。

8. 经历与他人交流各自算法的过程，并能表达自己的想法。

9. 在解决问题的过程中，能选择合适的方法进行估算（参见例27，例28）。

10. 能借助计算器进行运算，解决简单的实际问题，探索简单的规律（参见例29）。

（三）式与方程

1. 在具体情境中能用字母表示数。

2. 结合简单的实际情境，了解等量关系，并能用字母表示。

3. 能用方程表示简单情境中的等量关系（如 $3x+2=5$，$2x-x=3$），了解方程的作用。

4. 了解等式的性质，能用等式的性质解简单的方程。

（四）正比例、反比例

1. 在实际情境中理解比及按比例分配的含义，并能解决简单的问题。

2. 通过具体情境，认识成正比例的量和成反比例的量。

3. 会根据给出的有正比例关系的数据在方格纸上画图，并会根据其中一个量的值估计另一个量的值（参见例30）。

4. 能找出生活中成正比例和成反比例关系量的实例，并进行交流。

（五）探索规律

探索给定情境中隐含的规律或变化趋势（参见例31，例32）。

二、图形与几何

（一）图形的认识

1. 结合实例了解线段、射线和直线。

2. 体会两点间所有连线中线段最短，知道两点间的距离。

3. 知道平角与周角，了解周角、平角、钝角、直角、锐角之间的大小关系。

4. 结合生活情境了解平面上两条直线的平行和相交（包括垂直）关系。

5. 通过观察、操作，认识平行四边形、梯形和圆，知道扇形，会用圆规画圆。

6. 认识三角形，通过观察、操作，了解三角形两边之和大于第三边、三角形内角和是180°。

7. 认识等腰三角形、等边三角形、直角三角形、锐角三角形、钝角三角形。

8. 能辨认从不同方向（前面、侧面、上面）看到的物体的形状图（参见例33）。

9. 通过观察、操作，认识长方体、正方体、圆柱和圆锥，认识长方体、正方体和圆柱的展开图。

（二）测量

1. 能用量角器量指定角的度数，能画指定度数的角，会用三角尺画30°，45°，60°，90°角。

2. 探索并掌握三角形、平行四边形和梯形的面积公式，并能解决简单的实际问题。

3. 知道面积单位：千米^2、公顷。

4. 通过操作，了解圆的周长与直径的比为定值，掌握圆的周长公式；探索并掌握圆的面积公式，并能解决简单的实际问题。

5. 会用方格纸估计不规则图形的面积（参见例34）。

6. 通过实例了解体积（包括容积）的意义及度量单位（米^3、分米^3、厘米^3、升、毫升），能进行单位之间的换算，感受1米^3、1厘米^{3}以及1升、1毫升的实际意义。

7. 结合具体情境，探索并掌握长方体、正方体、圆柱的体积和表面积以及圆锥体积的计算方法，并能解决简单的实际问题。

8. 体验某些实物（如土豆等）体积的测量方法（参见例35）。

（三）图形的运动

1. 通过观察、操作等活动，进一步认识轴对称图形及其对称轴，能在方格纸上画出轴对称图形的对称轴；能在方格纸上补全一个简单的轴对称图形。

2. 通过观察、操作等，在方格纸上认识图形的平移与旋转，能在方格纸上按水平或垂直方向将简单图形平移，会在方格纸上将简单图形旋转90°（参见例36）。

3. 能利用方格纸按一定比例将简单图形放大或缩小。

4. 能从平移、旋转和轴对称的角度欣赏生活中的图案，并运用它们在方格纸上设计简单的图案。

（四）图形与位置

1. 了解比例尺；在具体情境中，会按给定的比例进行图上距离与实际距离的换算。

2. 能根据物体相对于参照点的方向和距离确定其位置。

3. 会描述简单的路线图（参见例 37）。

4. 在具体情境中，能在方格纸上用数对（限于正整数）表示位置，知道数对与方格纸上点的对应（参见例 38）。

三、统计与概率

（一）简单数据统计过程

1. 经历简单的收集、整理、描述和分析数据的过程（可使用计算器）。

2. 会根据实际问题设计简单的调查表，能选择适当的方法（如调查、试验、测量）收集数据。

3. 认识条形统计图、扇形统计图、折线统计图；能用条形统计图、折线统计图直观、有效地表示数据（参见例 39）。

4. 体会平均数的作用，能计算平均数，能用自己的语言解释其实际意义（参见例 39）。

5. 能从报纸杂志、电视等媒体中，有意识地获得一些数据信息，并能读懂简单的统计图表（参见例 40）。

6. 能解释统计结果，根据结果作出简单的判断和预测，并能进行交流（参见例 39 和例 41）。

（二）随机现象发生的可能性

1. 结合具体情境，了解简单的随机现象；能列出简单的随机现象中所有可能发生的结果（参见例 42）。

2. 通过试验、游戏等活动，感受随机现象结果发生的可能性是有大小的，能对一些简单的随机现象发生的可能性大小作出定性描述，并能进行交流（参见例 42）。

四、综合与实践

1. 经历有目的、有设计、有步骤、有合作的实践活动。

2. 结合实际情境，体验发现和提出问题、分析和解决问题的过程。

3. 在给定目标下，感受针对具体问题提出设计思路、制定简单的方案解决问题的过程。

4. 通过应用和反思，进一步理解所用的知识和方法，了解所学知识之间的联系，获得数学活动经验。

（参见例 43，例 44，例 45，例 46）

第三学段（7～9年级）

一、数与代数

（一）数与式

1. 有理数

（1）理解有理数的意义，能用数轴上的点表示有理数，能比较有理数的大小。

（2）借助数轴理解相反数和绝对值的意义，掌握求有理数的相反数与绝对值的方法，知道 $|a|$ 的含义（这里 a 表示有理数）。

（3）理解乘方的意义，掌握有理数的加、减、乘、除、乘方及简单的混合运算（以三步以内为主）。

（4）理解有理数的运算律，能运用运算律简化运算。

（5）能运用有理数的运算解决简单的问题（参见例 47）。

2. 实数

（1）了解平方根、算术平方根、立方根的概念，会用根号表示数的平方根、算术平方根、立方根。

（2）了解乘方与开方互为逆运算，会用平方运算求百以内整数的平方根，会用立方运算求百以内整数（对应的负整数）的立方根，会用计算器求平方根和立方根。

（3）了解无理数和实数的概念，知道实数与数轴上的点一一对应，能求实数的相反数与绝对值。

（4）能用有理数估计一个无理数的大致范围（参见例 48）。

（5）了解近似数，在解决实际问题中，能用计算器进行近似计算，并会按问题的要求对结果取近似值。

（6）了解二次根式、最简二次根式的概念，了解二次根式（根号下仅限于数）加、减、乘、除运算法则，会用它们进行有关的简单四则运算（参见例 49）。

3. 代数式

（1）借助现实情境了解代数式，进一步理解用字母表示数的意义（参见例 50）。

（2）能分析简单问题中的数量关系，并用代数式表示。

（3）会求代数式的值；能根据特定的问题查阅资料，找到所需要的公式，并会代入具体的值进行计算。

4. 整式与分式

（1）了解整数指数幂的意义和基本性质；会用科学计数法表示数（包括在计算器上表示）。

（2）理解整式的概念，掌握合并同类项和去括号的法则，能进行简单的整式加法和减法运算；能进行简单的整式乘法运算（其中多项式相乘仅指一次式之间以及一次式与二次式相乘）。

(3) 能推导乘法公式：$(a+b)(a-b)=a^2-b^2$；$(a\pm b)^2=a^2\pm 2ab+b^2$，了解公式的几何背景，并能利用公式进行简单计算（参见例 51）。

(4) 能用提公因式法、公式法（直接利用公式不超过二次）进行因式分解（指数是正整数）。

(5) 了解分式和最简分式的概念，能利用分式的基本性质进行约分和通分；能进行简单的分式加、减、乘、除运算。

（二）方程与不等式

1. 方程与方程组

(1) 能根据具体问题中的数量关系列出方程，体会方程是刻画现实世界数量关系的有效模型（参见例 52）。

(2) 经历估计方程解的过程（参见例 53）。

(3) 掌握等式的基本性质。

(4) 能解一元一次方程、可化为一元一次方程的分式方程。

(5) 掌握代入消元法和加减消元法，能解二元一次方程组。

(6) *能解简单的三元一次方程组。①

(7) 理解配方法，能用配方法、公式法、因式分解法解数字系数的一元二次方程。

(8) 会用一元二次方程根的判别式判别方程是否有实根和两个实根是否相等。

(9) 了解一元二次方程的根与系数的关系（不要求应用这个关系解决其他问题）。

(10) 能根据具体问题的实际意义，检验方程的解是否合理。

2. 不等式与不等式组

(1) 结合具体问题，了解不等式的意义，探索不等式的基本性质（参见例 54）。

(2) 能解数字系数的一元一次不等式，并能在数轴上表示出解集；会用数轴确定由两个一元一次不等式组成的不等式组的解集。

(3) 能根据具体问题中的数量关系，列出一元一次不等式，解决简单的问题。

（三）函数

1. 函数

(1) 探索简单实例中的数量关系和变化规律，了解常量、变量的意义。

(2) 结合实例，了解函数的概念和三种表示法，能举出函数的实例。

(3) 能结合图象对简单实际问题中的函数关系进行分析（参见例 55）。

(4) 能确定简单实际问题中函数自变量的取值范围，并会求出函数值。

---

① 凡是打星号的内容是选学内容，不作考试要求。

(5) 能用适当的函数表示法刻画简单实际问题中变量之间的关系(参见例 56)。

(6) 结合对函数关系的分析,能对变量的变化情况进行初步讨论(参见例 57)。

2. 一次函数

(1) 结合具体情境体会一次函数的意义,能根据已知条件确定一次函数的表达式(参见例 58)。

(2) 会利用待定系数法确定一次函数的表达式。

(3) 能画出一次函数的图象,根据一次函数的图象和表达式 $y=kx+b$ ($k\neq 0$) 探索并理解 $k>0$ 和 $k<0$ 时,图象的变化情况。

(4) 理解正比例函数。

(5) 体会一次函数与二元一次方程的关系。

(6) 能用一次函数解决简单实际问题。

3. 反比例函数

(1) 结合具体情境体会反比例函数的意义,能根据已知条件确定反比例函数的表达式。

(2) 能画出反比例函数的图象,根据图象和表达式 $y=\frac{k}{x}(k\neq 0)$ 探索并理解 $k>0$ 和 $k<0$ 时,图象的变化情况。

(3) 能用反比例函数解决简单实际问题。

4. 二次函数

(1) 通过对实际问题的分析,体会二次函数的意义。

(2) 会用描点法画出二次函数的图象,通过图象了解二次函数的性质。

(3) 会用配方法将数字系数的二次函数的表达式化为 $y=a(x-h)^2+k$ 的形式,并能由此得到二次函数图象的顶点坐标,说出图象的开口方向,画出图象的对称轴,并能解决简单实际问题。

(4) 会利用二次函数的图象求一元二次方程的近似解。

(5) *知道给定不共线三点的坐标可以确定一个二次函数。

二、图形与几何

(一) 图形的性质①

1. 点、线、面、角

(1) 通过实物和具体模型,了解从物体抽象出来的几何体、平面、直线和点等(参见例 59)。

(2) 会比较线段的长短,理解线段的和、差,以及线段中点的意义。

(3) 掌握基本事实:两点确定一条直线。

---

① 考试中,只能用下文出现的基本事实和定理作为证明的依据。

(4) 掌握基本事实：两点之间线段最短。

(5) 理解两点间距离的意义，能度量两点间的距离。

(6) 理解角的概念，能比较角的大小。

(7) 认识度、分、秒，会对度、分、秒进行简单的换算，并会计算角的和、差。

2. 相交线与平行线

(1) 理解对顶角、余角、补角等概念，探索并掌握对顶角相等、同角（等角）的余角相等，同角（等角）的补角相等的性质。

(2) 理解垂线、垂线段等概念，能用三角尺或量角器过一点画已知直线的垂线。

(3) 理解点到直线的距离的意义，能度量点到直线的距离。

(4) 掌握基本事实：过一点有且只有一条直线与已知直线垂直。

(5) 识别同位角、内错角、同旁内角。

(6) 理解平行线概念；掌握基本事实：两条直线被第三条直线所截，如果同位角相等，那么两直线平行。

(7) 掌握基本事实：过直线外一点有且只有一条直线与这条直线平行。

(8) 掌握平行线的性质定理：两条平行直线被第三条直线所截，同位角相等。*了解平行线性质定理的证明（参看例 60）。

(9) 能用三角尺和直尺过已知直线外一点画这条直线的平行线。

(10) 探索并证明平行线的判定定理：两条直线被第三条直线所截，如果内错角相等（或同旁内角互补），那么两直线平行；平行线的性质定理：两条平行直线被第三条直线所截，内错角相等（或同旁内角互补）。

(11) 了解平行于同一条直线的两条直线平行。

3. 三角形

(1) 理解三角形及其内角、外角、中线、高线、角平分线等概念，了解三角形的稳定性。

(2) 探索并证明三角形的内角和定理。掌握它的推论：三角形的外角等于与它不相邻的两个内角的和。证明三角形的任意两边之和大于第三边。

(3) 理解全等三角形的概念，能识别全等三角形中的对应边、对应角。

(4) 掌握基本事实：两边及其夹角分别相等的两个三角形全等（参见例 61）。

(5) 掌握基本事实：两角及其夹边分别相等的两个三角形全等（参见例 61）。

(6) 掌握基本事实：三边分别相等的两个三角形全等。

(7) 证明定理：两角及其中一组等角的对边分别相等的两个三角形全等。

(8) 探索并证明角平分线的性质定理：角平分线上的点到角两边的距离相等；反之，角的内部到角两边距离相等的点在角的平分线上。

(9) 理解线段垂直平分线的概念，探索并证明线段垂直平分线的性质定理：线段垂直平分线上的点到线段两端的距离相等；反之，到线段两端距离相等的点在线段的垂直平分线上。

(10) 了解等腰三角形的概念，探索并证明等腰三角形的性质定理：等腰三角形的两底角相等；底边上的高线、中线及顶角平分线重合。探索并掌握等腰三角形的判定定理：有两个角相等的三角形是等腰三角形。探索等边三角形的性质定理：等边三角形的各角都等于60°，及等边三角形的判定定理：三个角都相等的三角形（或有一个角是60°的等腰三角形）是等边三角形。

(11) 了解直角三角形的概念，探索并掌握直角三角形的性质定理：直角三角形的两个锐角互余，直角三角形斜边上的中线等于斜边的一半。掌握有两个角互余的三角形是直角三角形。

(12) 探索勾股定理及其逆定理，并能运用它们解决一些简单的实际问题。

(13) 探索并掌握判定直角三角形全等的“斜边、直角边”定理。

(14) 了解三角形重心的概念。

4. 四边形

(1) 了解多边形的定义，多边形的顶点、边、内角、外角、对角线等概念；探索并掌握多边形内角和与外角和公式。

(2) 理解平行四边形、矩形、菱形、正方形的概念，以及它们之间的关系；了解四边形的不稳定性。

(3) 探索并证明平行四边形的性质定理：平行四边形的对边相等、对角相等、对角线互相平分；探索并证明平行四边形的判定定理：一组对边平行且相等的四边形是平行四边形；两组对边分别相等的四边形是平行四边形；对角线互相平分的四边形是平行四边形。

(4) 了解两条平行线之间距离的意义，能度量两条平行线之间的距离。

(5) 探索并证明矩形、菱形、正方形的性质定理：矩形的四个角都是直角，对角线相等；菱形的四条边相等，对角线互相垂直；以及它们的判定定理：三个角是直角的四边形是矩形，对角线相等的平行四边形是矩形；四边相等的四边形是菱形，对角线互相垂直的平行四边形是菱形。正方形具有矩形和菱形的一切性质（参见例62）。

(6) 探索并证明三角形的中位线定理。

5. 圆[①]

(1) 理解圆、弧、弦、圆心角、圆周角的概念，了解等圆、等弧的概念；探索并了解点与圆的位置关系。

---

① 考试中，不要求用（2）（3）（6）证明其他命题。

（2）探索并证明垂径定理：垂直于弦的直径平分弦及弦所对的两条弧。

（3）探索圆周角与圆心角及其所对弧的关系，了解并证明圆周角定理及其推论：圆周角的度数等于它所对弧上的圆心角度数的一半；直径所对的圆周角是直角；90°的圆周角所对的弦是直径；圆内接四边形的对角互补。

（4）知道三角形的内心和外心。

（5）了解直线和圆的位置关系，掌握切线的概念，探索切线与过切点的半径的关系，会用三角尺过圆上一点画圆的切线。

（6）探索并证明切线长定理：过圆外一点所画的圆的两条切线长相等（参见例63）。

（7）会计算圆的弧长、扇形的面积。

（8）了解正多边形的概念及正多边形与圆的关系。

6. 尺规作图

（1）能用尺规完成以下基本作图：作一条线段等于已知线段；作一个角等于已知角；作一个角的平分线；作一条线段的垂直平分线；过一点作已知直线的垂线。

（2）会利用基本作图作三角形：已知三边、两边及其夹角、两角及其夹边作三角形；已知底边及底边上的高线作等腰三角形；已知一直角边和斜边作直角三角形。

（3）会利用基本作图完成：过不在同一直线上的三点作圆；作三角形的外接圆、内切圆；作圆的内接正方形和正六边形。

（4）在尺规作图中，了解作图的道理，保留作图的痕迹，不要求写出作法。

7. 定义、命题、定理

（1）通过具体实例，了解定义、命题、定理、推论的意义。

（2）结合具体实例，会区分命题的条件和结论，了解原命题及其逆命题的概念。会识别两个互逆的命题，知道原命题成立其逆命题不一定成立。

（3）知道证明的意义和证明的必要性（参见例75），知道证明要合乎逻辑（参见例64），知道证明的过程可以有不同的表达形式，会综合法证明的格式。

（4）了解反例的作用，知道利用反例可以判断一个命题是错误的。

（5）通过实例体会反证法的含义。

（二）图形的变化

1. 图形的轴对称

（1）通过具体实例了解轴对称的概念，探索它的基本性质：成轴对称的两个图形中，对应点的连线被对称轴垂直平分（参见例65）。

（2）能画出简单平面图形（点、线段、直线、三角形等）关于给定对称轴的对称图形。

(3) 了解轴对称图形的概念；探索等腰三角形、矩形、菱形、正多边形、圆的轴对称性质。

(4) 认识并欣赏自然界和现实生活中的轴对称图形。

2. 图形的旋转

(1) 通过具体实例认识平面图形关于旋转中心的旋转。探索它的基本性质：一个图形和它经过旋转所得到的图形中，对应点到旋转中心距离相等，两组对应点分别与旋转中心连线所成的角相等（参见例 65）。

(2) 了解中心对称、中心对称图形的概念，探索它的基本性质：成中心对称的两个图形中，对应点的连线经过对称中心，且被对称中心平分。

(3) 探索线段、平行四边形、正多边形、圆的中心对称性质。

(4) 认识并欣赏自然界和现实生活中的中心对称图形。

3. 图形的平移

(1) 通过具体实例认识平移，探索它的基本性质：一个图形和它经过平移所得的图形中，两组对应点的连线平行（或在同一条直线上）且相等（参见例 65）。

(2) 认识并欣赏平移在自然界和现实生活中的应用。

(3) 运用图形的轴对称、旋转、平移进行图案设计。

4. 图形的相似①

(1) 了解比例的基本性质、线段的比、成比例的线段；通过建筑、艺术上的实例了解黄金分割。

(2) 通过具体实例认识图形的相似。了解相似多边形和相似比。

(3) 掌握基本事实：两条直线被一组平行线所截，所得的对应线段成比例。

(4) 了解相似三角形的判定定理：两角分别相等的两个三角形相似；两边成比例且夹角相等的两个三角形相似；三边成比例的两个三角形相似。* 了解相似三角形判定定理的证明。

(5) 了解相似三角形的性质定理：相似三角形对应线段的比等于相似比；面积比等于相似比的平方。

(6) 了解图形的位似，知道利用位似可以将一个图形放大或缩小。

(7) 会利用图形的相似解决一些简单的实际问题（参见例 75）。

(8) 利用相似的直角三角形，探索并认识锐角三角函数（$\sin A$，$\cos A$，$\tan A$），知道 $30°$，$45°$，$60°$角的三角函数值。

(9) 会使用计算器由已知锐角求它的三角函数值，由已知三角函数值求它的

---

① 考试中，不要求用（4）（5）证明其他命题。

对应锐角。

(10) 能用锐角三角函数解直角三角形，能用相关知识解决一些简单的实际问题。

5. 图形的投影

(1) 通过丰富的实例，了解中心投影和平行投影的概念。

(2) 会画直棱柱、圆柱、圆锥、球的主视图、左视图、俯视图，能判断简单物体的视图，并会根据视图描述简单的几何体。

(3) 了解直棱柱、圆锥的侧面展开图，能根据展开图想象和制作实物模型。

(4) 通过实例，了解上述视图与展开图在现实生活中的应用。

(三) 图形与坐标

1. 坐标与图形位置

(1) 结合实例进一步体会用有序数对可以表示物体的位置。

(2) 理解平面直角坐标系的有关概念，能画出直角坐标系；在给定的直角坐标系中，能根据坐标描出点的位置、由点的位置写出它的坐标。

(3) 在实际问题中，能建立适当的直角坐标系，描述物体的位置（参见例66）。

(4) 会写出矩形的顶点坐标，体会可以用坐标刻画一个简单图形。

(5) 在平面上，能用方位角和距离刻画两个物体的相对位置（参见例 67）。

2. 坐标与图形运动

(1) 在直角坐标系中，以坐标轴为对称轴，能写出一个已知顶点坐标的多边形的对称图形的顶点坐标，并知道对应顶点坐标之间的关系。

(2) 在直角坐标系中，能写出一个已知顶点坐标的多边形沿坐标轴方向平移后图形的顶点坐标，并知道对应顶点坐标之间的关系。

(3) 在直角坐标系中，探索并了解将一个多边形依次沿两个坐标轴方向平移后所得到的图形与原来的图形具有平移关系，体会图形顶点坐标的变化。

(4) 在直角坐标系中，探索并了解将一个多边形的顶点坐标（有一个顶点为原点、有一个边在横坐标轴上）分别扩大或缩小相同倍数时所对应的图形与原图形是位似的。

三、统计与概率

(一) 抽样与数据分析

1. 经历收集、整理、描述和分析数据的活动，了解数据处理的过程；能用计算器处理较为复杂的数据。

2. 体会抽样的必要性，通过实例了解简单随机抽样（参见例 68）。

3. 会制作扇形统计图，能用统计图直观、有效地描述数据。

4. 理解平均数的意义，能计算中位数、众数、加权平均数，了解它们是数据集中趋势的描述（参见例 69）。

5. 体会刻画数据离散程度的意义，会计算简单数据的方差（参见例 70）。

6. 通过实例，了解频数和频数分布的意义，能画频数直方图，能利用频数直方图解释数据中蕴涵的信息（参见例 71）。

7. 体会样本与总体关系，知道可以通过样本平均数、样本方差推断总体平均数、总体方差。

8. 能解释统计结果，根据结果作出简单的判断和预测，并能进行交流（参见例 71）。

9. 通过表格、折线图、趋势图等感受随机现象的变化趋势（参见例 72）。

（二）事件的概率

1. 能通过列表、画树状图等方法列出简单随机事件所有可能的结果，以及指定事件发生的所有可能结果，了解事件的概率（参看例 73，例 74）。

2. 知道通过大量重复试验，可以用频率来估计概率。

四、综合与实践

1. 结合实际情境，经历设计解决具体问题的方案，并加以实施的过程，体验建立模型、解决问题的过程，并在此过程中，尝试发现和提出问题。

2. 会反思参与活动的全过程，将研究的过程和结果形成报告或小论文，并能进行交流，进一步获得数学活动经验。

3. 通过对有关问题的探讨，了解所学知识（包括其他学科知识）之间的关联，进一步理解有关知识，发展应用意识和能力。

（参见例 75，例 76，例 77，例 78，例 79，例 80）

比对这三部分，总体目标就像一座 9 层楼的宏观设计，学段目标相当于细分为三个单元，给出了每个单元的局部设计，内容标准则是对每个单元的每个构件的构件设计，不难发现，对这个 9 层楼的设计从宏观到局部再到构建，逐步细化，已经跃然纸上。但愿景再好必须要变成现实才行。将愿景便携式的过程就是实施课程的过程，谁是施工者？答案：教师。那施工就有工期，在教师实施的这项教育工程中，不同单元的工期均是 3 年。

接下来，施工者就要对任务做出一个分析，6 本书三年。就像一个房间的六面，两个相对的面为一个任务组合，三个任务组合构成一个单元。

再下来，那就按照任务组合的顺序开始施工，此时的施工者明确自己的任务是半年完成一堵墙的施工，也明确了这堵墙有几个小局部组装而成，把每个小局部按要求完工即可。

最后，怎样完成这个小局部，施工图上给出了时间安排，但是，怎样完成每一天的工作则需要施工者自己规划，制定出每一天的教学目标。显然，每天教学目标的有效实现是关系到一堵墙的顺利完工、每一个任务组合的完工，直至每一单元的完工。

这一过程实际上是一个把美好愿景逐步实现的过程。让梦想变得越来越实在，从目标的角度说，那就是目标越来越具操作性，完成从课程目标向课时教学目标的“华丽转身”。普通高中数学课堂教学目标（也是课时教学目标）的制订方法与义务教育数学课程标准类似。

（二）普通高中数学课程标准

高中数学课程的总目标是：

使学生在九年义务教育数学课程的基础上，进一步提高作为未来公民所必要的数学素养，以满足个人发展与社会进步的需要。具体目标如下。

（1）获得必要的数学基础知识和基本技能，理解基本的数学概念、数学结论的本质，了解概念、结论等产生的背景、应用，体会其中所蕴涵的数学思想和方法，以及它们在后续学习中的作用。通过不同形式的自主学习、探究活动，体验数学发现和创造的历程。

（2）提高空间想象、抽象概括、推理论证、运算求解、数据处理等基本能力。

（3）提高数学地提出、分析和解决问题（包括简单的实际问题）的能力，数学表达和交流的能力，发展独立获取数学知识的能力。

（4）发展数学应用意识和创新意识，力求对现实世界中蕴涵的一些数学模式进行思考和作出判断。

（5）提高学习数学的兴趣，树立学好数学的信心，形成锲而不舍的钻研精神和科学态度。

（6）具有一定的数学视野，逐步认识数学的科学价值、应用价值和文化价值，形成批判性的思维习惯，崇尚数学的理性精神，体会数学的美学意义，从而进一步树立辩证唯物主义和历史唯物主义世界观。

比如必修部分的数学1——可以看成是模块目标

在本模块中，学生将学习集合、函数概念与基本初等函数Ⅰ（指数函数、对数函数、幂函数）。

集合论是德国数学家康托在19世纪末创立的，集合语言是现代数学的基本语言。使用集合语言，可以简洁、准确地表达数学的一些内容。高中数学课程只将集合作为一种语言来学习，学生将学会使用最基本的集合语言表示有关的数学对象，发展运用数学语言进行交流的能力。

函数是描述客观世界变化规律的重要数学模型。高中阶段不仅把函数看成变量之间的依赖关系，同时还用集合与对应的语言刻画函数，函数的思想方法将贯穿高中数学课程的始终。学生将学习指数函数、对数函数等具体的基本初等函数，结合实际问题，感受运用函数概念建立模型的过程和方法，体会函数在数学和其他学科中的重要性，初步运用函数思想理解和处理现实生活和社会中的简单问题。学生还将学习利用函数的性质求方程的近似解，体会函数与方程的有机联系。

内容与要求

1. 集合（约 4 课时）

(1) 集合的含义与表示

①通过实例，了解集合的含义，体会元素与集合的“属于”关系。

②能选择自然语言、图形语言、集合语言（列举法或描述法）描述不同的具体问题，感受集合语言的意义和作用。

(2) 集合间的基本关系

①理解集合之间包含与相等的含义，能识别给定集合的子集。

②在具体情境中，了解全集与空集的含义。

(3) 集合的基本运算

①理解两个集合的并集与交集的含义，会求两个简单集合的并集与交集。

②理解在给定集合中一个子集的补集的含义，会求给定子集的补集。

③能使用 Venn 图表达集合的关系及运算，体会直观图示对理解抽象概念的作用。

2. 函数概念与基本初等函数 I（约 32 课时）

(1) 函数

①通过丰富实例，进一步体会函数是描述变量之间的依赖关系的重要数学模型，在此基础上学习用集合与对应的语言来刻画函数，体会对应关系在刻画函数概念中的作用；了解构成函数的要素，会求一些简单函数的定义域和值域；了解映射的概念。

②在实际情境中，会根据不同的需要选择恰当的方法（如图象法、列表法、解析法）表示函数。

③通过具体实例，了解简单的分段函数，并能简单应用。

④通过已学过的函数特别是二次函数，理解函数的单调性、最大（小）值及其几何意义；结合具体函数，了解奇偶性的含义。

⑤学会运用函数图象理解和研究函数的性质（参见例 1）。

(2) 指数函数

①通过具体实例（如细胞的分裂，考古中所用的^{14}C的衰减，药物在人体内

残留量的变化等)，了解指数函数模型的实际背景。

②理解有理指数幂的含义，通过具体实例了解实数指数幂的意义，掌握幂的运算。

③理解指数函数的概念和意义，能借助计算器或计算机画出具体指数函数的图象，探索并理解指数函数的单调性与特殊点。

④在解决简单实际问题的过程中，体会指数函数是一类重要的函数模型（参见例 2)。

(3) 对数函数

①理解对数的概念及其运算性质，知道用换底公式能将一般对数转化成自然对数或常用对数；通过阅读材料，了解对数的发现历史及对简化运算的作用。

②通过具体实例，直观了解对数函数模型所刻画的数量关系，初步理解对数函数的概念，体会对数函数是一类重要的函数模型；能借助计算器或计算机画出具体对数函数的图象，探索并了解对数函数的单调性与特殊点。

③知道指数函数 $y=a^x$ 与对数函数 $y=\log_a x$ 互为反函数($a>0$，$a\neq 1$)。

(4) 幂函数

通过实例，了解幂函数的概念；结合函数 $y=x$，$y=x^2$，$y=x^3$，$y=\dfrac{1}{x}$，$y=x^{\frac{1}{2}}$ 的图象，了解它们的变化情况。

(5) 函数与方程

①结合二次函数的图象，判断一元二次方程根的存在性及根的个数，从而了解函数的零点与方程根的联系。

②根据具体函数的图象，能够借助计算器用二分法求相应方程的近似解，了解这种方法是求方程近似解的常用方法。

(6) 函数模型及其应用

①利用计算工具，比较指数函数、对数函数及幂函数增长差异；结合实例体会直线上升、指数爆炸、对数增长等不同函数类型增长的含义。

②收集一些社会生活中普遍使用的函数模型（指数函数、对数函数、幂函数、分段函数等）的实例，了解函数模型的广泛应用。

(7) 实习作业

根据某个主题，收集 17 世纪前后发生的一些对数学发展起重大作用的历史事件和人物（开普勒、伽利略、笛卡儿、牛顿、莱布尼茨、欧拉等）的有关资料或现实生活中的函数实例，采取小组合作的方式写一篇有关函数概念的形成、发展或应用的文章，在班级中进行交流。具体要求参见数学文化的要求（参见第 104 页)。

说明与建议

(1) 集合是一个不加定义的概念，教学中应结合学生的生活经验和已有数学知识，通过列举丰富的实例，使学生理解集合的含义。学习集合语言最好的方法是使用，在教学中要创设使学生运用集合语言进行表达和交流的情境和机会，以便学生在实际使用中逐渐熟悉自然语言、集合语言、图形语言各自的特点，进行相互转换并掌握集合语言。在关于集合之间的关系和运算的教学中，使用 Venn 图是重要的，有助于学生学习、掌握、运用集合语言和其他数学语言。

(2) 函数概念的教学要从实际背景和定义两个方面帮助学生理解函数的本质。函数概念的引入一般有两种方法：一种方法是先学习映射，再学习函数；另一种方法是通过具体实例，体会数集之间的一种特殊的对应关系，即函数。考虑到多数高中学生的认知特点，为了有助于他们对函数概念本质的理解，建议采用后一种方式，从学生已掌握的具体函数和函数的描述性定义入手，引导学生联系自己的生活经历和实际问题，尝试列举各种各样的函数，构建函数的一般概念，再通过对指数函数、对数函数等具体函数的研究，加深学生对函数概念的理解。像函数这样的核心概念需要多次接触、反复体会、螺旋上升，逐步加深理解，才能真正掌握，灵活应用。

(3) 在教学中，应强调对函数概念本质的理解，避免在求函数定义域、值域及讨论函数性质时出现过于繁琐的技巧训练，避免人为地编制一些求定义域和值域的偏题。

(4) 对于指数幂的教学，应在回顾整数指数幂的概念及其运算性质的基础上，结合具体实例，引入有理指数幂及其运算性质，以及实数指数幕的意义及其运算性质，进一步体会“用有理数逼近无理数”的思想，并且可以让学生利用计算器或计算机进行实际操作，感受“逼近”过程。

(5) 反函数的处理，只要求以具体函数为例进行解释和直观理解，例如，可通过比较同底的指数函数和对数函数，说明指数函数 $y=a^x$ 和对数函数 $y=\log_a x$ 互为反函数($a>0$，$a\neq 1$)。不要求一般地讨论形式化的反函数定义，也不要求求已知函数的反函数。

(6) 在函数应用的教学中，教师要引导学生不断地体验函数是描述客观世界变化规律的基本数学模型，体验指数函数、对数函数等函数与现实世界的密切联系及其在刻画现实问题中的作用。

(7) 应注意鼓励学生运用现代教育技术学习、探索和解决问题。例如，利用计算器、计算机画出指数函数、对数函数等的图象，探索、比较它们的变化规律，研究函数的性质，求方程的近似解等。

可以发现这也是一个目标逐渐细化的结果。

二、教学目标的编制

如何完成从课程标准向课时目标的转化？在教师的操作层面需要对它进行分解。如何分解？

首先，国家为帮助教师更方便的施教推出了教师用书，在教师用书里对每一章节内容学习后要达到的学习目标进行了描述，甚至在某些版本的教材中还明确提出了课时教学目标。因此，学段教学目标、章节教学目标、课时教学目标之间的关系是逐步细化，越来越具有操作性和可评价性。具体关系可表为：学段目标→单元目标→课时目标。

其次，明确教师教学目标设计的任务所在，即制订课时目标。教育部《基础教育课程改革纲要（试行）》对新课程目标从知识技能、过程与方法、情感态度与价值观三个方面提出了要求。只不过在数学课程标准中对过程与方法目标是从数学思考和解决问题两个方面加以描述的。对课程三维目标进一步的细化中，比较明确给出的是关于知识技能目标的内容标准，而过程与方法目标和情感态度与价值观目标则需要教师结合自身的教学理念、教学内容、学情、可利用的教学资源等为学生最终的获得设定。

再次，明晰它们之间的关系及每一目标的含义。知识与技能、过程与方法、情感态度与价值观这三者之间是一个整体。这种整体性表现为：知识技能是教学活动展开的载体，是教学活动的核心，离开这一核心教学将不复存在。过程与方法目标是实现知识与技能目标的途径。因为，每一种知识与技能的获得，必然依托一定的过程，这是一个让学生经历一些活动，在活动中感受、发现知识产生的发生和发展的过程，并从中习得一定的方法和策略。最终达成的是对知识技能的“意义”领会，习得对知识技能的看法和态度，对自我效能感的判断。从学习的最终目的看这些才是最终级的收获，它反过来影响知识技能的获得和过程方法的体验。这三者是一种滚动发展，互为因果的关系。

（一）三维目标的动词理解

滚动的起点是知识与技能的达成。要达成目标，首先明确目标。知识与技能目标的陈述要反映学生通过学习，对学习内容而言应知、应会的要求。应知的内容主要指学生要学习的学科知识（教材上的知识）、意会知识（数学活动经验和社会经验）、信息知识（通过多种渠道获得的知识）。应会的内容主要指通过学习获得的完成某种任务的活动方式如读、写、计算、绘画、做操、打球、做计划、反思、感知、记忆、推理等。对知识技能目标的表述就是对有关应知、应会的程度表述。

表 7-1-1 就是课程标准中给出的知识技能目标表现程度的进一步解读：

表 7-1-1

知识技能目标	了解（认识）	能从具体事例中，知道或能举例说明对象的有关特征（或意义）；能根据对象的特征，从具体情景中辨认出这一对象
	理解	能描述对象的特征和由来；能明确地阐述此对象与有关对象之间的区别和联系
	掌握	能在理解的基础上，把对象运用到新的情境中
	灵活运用	能综合运用知识，灵活、合理地选择与运用有关的方法完成特定的数学任务
过程性目标	经历（感受）	在特定的数学活动中，获得一些初步的经验
	体验（体会）	参与特定的数学活动，在具体情境中初步认识对象的特征，获得一些经验
	探索	主动参与特定的数学活动，通过观察、实验、推理等活动发现对象的某些特征或与其他对象的区别和联系

过程与方法目标。过程与方法是为帮助学生实现知识与技能目标而做的途径设计。因为途径设计使学生对知识技能的来源有所感知，因为途径设计给学生提供了数学学习的过程。在这个过程中，学生运用观察、参与、尝试；探索、研究、发现；合作、交流、反思等方法，感受知识技能的生成过程，领悟知识技能背后的思想方法，习得解决问题的方法。所以，对这一目标的设计重在经历……,领悟……，探索……，发现……，下面就是课程标准中给出的各类目标表现程度的进一步解读：

情感态度与价值观目标是人们对外界刺激肯定或否定的心理反应，如喜、怒、哀、乐等，态度是带有情感成分的行为倾向，价值观是情感发展的结果。刻画情感态度目标的术语有感受……、体会……、领悟……、形成……观点、养成……习惯、欣赏……之美。在这所有的影响学生情感态度价值判断的过程中，需要把它们诠释出来作为课程实施最基本的要求，比如：感受数学与生活的关系，体会数学知识的有用性，形成数学是一种有效刻画现实世界的工具等观点，养成运用数学的思维方式思考生活、工作、学习等过程中所遇到的问题的习惯，养成有调理地思维和表达的习惯，体会数学学习的成功等。

表 7-1-2 就是课程标准中给出的各类目标表现程度的进一步解读：

表 7-1-2

知识技能目标	了解（认识）	能从具体事例中，知道或能举例说明对象的有关特征（或意义）；能根据对象的特征，从具体情景中辨认出这一对象
	理解	能描述对象的特征和由来；能明确地阐述此对象与有关对象之间的区别和联系
	掌握	能在理解的基础上，把对象运用到新的情境中
	灵活运用	能综合运用知识，灵活、合理地选择与运用有关的方法完成特定的数学任务

续表

过程性目标	经历（感受）	在特定的数学活动中，获得一些初步的经验
	体验（体会）	参与特定的数学活动，在具体情境中初步认识对象的特征，获得一些经验
	探索	主动参与特定的数学活动，通过观察、实验、推理等活动发现对象的某些特征或与其他对象的区别和联系
	水平	行为动词
	知道/了解/模仿	了解，体会，知道，识别，感知，认识，初步了解，初步体会，初步学会，初步理解，求
	理解/独立操作	描述，说明，表达，表述，表示，刻画，解释，推测，想象，理解，归纳，总结，抽象，提取，比较，对比，判定，判断，会求，……
	掌握/应用/迁移	掌握，导出，分析，推导，证明，研究，讨论，选择，决策，解决问题
	经历/模仿	经历，观察，感知，体验，操作，查阅，借助，模仿，收集，回顾，复习，参与，尝试
	发现/探索	设计，梳理，整理，分析，发现，交流，研究，探索，探究，探求，解决，寻求
	反应/认同	感受，认识，了解，初步体会，体会
	领悟/内化	获得，提高，增强，形成，养成，树立，发挥，发展

普通高中数学课程标准也按三个方面：知识与技能，过程与方法，情感态度与价值观，给出了所涉及的行为动词水平的大致分类（表 7-1-3）。

表 7-1-3

目标领域	水平	行为动词
知识与技能	知道/了解/模仿	了解，体会，知道，感知，认识，初步了解，初步体会，初步学会，初步理解，求（简单的）
	理解/独立操作	描述，描绘，说明，表达，表述，表示，刻画，解释，推测，想象，理解，归纳，总结，抽象（出），提取，比较，对比，识别，判定，判断，会求，能，运用，初步应用，（简单的）应用，初步讨论
	掌握/应用/迁移	掌握，导出，分析，推导，证明，研究，讨论，选择，决策，解决问题
过程与方法		经历，观察，感知，操作，查阅，借助（工具），模仿，分析实例，设计（问卷、装置），收集（数据），回顾，复习，梳理，整理，合作，参与，试验，交流，分析（实例），发现，尝试，研究，探索，探究，解决（问题）
情感态度与价值观	反应/认同	感受，认识，了解，初步体会，体会（价值）
	领悟/内化	获得，提高，增强，形成，养成，树立，发挥（想象力），发展

为了制订出更具操作性的教学目标，需要认真学习课程标准中描述目标所用动词的含义，要求准确运用。

（二）教学目标的陈述

该怎样来阐述教学目标呢？比较常用的方法是教学目标表述的 ABCD 法，此法是美国心理学家马杰提出的，它认为教学目标应包括对象、行为、条件、标准四个要素。A 是 Audience，即学习的主体。由于教学目标描述的是学生行为和能力上的变化，所以，在目标表述的语句中学生应是主体。像现在许多教学设计中可以看到的“使学生理解……”“培养学生……”“提高学生……”。等表述将学生作为“受体”。事实上，无论在教学目标开头不论是否写上学生二字，学生都是事实上的主语。B 是 Behavior，即行为，说明学生应能做什么，即目标中的行为是学习过程结束时要在学生身上出现的变化。这种变化按照结果的、过程的分为结果目标和过程目标。结果目标使用“了解、理解、掌握、运用”等术语表述，过程目标使用“经历、体验、探索”等术语表述，但这些动词的含义比较广泛，究竟在数学教学中它有哪些指代含义，大家可认真阅读上述内容，以求正确把握。另外，行为描述的语法结构是动宾结构。行为动词说明行为的层次类型，宾语则表达动作的对象面积即学习的内容。如初步认识分数；掌握测量、识图和画图的基本方法；了解全集与空集的含义；了解函数的零点与方程根的联系；等等。C 是 Conditions，即条件，说明 B 是在什么条件下产生的行为。条件一般可指环境、设备、信息、时间等，比如，通过摸球实验感受随机性。这里摸球实验就是感受随机性这个行为产生的条件。经历数据的收集、整理和分析的过程，掌握一些简单的数据处理技能，经历数据的收集、整理和分析的过程就是后面行为产生的前提或条件。D 是 Degree，即程度，表明 B 的标准，为目标达成的检验提供依据。比如，学生借助计算器能正确列代数式并求值，正确率 85%，这里正确率 85%就是标准。

注意通常可以通过这四个要素：行为主体、行为动词、行为条件和表现程度，来体现学习者教学所要达到的行为上的变化。但是在实际操作中由于教学对象是确定的，通常可以省略。比如，了解幂函数的概念；会画简单指数函数的图形；进一步理解函数的基本性质等。另外，条件和标准可以不写，不写的条件就是对实现目标行为的方式不做限定，不写标准即每个学生都要达到，如能正确列代数式并求值。四个要素三个都可视情况调整，但只有行为要素是必须要写的。原因很明白：教学目标是学生通过学习以后预期产生的变化。这个变化越明确，教师的教学活动方向越清晰，学生的学的方向就越明确。而且还能根据教学过程中的突发事件而改变课堂进程并给予恰当的调整，还能在学习活动中，及时评价学生的达标情况，据此进行激励和教、学效果评价，所以，必须写好目标中的行为表述。

行为表述分两部分：行为动词＋学习内容。学习内容在课标中做了明确规定，教师容易掌握，比较困难的是行为动词的表述。课标中不是把每一内容的要求都明确给出了吗？那困难何在？课标中规定理解乘方的意义，作为教师在具体教学时标准要知道理解的具体表现，才能利于你对学生学习结果的把握，所以，将这些要求转化为可供我们操作的、可便于观察和评价的那些更具体的动词就显得十分重要。下面给出两个可借鉴的资源：

资源一：《义务教育数学课程标准》附录1有关行为动词的分类

本标准中有两类行为动词：一类是描述结果目标的行为动词，包括了解、理解、掌握、运用等术语；另一类是描述过程目标的行为动词，包括经历、体验、探索等术语。这些词的基本含义如下。

了解：从具体实例中知道或举例说明对象的有关特征，根据对象的特征，从具体情境中辨认或者举例说明对象。

理解：描述对象的特征和由来，阐述此对象与相关对象之间的区别和联系。

掌握：在理解的基础上，把对象用于新的情境。

运用：综合使用已掌握的对象，选择或创造适当的方法解决问题。

经历：在特定的数学活动中，获得一些感性认识。

体验：参与特定的数学活动，主动认识或验证对象的特征，获得一些经验。

探索：独立或与他人合作参与特定的数学活动，理解或提出问题，寻求解决问题的思路，发现对象的特征及其与相关对象的区别和联系，获得一定的理性认识。

说明：在本标准中，使用了一些词，表述与上述术语具有同等水平的要求程度。这些词与上述术语之间的关系如下：

1）了解

同类词：知道，初步认识。

实例：知道三角形的内心和外心；能结合具体情境初步认识小数和分数。

2）理解

同类词：认识，会。

实例：认识三角形；会用长方形、正方形、三角形、平行四边形或圆拼图。

3）掌握

同类词：能。

实例：能认、读、写万以内的数，能用数表示物体的个数或事物的顺序和位置。

4）运用

同类词：证明。

实例：证明定理——两角及其中一组等角的对边分别相等的两个三角形全等。

5）经历

同类词：感受，尝试。

实例：在生活情境中感受大数的意义；尝试发现和提出问题。

6）体验

同类词：体会。

实例：结合具体情境，体会整数四则运算的意义。

资源二：这是奚定华对知识技能目标的外化特征和对这些特征外显行为的动词表述，特别是这些外显行为的动词表述，让我们就像概念学习中的例子一样，更好地理解每一目标层次的含义，更利于我们制订出具有可操作性、可检测的具体化的教学目标，而不是笼统地照搬课标上的要求（表 7-1-4）。

表 7-1-4

教学目标	特征	行为动词
了解	对信息的回忆	为……下定义、列举、说出（写出）……的名称、复述、背诵、辨认、回忆、描述、标明、指明
理解	用自己的语言解释信息	分类、叙述、解释、鉴别、选择、转换、区别、估计、引申、归纳、举例、说明、猜测、改写
掌握	将知识运用到所学的情境中	运用、计算、阐述、解答、证明、比较、判断
灵活运用	将知识运用到新的环境中	分析、综合、归纳、评析、编写、设计、创造

资料来源：奚定华．数学教学设计．上海：华东师范大学出版社．2000

（三）三维目标的编制

第一维目标知识技能目标是学生通过本节课学习应知应会的目标，从前面的学习我们已经知道课程标准的总目标是对学生完成整个过程（义务教育、高中教育）之后应该达到的标准，对执教教师而言很宏观。学段目标则相对具体，学段内容要求则针对具体内容给出了具体要求，但这些都是一个阶段的学习要达到的应知应会，为了落实到每一节课，必须结合教师用书进行进一步的分解，变成适合学生学情能在一节课内达到的标准。这一过程图示出来如图 7-1-1 所示。

接下来看课时教学中过程与方法目标及情感态度价值观目标的制定。首先，说过程与方法目标。课堂是师生、生生间以教学内容为媒介进行互动，达成对教学内容的共识的过程。按照建构主义的学习理论，知识不是被传递，而是学生基

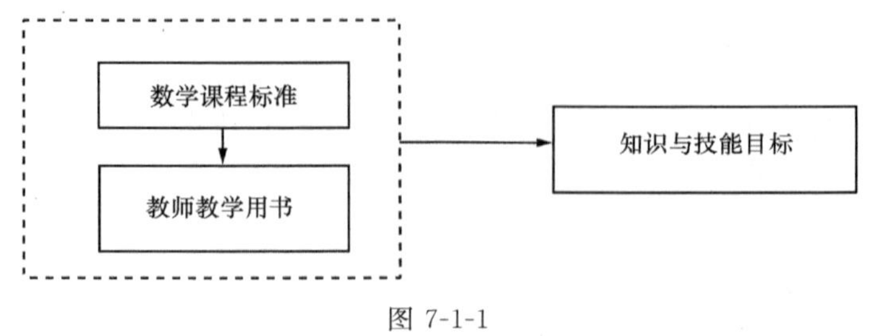

图 7-1-1

于原有知识基础上主动的自我建构的过程。也就是说学习对学生来说是他的主动行为，如果他没有加入到师生、生生间的互动中，学生就不会对课堂中传递的东西产生体验，这样学生已有的知识与经验也就无法与课堂中传递的东西发生作用，从而无法将“别人东西”转换为自己的认识。因此，学生对这些“别人东西”的体验就显得十分关键。

为了更好理解学生所学的知识与他自己的知识间的关系，我们看一下豪恩斯坦的一个观点：“信息”是人类已经传承下来的知识总体，也就是说能够在图书馆、媒体中心、博物馆、因特网、书面文件及别人的头脑中找到的东西。“内容”则是依据特定的学科或主题经挑选的部分信息。信息与内容都是外在的东西，而知识则是学习者内在的品质。教科书中呈现的内容或从因特网上下载的信息都不能算是知识，除非经过学习者阅读、收看、倾听等方式来把握要点、理解意义、形成见识之后，才可能发生有信息或内容向知识的转化。也就是说课堂上传递的“信息”只有在学生有了自己的体验之后，才能把外在于自己的“信息”转化为自己的知识。

因此，学生参与到课堂互动中，对要学习的东西形成体验是形成自己知识的重要途径。而体验是一个过程，所以，为了学生的学更有成效，要为学生创设知识发生发展过程的体验，要为学生创设数学与现实之间联系的体验，要为学生创设运用知识解决问题的体验，要为学生创设体会知识背后数学思想方法的体验，要为学生创设积累数学活动经验的体验。

凡事预则立不预则废，为了落实这些体验，必须要对它进行设计。这是一种对学生学习过程与方法的设计。

基于上述，过程与方法的设计就是一种针对学生学习途径的设计。针对每个学习对象设计相应的过程与方法。奚定华老师结合加涅的学习结果分类，对数学学习结果的划分如下：

（1）数学事实——数学名称、符号、图形表示和事实等；

（2）数学概念——数学的具体概念和抽象概念；

（3）数学原理——数学的规律、定理、公式和法则等；

（4）数学问题解决——综合运用数学概念和原理解决比较复杂的问题；

（5）数学思想方法——数学观念、思想、理解方法和具体的数学方法；

（6）数学技能——运算、推理、作图、数据处理、绘制图表、使用计算器和数学交流等；

（7）数学认知策略——促进注意的策略、促进短时记忆的策略、促进掌握新信息内在联系的策略、促进新旧知识联系的策略、促进长时记忆的策略和数学解题策略等；

（8）态度——辩证唯物主义观点好良好的个性品质。包括学习目的、兴趣、意志、信心、科学态度和创新精神等。

先看学习对象的类别，然后进行给学生创造体验的途径设计。例如，数学概念，先确定适合学习的类型：概念的同化，还是概念的形成。对于同化方式学习的概念，则要设计用实际例子对概念进行辨识的过程。对于形成方式学习的概念则要设计从实例中概括共同属性和本质属性的过程。还要设计概念的识别、概念的运用于过程等。对与这些过程带给学生的体验教学描述。由于这是过程性目标在表述时要使用“经历、体验、探索”等术语，表述的方法也是行为动词＋宾语，具体方法可借鉴知识技能目标的阐述方法。例如，余弦定理的学习，首先要设计一个定理发现的过程，由于余弦定理揭示的是三角形三条边与其中一个角之间的关系，而这是正弦定理之后学习的内容，所以，创设一个问题情境，此问题不能利用正弦定理求解，在解法探索的过程中，发现余弦定理，再予以证明，可以设定出这样的一个过程与方法目标：经历对在一个三角形中，如果已知两条边及第三边对角，求第三边的问题解决过程，发现余弦定理。当然，这个过程是为学生设计的体验过程，自然要与学生的数学学习水平、学习风格相适应。

再看情感态度和价值观目标，这个目标也是一个过程性目标，因此表述方法和上面相同，差别在于表述的内容，因为情感、态度与价值观非一时一刻之功，是经过一段时间的数学学习之后的积淀物。一旦形成，改变起来比较困难，所以，如果在设计每一节课时都把建立学生中正确的数学学习态度，形成良好的数学学习情感，获得数学学习成功的体验，养成思维严谨的良好习惯等作为一种目标追求，那么，你一定会比以前有更强的责任意识，会付出更多的时间和精力用于设计教学，给学生更高的关注度。自然，你自己的教学能力也会因此得到提升。对每节课的设计都应把学生通过学习获得数学学习成功的体验、或者感受数学与生活的联系，或者通过数学的应用体会数学的价值作为一个基本的教学目标去努力实现。这一目标的实现是建立在前两维目标实现的基础上。

至此，就完成了一个课时完整的教学设计。此过程图示出来如图 7-1-2：

图中的①②③代表课时目标设计完成的顺序，图中的虚线框①还表示完成第

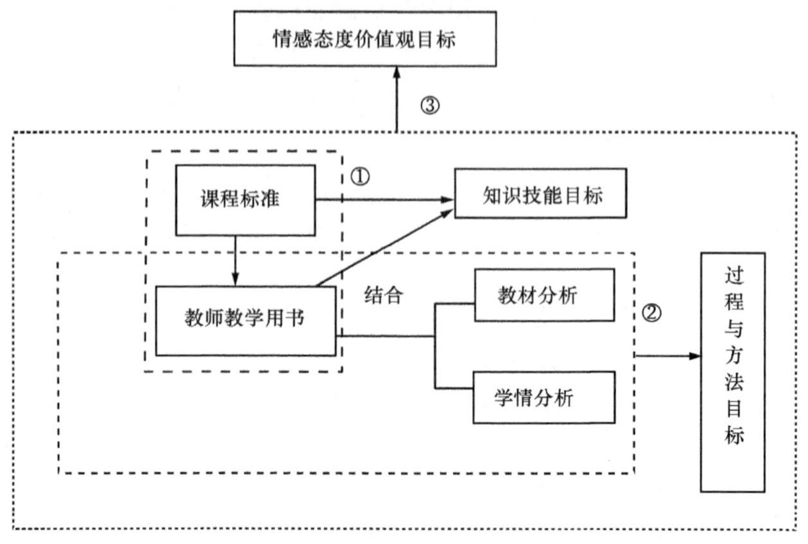

图 7-1-2

一维目标的依据。虚线框②还表示完成第二维目标的依据。虚线框③还表示完成第三维目标的依据。

(四）技能的相关知识补充

因为我们对知识一直在学是比较熟悉的，但对技能的概念，尤其是数学技能的概念则相对模糊，为了帮助学生完成数学技能的学习，在此补充一些技能的相关知识。具体内容如下：

技能在认知心理学中被看做是按固定步骤进行，利用常规思路顺利完成某种任务的一种动作或心理活动方式。是通过有目的、有计划的练习形成的。数学技能则是完成某种数学任务的动作或心理活动方式。它是在已有数学知识经验的基础上反复练习而形成的，如运算技能则是在掌握运算法则和运算律的基础上通过反复的运算练习而形成的。

从 20 世纪 70 年代开始，美国数学教育界就开始吧“基本数学技能作为数学课程的重要目标”。到 20 世纪 50 年代关于技能训练的研究随着记忆双过程理论和信息加工理论的出现达到高潮。对数学技能的研究在鲍建生教授的著作中进行了较为详细的阐述。

1. 数学技能概述

数学技能作为在数学学习过程中通过训练得以顺利完成数学学习任务的一种行动方式或心智行动方式，可以分为操作技能（又叫动作技能）和心智技能（也叫智力技能）。

所谓操作性技能是指数学活动中由一系列实际动作以合理、完善的程序构成的操作活动方式，如运用工具绘图、使用计算器、用数学语言表达推理过程等。操作性技能具有三个特征：第一，外显性。即操作性技能是一种外显的活动方式。第二，客观性。是指操作性技能活动的对象是物质性的客体或可见的数学图形与文字符号。第三，非简约性。就动作的结构来说，操作性技能的每个动作都必须实施，不能省略和合并。

所谓数学心智技能是指借助内部言语在头脑中按一定的、合理的、完善的方式自动地进行数学认知活动的方式，如数的计算技能、式的恒等变形、解方程的技能、几何证明的节能，等，这种技能必须经过学习和训练形成。其具有如下特征：第一，数学心智技能的直接对象是数学概念、命题与表象；第二，数学心智技能的动作是借助内部言语完成的，其动作的执行是在头脑内进行的，主体的变化具有很强的内隐性，很难从外部直接观测到。如口算，我们看到的是通过学生的外部言语反映出来的计算结果，学生计算时的内部心智活动无法看到；第三，心智活动的简缩性，数学心智技能的活动不像操作活动难以必须把每一个活动都完整的做出来，也不像外部言语那样对每一个动作都完整地说出来，它的活动过程是一种高度压缩和简化的自动化过程；第四，在设计比较复杂的推理过程或运算程序时，数学心智技能的完成需要借助于外部的表征。如进行复杂的推理时，一般需要借助书写记录一些推理中的部分结论；第五，运用数学心智技能通常都依附于一定的数学概念、原理与法则，因此数学心智技能的教、学应建立在理解的基础上；第六，在某些高层次数学技能中，已不再像低层次的技能那样需要一定的程序和规则，从而极大地提高了技能实施的速度与效率。

在鲍建生教授的著作中，还介绍了国外有代表性的中小学课程中的数学技能，具体内容如下：

1）美国加州的数学课程中的数学技能

在美国加州总计 73 页的数学课程标准与框架中，“skill”出现了 34 次，差不多每两页就出现 1 次；而在总计 349 页的加州课程框架中，“skill”一词多达 290 次。特别在胶州数学课程框架的第一章“有效教学原则与要素”中就强调当学生从小学经过中学到高中时，必须熟练各种数学技能，其中包括：

（1）能正确算出加法、减法、乘法和除法的答案；

（2）能正确找出等值的分数、小数和百分比；

（3）能测量；

（4）能计算出简单图形的周长和面积；

（5）能解释日常生活中所遇到的图表；

（6）能从日常生活中的一组数据中找出中位数和平均数；

(7) 能运用科学几号表示非常大或非常小的数;

(8) 能运用基本几何性质,包括毕达哥拉斯定律;

(9) 能根据已知两点,找出通过这两个点的线性方程式;

(10) 能接触线性方程式和线性方程组的解;等等。

2) 英国国家数学课程中的数学技能

在2000年颁布的英国数学课程中,提出数学技能发展的具体表现是:

(1) 交流技能,能够精确地、不含糊地表达思想;

(2) 应用技能,通过对数学的理解能够使用和应用数学知识、技能;

(3) IT技能,通过发展逻辑推理,能够运用图象软件和工作单去解决有关数、代数和图形方面的问题,能够运用动态几何软件去操作几何图形,并运用数据库进行相关的数据分析;

(4) 合作技能,通过小组活动交流和讨论数学思想;

(5) 自我改进技能,能够自觉地发展逻辑思想,集中注意力,提高分析技能,反思问题解决的过程;

(6) 问题解决技能,能够选择和运用各种解题技能和方法,发展各种解题策略,并能够评估解题过程是否恰当。

然后按照各个学段,分别从数与代数、图形、空间与测量和数据处理三个方面对知识(knowledge)、技能(skill)和理解(understanding)提出具体要求。

3) 新加坡数学教学大纲

新加坡2006年数学教学大纲给出的数学教学大纲框架(图7-1-3),并明确指出该框架适用与小学到大学先修班的所有年级,对数学的教、学和评价具有导向作用。

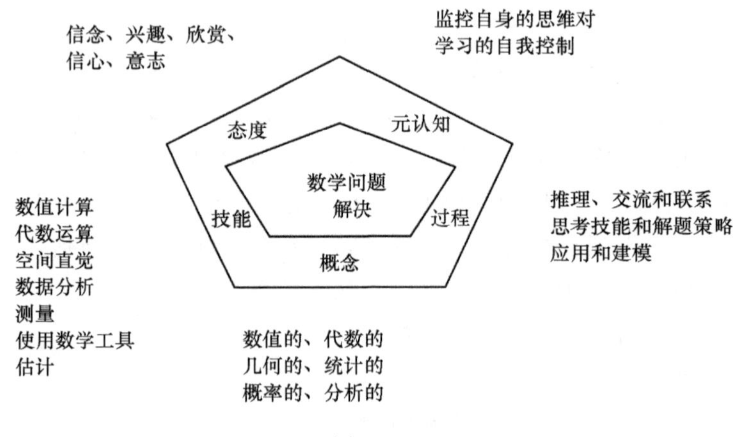

图 7-1-3

在该框架中，数学问题解决处于框架的中心，寓意数学学习的核心是数学问题的解决。关于数学问题解决能力的发展需要五个相对独立要素的支持，它们分别是：概念、技能、过程、态度和元认知。其中"技能"要素中明确了一些基本技能，包括数值计算、代数运算、空间直觉、数据分析、测量、使用数学工具和估计等。

4）我国中小学数学课程中的数学技能

（1）数值运算技能。包括数的表示（十进制、二进制、科学计数法等），数的分类，数的运算（四则运算、乘方、开方、估算等），以及相应的运算技巧和策略。

（2）符号操作技能。包括用字母代替数字，用变元代替未知的量，能够熟练地进行字母式的演算和变形，把其他问题转化为代数问题并利用代数方法进行解决，能够用常规的方法解方程和处理函数的有关问题，能够画出一些基本初等函数的图象并根据图象分析函数的有关性质等。

（3）图形处理技能。主要包括识图技能和作图技能。其中识图技能要求学生能够识别平面图形和立体几何图形中各图形要素特征及其之间的关系，识别重要的函数图象，识别有助于解释或证明某些数学事实与关系的图形（如韦恩图、数学问题情境模拟图、数据表格、框图等）。作图技能既包括使用无刻度直尺与圆规的论证性作图，也包括用圆规、刻度尺、三角板、量角器等工具的一般性画图。

（4）数据分析技能。如理解并会运用"比例"概念与方法于简单的情景；会算百分比和比率；理解数量级的思想，并会运用这种思想和使用计算器（机）去检查工作；知道机遇可以量化，会区别决定性和随机性；掌握一种了解变异性的实验手段（例如与生物学取得联系）；会使用表、图、电子数据表和统计技术去组织、解释和表示数值信息；能判别别人提供的数据的可能性；懂得什么是简单统计，什么是抽样检查；能够将统计的方法应用于日常生活的决策过程；等等。

（5）推理论证技能。数学推理论证技能是数学技能的核心技能。各国都很重视该技能的培养。例如，在美国加州的课程标准与框架（2000）中就强调指出："只要我们是在证实一个数学论断，就会涉及数学推理。低年级的数学推理主要是归纳的形式，而且很快就加入演绎推理。凡是关于计算过程的解释、题目及各种难题的解答、运算法则及公式的理解，以及各领域数学基本结果的证明，这些都必须运用到数学推理。事实上，数学推理就是数学的核心，也是数学的基础，需要仔细、简洁且可理解的证明。学生必须明白在获得结论之前，必须先有假设，而他们必须有能力确认假设是否获得证实。学生必须发展出逻辑思考的习惯，并且能理解和质疑所有的假设。在日后的生活中，这种推理技能将提供给学生基本的能力，让他们能做出合理的判断及决定，因此他们就拥有无价的答辩能力，并且能对错误的主张加以正确无误地驳斥。”

一些学者也对数学推理在数学中的重要性给予了充分的肯定。例如，范德威尔等曾说：“推理是从死记硬背到运用数学的转变的核心思想。离开了推理，数学就只剩下一些无聊的技能，在现实生活中变得神秘而无用。如果解决问题是数学的核心，那么推理变式帮助我们解决问题和决定答案是否正确的逻辑思维。学生应养成随答案提供论证和依据的习惯。学生能体会答案的推理绝不亚于答案本身。为答案提供推理的习惯最好从幼儿园就开始培养。然而任何时候学会为答案论证都不晚。”

在我国新颁布的《义务教育数学课程标准》中提出：推理能力的发展应贯穿在整个数学学习过程中。推理是数学的基本思维方式，也是人们学习和生活中经常使用的思维方式。可见，对学生数学推理能力的培养已成为各国的共识。

（6）数学交流技能。数学交流技能主要包括以下内容：①能够掌握数学语言及符合的意义与书写形式和格式；②能熟练进行数学语言与自然语言（母语）之间的翻译转换；③能够用多种方式表述数学知识、问题和想法；④能运用数学语言正确、迅速、规范地将解（证）题过程表述出来；⑤能用数学概念原理及思想方法去解释一些自然和社会现象；等等。

2. 数学技能的形成与教学

习得必要技能并非易事，教师及学生必须有时间练习、复述和思考，坚持很重要，因为可能需要长期坚持才有微小进步。人们学习新技能的速度有很大差异，有人可能要十五次以上，某些人可能要比别人需要更多的复述、练习等机械式的学习。正因为习得技能不易，所以，需要研究技能的形成。

首先，我们先看习得技能到底学到的是什么？这里有两种解释：一种把技能看作是基于规则的知识，学习者首先必须掌握一般的规则，然后按部就班地把一般规则应用于特殊的事例；另一种则认为技能是一种基于范例的知识，学习的目的就是不断积累范例，然后将范例运用于相同或类似的情境。

其次，我们讨论该如何习得技能呢？对于操作性技能的习得，桑代克将联结主义学习理论用于人类动作技能的学习，结果发现 KR（Knowledge of Result，即个体反应之后立即获知其反应结果）是影响动作学习的重要因素之一，没有反馈，学习便无法获得改善。说明在动作学习过程中仅通过反复练习，并不能使动作技能的学习产生更好的效益。必须合理利用 KR 提高练习者的学习绩效。阿达姆斯（Adams）用闭合环路反馈模式解释动作技能学习。其基本理念是将个体视为信息加工系统，感觉系统得到信息后加工编码产生动作，与参照值比较，产生动作后的反馈，继而对动作做出改变。学习就是运用正确参照值进行错误觉察，再通过反馈进行不断循环修正，使其与目标达成一致的过程。大脑中有记忆痕迹（就是最正确的动作），记忆痕迹中有信息指导动作该如何执行，动作一旦开始执行后，以知觉痕迹（指在动作学习的反馈过程中所形成的一个参照值，利用这个参照值，动作可以一直被修正，直到接近标准动作）作为参照值，经反馈比较后修正，产生新的知觉痕迹，这一痕迹又是下一次动作的标准，直到参照值与正确动作一致。在这一理论下 KR 依然非常重要。目前被许多人知道的动作技能学习理论是斯密特（Schmidt）1975 年推出的图式理论。此理论认为个体在从事动作时，中枢神经系统中有一个运动程序，运动时个体通过各种感觉通道将产生动作所需的信息输入到中枢神经系统中，在已建立的模式中寻找适当、类似的模式，从而产生动作。图示理论强调大脑的决定作用，认为运动技能的学习必须通过大量的情境练习，才能获得足够的信息，并且把信息加以抽象化、概念化，以形成长期记忆。等等旨在解释动作技能的学习。

关于心智技能（认知技能）的习得早在 1959 年克罗斯曼（Crossman）就提出了一个技能获得理论。该理论认为，在技能学习中，学习者往往不断尝试完成某个任务的方法，直到发现最快的方法为止。他设想有一个聚集各种可能方法的资源库，学习者随机地从中选择一个方法去完成某个任务，然后比较不同方法的效率，那些效率高的方法在以后尝试时将更多地被使用，长此以往，那些效率高的方法也就最可能被选中。最后，一般化为抽象的规则。随后劳森布罗（Rosenbloom）和纽威尔（Detweiler）、麦克凯（Mackay）、安德森的 ACT-R 理论等都提出了关于技能学习的观点。这些观点的共同之处就是把技能看做是一种基于规则的知识。劳庚（Logan）的样例学习理论认为学习者首先学习的是一般的程序和算法，然后用它们去解决新的问题，每解决一次问题，其结果就被当做单独的样例储存起来，当碰到新问题时，处理除了可以运用一般的程序和算法外，还可以借助于原先的样例，或者有样例得到的某种启示，由此又产生了新的样例，或者对所用的样例进行修正以适应新的问题情境。显然，该理论认为技能是一种基于范例的知识。

3. 从数学学习的视角来看数学技能的形成

1）操作性数学技能的形成过程

操作性技能作为一种外显的操作活动方式，它的形成大致要经过四个基本阶段：

（1）动作定向阶段。主要是通过视觉形成为达到某一目的如何展开与调节操作活动的表象（就是信息在头脑中的形象性表征方式）与概念。其学习形式主要依靠教材的文字指导和教师的言语讲解及动作示范。这一阶段学生主要是了解“做什么”和“怎样做”。

（2）动作的分解阶段。这是操作技能进入实际学习的最初阶段，做法是把某项数学技能的全套动作分解成若干个单项动作，在老师的示范下学生依次模仿练习，从而掌握局部动作的活动方式。

（3）动作的整合阶段。这一阶段，把前面所掌握的各个局部动作按照一定的顺序联结起来，使其形成一个连贯而协调的操作程序，并固定下来。

（4）动作的熟练阶段。通过这一阶段的练习形成的数学活动方式能适应各种变化情况。表现为不管在什么条件下全套动作都能流畅地完成。

2）认知性数学技能（心智操作技能）的形成

在鲍建生老师的著作中将其形成过程概括为如下的四个基本阶段：

（1）认知定向。主要是让学生了解并记住与活动任务有关的知识，明确活动的过程与结果，在头脑里形成活动本身及其结果的表象。这一阶段的主要任务是在头脑里确定心智技能的活动程序，并让这种程序的动作结构在头脑里得到清晰的反映。这一阶段往往是在教师的讲解示范基础上完成。

（2）具体化模仿。这是数学心智活动进入具体执行过程的开始。这一阶段，学生把头脑里已初步建立起活动程序计划一外显的操作方式付诸执行。不过学生的这种执行是在老师的指导示范下进行的，形成某项数学认知技能的心理操作程序（模式），并将其表象引入人脑之中后，便借助这些具体表象进行模仿练习。

（3）言语化模仿。在此阶段，学生的认知活动已不再通过对具体化模式的视觉模仿来实现，取而代之的是以运用自己的口头言语表述进行模仿训练。

（4）内化。这是数学心智技能形成的最后一个阶段，在这个阶段学生的智力活动过程有了高度的压缩和简化，整个活动过程达到了完全自动化的水平，无需去注意活动的操作规则就能比较顺畅地完成其操作程序。在这一阶段，学生的活动完全是根据自己的内部言语进行思考的，并且总是用非常简缩的形式进行思考，活动的中间过程往往简约的连自己也觉察不到了，整个活动过程基本上是一种自动化的过程。

第二节　数学课时教学目标制订案例

知识与技能目标来自课程标准及教师用书的章节目标的课时目标。过程与方法目标是教师依据学生特点，为学生设计获得知识与技能的途径。情感态度与价值观目标作为最终级的收获，应该从学生每节课的数学学习成功感，对数学与社会生活的联系感受，以及质疑、合作、交流等习惯的养成着眼设计学生的课堂学习目标。下面是具体的教学目标设计案例，我们通过研读，辨析，习得编写课时教学目标的方法。

案例1：有理数乘法法则

知识与技能：

(1) 熟练掌握有理数乘法法则；

(2) 能正确进行有理数乘法运算。

过程与方法：

(1) 经历探索有理数乘法法则的过程，体会法则的合理性；

(2) 通过有理数乘法法则的练习，收获运用法则运算的数学活动经验。.

情感态度价值观

通过对数学学习成功的体验，树立学习数学的自信心。

案例2：直线与平面垂直的判定

知识与技能目标：

(1) 理解直线与平面的定义；

(2) 理解直线与平面垂直的判定定理；

(3) 能运用只限于平面垂直的判定定理进行简单的证明。

过程与方法目标：

(1) 通过观察图片、实例，充分感知直线与平面的垂直；

(2) 经历折纸实验，归纳出直线与平面垂直的判断方法；

(3) 通过课堂尝试练习，再对照例题自我完善的过程，积累定理使用的数学活动经验。

情感态度与价值观目标：

(1) 通过直观感知、归纳概括、方法探索等环节，体验数学学习之乐趣，

(2) 通过问题成功解决的过程体验数学学习的成功。

案例3：任意角

知识与技能目标：

(1) 掌握正角、负角、零角的概念；

(2) 理解任意角和象限角的概念；

(3) 掌握所有与 α 终边相同的角（包括 α 角）的表示方法。

过程与方法目标：

(1) 通过观察校正钟表时间、自行车车轮的旋转、制造煎饼等的过程感受形成角的方式；

(2) 经历在直角坐标系表示任意角的过程，引入象限角，发现终边相同的角；

(3) 经历探索终边相同的角的特征，探索终边相同角的表示法。

情感态度与价值观目标：

(1) 通过对生活实例的观察，感受数学与生活的联系；

(2) 通过终边相同的角与相等的角的关系探讨，体会数学表达的严谨性。

案例 4：函数及其图象的习题课

知识与技能目标：

(1) 会用待定系数法求一次函数、反比例函数的解析式；

(2) 能利用一次函数、反比例函数图象及其性质解决简单的实际问题；

(3) 理解一次函数、一元一次方程及一元一次不等式之间的关系。

过程与方法目标：

(1) 通过对问题串（我们可以用什么方法求得函数的解析式？一次函数、一元一次方程、一元一次不等式之间存在怎样的关系?）的回答过程，梳理出函数解析式的求法、函数、方程与不等式间的关系；

(2) 经历求直线的解析式、方程的解及不等式解集的探讨和利用函数的图象解决简单的实际问题的过程，积累用待定系数法求函数的解析式、利用一次函数、反比例函数图象及其性质解决简单的实际问题的数学活动经验，领悟一次函数、一元一次方程及一元一次不等式之间的关系。

情感态度与价值观目标：

经过对知识梳理的数学学习过程，养成复习的习惯。

(1) 何小亚，姚静．中学数学教学设计［M］．北京：科学出版社．2008.

(2) 奚定华．数学教学设计［M］．上海：华东师范大学出版社．2000.

1. 通过对教学目标全程设计的学习，谈谈你自己对教学目标设计的认识。

2. 模仿教学目标设计案例，自选课题设计两个课时的教学目标，并简述设计过程中的感受与困惑。

第八章　制订教学策略

第一节　教学策略的内涵及形成

从教师成为一个专门职业开始，教学方法就通过教师在实践中的积累而不断丰富，各种方法有各自的特征和特定的适应性。从前面的学习中我们已经知道，教师的教学要想取得良好的效果，所用的教学方法应是多种方法的组合。这种组合的不同，便导致出不同的教学效果。教师面对自己或他人的教学效果，不断地总结和反思，自己或他人成功在何处？失败在何处？成功的原因？失败的原因？还有没有更好的方法？这其中有没有什么规律？等等，教师在对自己经验的不断认识中，使经验逐步演变为教学决策。教师的角色也从一个执行者变成了一个决策者，直接对学生和教材内容的表征产生影响。教学策略便随着显现。

什么是教学策略？从字面理解就是教学过程中使用的策略。先说策略，《现代汉语词典》对策略的解释是：①根据形势发展而制定的行动方针和斗争方式；②讲究艺术，注意方式方法。《学会生存》一书中提到，策略的概念包括下面三个观点：①把各种要素组织成一套融会贯通的整体。②估计到在事物开展过程中会出现偶然事件。③具有面对这种偶然事件加以控制的意志。策略的目的就是要把政策化为一套视条件而定的决定，根据将来可能发生的不同情况，决定所需要采取的行动。古代汉语中的说法似乎更能体现策略的特点，“术谋之人，以思谟为度，故能成策略之奇”。教学策略意指教学中的策略。

邵瑞珍把教学策略定义为：教师在教学过程中，为达到教学目标而采取的相对系统的行为。

李晓文、王莹的观点是：教学策略具有动态的教学活动维度和静态的内容构成维度。在动态的教学活动过程维度上，它指教师为了提高教学效率而有意识地选择筹划的教学方式方法与灵活处理的过程，其明显特征是：①对教学目标的倾向意识和能力意向；②具有对有效作用于教学实践的一般方法的设想；③在目标实现过程中对具体教学方法进行灵活选择和创造。教学策略静态的内容构成维度是动态的教学活动过程维度的反映，或者说，教学策略内容的构成产生于对教学策略动态构成的认识。

周小山等老师则将教学策略定义成为了达成教学目标、完成教学任务，在清晰分析教学活动的基础上，对教学的形式和方法做出安排及教学调节与控制的执行过程。教学策略具有以下特征：①它为达成教学目标、完成教学任务而进行教学设计中的一个指向实践的项目；②它遵循教学活动的特点和规律，以一定的教育理念和策略思想为依据，选择、安排和统合教学的形式和方法；③它既是一种对教学形式与方法的相对有序和有机的构造，又是一个有目的的审视、调节和不断控制的执行活动；④如果说“模式”侧重程序和架构，“策略”则更接近方法与形式，可以说，教学策略是教师在教学情境中的一种操作智慧的有效行动。

何小亚老师认为：教学策略是教师在教学规律的指导下，为达到特定的教学目标，根据特定的教育、教学情境，在对教学系统诸要素、教学总体考虑的基础上，对教学原则、方法、模式的变通使用。同时，还指出：教学策略是教学规律、原则的具体化，具有可操作性，策略比方法含义更广，是有选择地使用方法的表现。

可见，教学的复杂性和对教学认识的不断深入，使教学策略的寓意也不断丰富。综上观点，我们更倾向于何小亚和姚静老师的观点，认为教学策略是教师为了达成教学目标，在长期依照教学规律和对教学系统诸要素、教学总体考虑的基础上，坚持对教学实践效果不断反思后，形成的对教学内容的表述、教学方法的选择、教学程序设计的智慧性计谋。教学方法与策略的关系犹如计与策的关系，策在计中体现。教学策略是教学实施之策。

第二节　教学策略的制订及重点策略解读

教学策略作为教学实施之策，涉及教学实施过程中的方方面面。具体说来有教学目标的决策，促进认知结构形成、发展、完善的策略，教学法方选择策略，教学指导的策略，教学管理的策略，促进学生自我发展的策略，因材施教策略，等等。就像俗语所说，家有三件事，先从紧处来。教育的根本目的是促进学生发展，作为教育最重要的方式教学来说，教学内容的知识与技能目标是着眼于为学生未来发展奠定基础，教学内容的过程与方法目标则着眼于促进学生更好地获得未来的发展基础，教学内容的情感态度价值观目标则是出于对学生可持续发展的考虑。所以，教育策略首先是促进学生自我发展的策略。其次，学生作为一个生命体，有着其别于他人的个性，因材施教方能体现教育教学的有效性，所以，因材施教策略需要关注。再次，学生学习的环境很重要，需要教师为他们营造出良好的发展环境，教师营造的过程就是教师对课堂教学管理的过程。本章主要学习促进学生自我发展的策略、因材施教策略和课堂教学管理策略，其他策略不做介绍。

一、促进学生自我发展的策略

个体生来具有一种自我肯定的需求，要求得到别人的夸奖，要求满足自我的需要。对学生而言，所有的学生都有这样的需要：需要感受和相信他们是有能力和成功的；需要知道他们是被关注的；需要弄清楚他们能够影响周围的人或事；需要记住并且真正提高自己的慷慨去帮助别人；需要乐趣；需要处在安全的学习环境之中。因此，在教学中，教师必须给每个学生以成功的机会，在对“有效教师”的研究中也有此表明。有效教师的一个突出特点是：“对所有的学生报以高期望，他们帮助学生认识到自己是能够学习的、有价值的和可信赖的；他们通过布置学生能够胜任的作业从而让其获得成功；他们像一个有权威的领导者那样指导学生在教室里的行为；他们要求学生所做的行为自己就会做出榜样；他们会为学生制定行为的规则和发现解决学生问题的办法；他们具体地向学生说明什么行为是不恰当的，并且帮助学生理解错误行为的结果。”

如何让每一个学生获得成功，关键是让学生在每一节课业的学习中有收获。这就要求教师要认真地做好课前教学设计，让设计的起点与学生的数学学习现实相符，让问题情境呈现更多的趣味性，让课堂练习设计更有梯度等，以求每个学生都获得发展。另外，灵活地创设学生成功的机会也很关键。这种灵活性体现在因人而定。比如，基础较差、缺乏自信的学生，为他设置难度低一点的问题让他回答，以增强学生的自信心，降低学生学习过程中的畏难情绪；对一些完成作业速度特快，但错误率特高的学生，给他布置帮老师检查批改他人作业的任务，培养他的责任心和细致的作风，改变作业错误率高的毛病，促进其进步；一些把学校当做“寄存处”的家长，平日疏于管理，对学生的学业不关注，在这种背景下成长的学生，只能把好课堂作业关，促进其学业进步，另外通过教师与同学对他的肯定，引导学生获得价值感。

二、因材施教策略

受教育者因先天禀赋与后天经历、阅历的不同构成了人与人之间的差异。为了追求教育的平等性，必须根据受教育者的差异施以不同的教学策略。

如何才能落实因材施教呢？首先，承认差异存在的现实；其次，认识差异形成的原因，是学生的学习态度、学习兴趣、思维水平、知识基础、学习习惯偏好、学习动机等哪些差异造成的；最后，在具体分析的基础上区别对待，加以引导，还要善于发现学生身上的亮点，创造“出镜”的机会，使不同水平的学生都在各自的基础上获得自己期望的发展。

三、课堂教学管理策略

课堂是学生在教师指导下获得发展的场所。课堂中教师、学生、教学环境三者之间会出现各种问题，如学生注意力不集中、学生与教师出现对抗、学生间的摩擦、课堂程序不良等，这一切都需要教师协调。这种协调工作就是教学管理。

虽然，教学设计是对教学活动的规划，但对课堂教学中的问题的认识，可以帮助我们提高教学设计的有效性。

（1）要认识课堂中出现的问题及其表现形式（表 8-2-1）：

表 8-2-1

纪律问题	性格问题	情绪问题
不安静	不能开玩笑	不安静
注意力分散	扭捏	扭捏
捣乱	低级趣味	低级趣味
吵吵嚷嚷	羞怯	心事重重
注意力集中时间短	退缩	注意力集中时间段
缺乏兴趣	缺乏信心	缺乏信心
在学校里懒惰	容易慌乱	容易慌乱
无责任心	缺乏兴趣	白日梦
不服从	无责任心	被动，易受暗示
不合作	白日梦	活动过度
被动、易受暗示	冷淡，孤独	分心
过度活动	分心	无耐心
分心	懒散	神经质、神经过敏
无耐心	神经质，神经过敏	

资料来源：杨心德．中学课堂教学管理心理．杭州：杭州大学出版社．1993

（2）是了解问题产生的根源。有学者指出，教师在课堂中观察到的问题一般产生于三个方面：①教师自身的问题；②学生的情绪问题；③学生偶然的随意行为。在多数情况下的问题是学生的偶然、随意的行为。在这个阶段学生还不成熟，是出现问题的主要原因。但是教师试图去了解问题产生的原因依然很重要。比如：有个学生经常在课堂上不听讲、与其他同学说话，你就要分析他是整节课都在试图说话，还是在练习的时候，一做完就开始管不住自己了，还是这种情况只在你的课上出现。找到真正的原因，才能有效管理。

（3）就是需要掌握一些管理策略。教学管理能力是教是能力的一个重要组成，教学管理能力是一种是的教师的教学的一顺利实施的能力，需要我们在实践中不断积累管理经验，提高管理的效度。这里只介绍几个最基本的管理策略，可以去读一些教师的成长记录了解这方面的知识。

教师自我行为调节策略：①赢得学生的尊重：要有扎实的专业功底，高尚的品德，课前准备充分。在一些细节上也要做好，如对学生进步予以鼓励和表扬；不讽刺挖苦学生；按时上下课。②纵观全局：能看到全班同学的活动。③有效的组织课堂教学：即能灵活的运用各种教学方法来吸引学生，获得学生课堂的参与度高。

课堂组织策略：①建立行为规范。建立班级成员接受的行为准则，成员有义务遵守，一旦有违背，将受到某种惩罚。②合理使用领导者权力。领导者的任务是带领、引导和鼓励成员为实现目标而努力。在课堂教学中，教师由于角色和地位优势，拥有一种形式的权力，但注意不要滥用权力。

课堂人际关系协调：管理从本质上就是一种协调。课堂管理到位，各方面协调得好，课堂氛围就比较好，师生之间交流的渠道就比较畅通。教学也就能容易取得良好的效果。

(4) 处理课堂问题策略：比较常用的是制止策略，包括采取扫视、摇头，以不引人注意的方式一边说话，一边靠近学生；提高声音或敲课桌等行为引起学生注意；通过“请安静”“停下来”或者突然沉默引起学生注意，向学生提出要求；教师戏剧性的摇头动作让全班同学都注意到；教师用一种引起全班同学都注意的方式要求同学采取理智行为；教师告诉学生，如果继续错误行为将产生的后果；教师用大声的、命令的语言要求班级大多数学生对此加以注意。

1. 李晓文，王莹．教学策略［M］．北京：高等教育出版社．2000.

2. 邵瑞珍．教育心理学［M］．上海：上海教育出版社．1997.

1. 著名数学家王梓坤院士曾经讲过一个“故事”：有一个数学教授和他的高校生都被诬告，同时要被枪毙了。在临死前，监狱的看守询问他们此时最大的愿望是什么？教授首先答道：“请让我最后再上一次讲台，为我的学生讲一节课吧。”学生听到老师的话后，急忙说道：“我最大的愿望是在老师讲课之前，马上将我处死。”请反思，从这个故事中你读到了什么？可以用哪些策略解决这个问题？

2. 回顾你的中小学时代，你认为处理空调问题中给你留下深刻印象的事是什么？你之所以记住是因为什么？假如情境再现，你有没有更好的设想？请简述。

第九章　教学过程设计

第一节　教学过程设计的概念及分类

一、教学过程设计的概念

任何事物都是作为一个过程开始的。生命是一个过程，成长是一个过程、求学是一个过程等等，教学也是过程。什么是教学过程？在大百科全书中这样写道："学生在教师有目的的、有计划的指导下"，以及"学生积极主动学习"的过程。王策三认为：教学过程是一种特殊的认识过程。其任务、内容和整个活动，都是认识世界或对世界的反映。它的特点就在于是学生个体的认识，主要是间接性的、有领导的、有教育性的。它在教师领导下把社会历史经验变为学生个体的精神财富，不仅使学生获得关于客观世界的映象及知识，也使学生整个个性获得发展。李秉德老师将现有的教学过程的观点梳理为以下几种观点：

（1）认识发展说。教学过程是教师有目的、有计划地引导学生掌握文化科学基础知识和基本技能，发展认识能力，逐步形成辩证唯物主义世界观基础和共产主义道德品质的过程。该提法的优点是指出了教学的认识与发展任务。不足是不够确切。

（2）双边活动说。教学过程是教师的教与学生的学相结合的双边活动过程。这种观点肯定了教学过程是一个活动过程，但缺乏对教学过程中教师的教与学生学之间主次关系的诠释。

（3）多重本质说。教学过程有认识论、心理学、生理学、伦理学和经济学五个方面的本质。该提法未能从整体上对教学过程加以合理综合与深刻把握，有多而无一。

（4）交往本质说。教学过程是师生交往过程。该提法有助于对教学活动的社会属性的认识，但忽视了教师与学生之间在认识中的相互影响。

李秉德老师还提出教学过程是一个认识与交往实践统一的过程，是学生在教师的指导下，对人类已有知识经验的认识活动和改造主观世界、形成和谐发展个性的交往实践活动的统一过程。

人们通过教学过程，能实现：①传授知识与技能。传承人类积累的认识成果和经验是教育最基本的职责所在。前人积累的认识成果和经验经过整理和教学法的加工以教材的形式呈现给学生。在教学活动中，教师主要通过讲解来引导学生理解教材，学生则在领会的基础上，通过巩固和运用，使自己原有的知识与新知识建立联系，成为自己经验系统中的一个有机组成。与此同时，获得技能，为进一步学习知识和运用知识提供保障。②发展智力。教育是为了给每一个生命个体在走向社会之前，提供给他一个与当下社会的需要相符合的生存状态塑造的过程，但社会的车轮会不断向前，要想追随其节奏，必须要个体获得自造的能力，自己会学习、会发现、会选择、会合作……，这除了需要知识与技能做保障之外，离不开个体的智力。智力培养恰恰可以在教育最基本的形式教学过程中完成。③发展个性。在教学过程中，为了顺利完成各项教学任务，教师除了发展学生的智力以外，还要关注非认知因素的发展，如学习动机、态度、兴趣、志向等，而这些恰恰是对学生个性发展的关注。这三点也可以被看成是教学过程的功能。

教学过程作为教师与学生共度的生命历程，具有不可复制性，如何让学生在有限的时间内，高速重演人类几千年的经验总结，教师作为履行教育教学的专职人员，承担着组织教学活动展开的职责。为了实现教学过程的功能，需要对教学过程进行设计，即对一节课的各教学环节进行顺序安排和时间安排。

二、教学过程设计的分类

关于教学过程环节的划分。既然教学过程是教师与学生共同经历的生命历程，在这个历程中，教师教的目的是为了促进学生的学，教师的教对学生而言是一个外部条件，教学过程设计就是为学生的学创造适合、恰当的外部条件，所以，教学过程设计的着眼点是学生的学。

一般根据每节课学生学习活动的目的是获得新知识和新技能、获得实际操作的能力、获得综合运用知识解决问题的能力，或是对学生获得的检验，或是对学生学习中存在的问题的讲解、分析和改进，将课划分为新授课、练习课、复习课、测验课、讲评课。不同类型的课，需要的外部条件不同，所以，教学过程的设计不同。

对数学学科而言，新知识涉及数学概念、数学规则、数学方法、数学技能、数学问题解决，练习涉及的是新知识的巩固，复习涉及新知识的系统化，测验涉及对新知识掌握程度的检验，讲评涉及的是学习存在问题。因此，数学教学过程设计因课型被分为数学概念教学过程设计、数学命题教学设计、数学习题及小结的教学设计。

第二节　数学概念的教学

一、数学概念及形成

数学概念是反映客观事物在数量关系和空间形式方面的本质属性的思维形式，是数学中的推理和证明的依据，是数学思维最基本的构件。因此，它是数学教学中最重要的内容。

既然概念是对事物本质属性的揭示，那么，什么属性才是本质属性呢？第一，是该类事物共有的；第二，具有不变性。例如，对函数来说单值对应和随处定义就是它的本质属性。对于方程而言，方程的本质是借助未知数用两种不同的方式表达同一个量。

对于数学概念本质属性的把握通常可用判断进行检验，如就函数概念而言，不妨用判断图 9-2-1 曲线中，不能表示 y 是 x 函数的是哪一个来进行辨识。

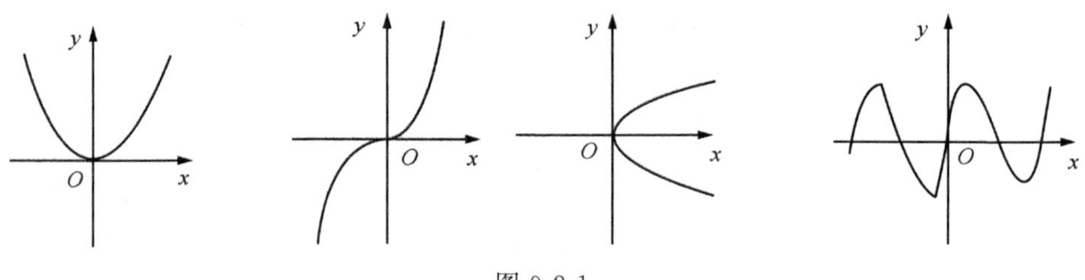

图 9-2-1

还可以用学生对统一数学概念的不同表达形式的把握来衡量。以两直线的平行为例，在平面几何里，两直线平行则有同位角相等，同旁内角互补，内错角相等。在解析几何里，两直线平行，则斜率相等。

为了更好地进行概念教学，需要从心理学的视角明确概念是专业获得的，即数学概念学习的心理学基础。

在鲍建生的书中，指出概念形成的方式虽有不同的理论和观点，但概念的形成基本上需要两个条件：一是学生必须能从许多事物、事件或情境中认识或抽象出它们的共有特征，以便进行概括；二是学习者能够辨别与概念相关或不相关的标志，以便进行区别与归类。

对于抽象出某一类对象或事物的共同本质特征的过程即概念形成的过程，曹才翰，蔡金法将其概况为如图 9-2-2 所示的内容。

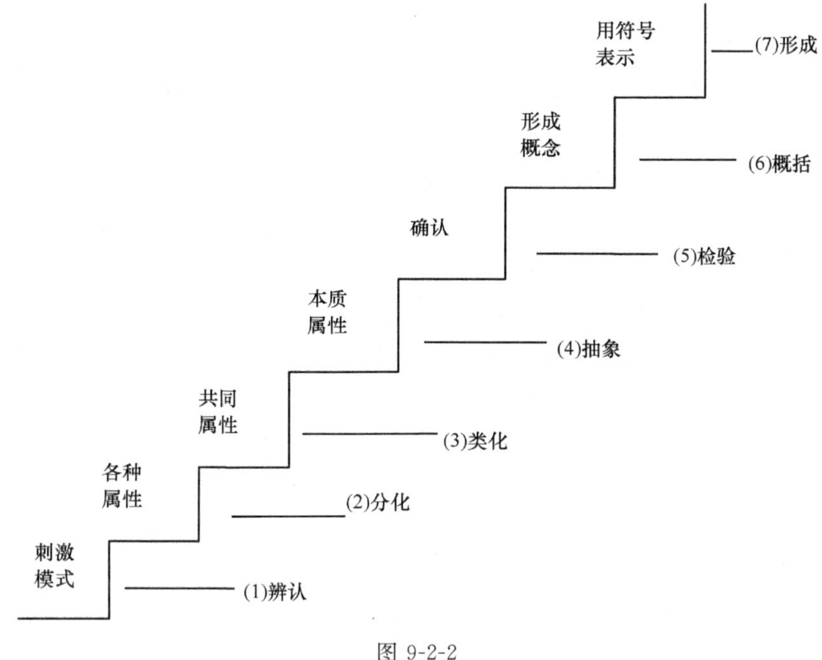

图 9-2-2

(1) 辨别各种刺激模式。这里说的刺激模式可以是学生自己生活中的经验或事实，也可以是教师提供的有代表性的典型事例，但这些刺激模式必须具有便于学生进行分析、辨认，概括出这些刺激模式的共同特征。例如，在进行二元一次方程的学习时给学生提供 $3x+y=5$，$4z-7p=3$，$p+r=6$，$s-k/2=9$ 这些实例。

(2) 分化出各种刺激模式的属性，为了理解该类刺激模式的本质属性需要对每个刺激模式的属性进行分化，如 $3x+y=5$ 是以 x 和 y 为未知数的一次方程，$p+r=6$ 是关于 p 和 r 的一次方程。

(3) 概括出各个刺激模式的共同属性，并提出它们的共同关键属性的种种假设。上面各种刺激模式的共同属性：方程、两个未知数、未知数的次数为 1 次。它们共同属性的假设是含有两个未知数且未知数的次数为 1 的方程。

(4) 检验假设，确认关键属性。通过检验该假设对每个刺激模式都成立，即可确认为关键属性。

(5) 概括，形成概念。用言语将关键属性概括成概念。如含有两个未知数且未知数次数为 1 的方程叫二元一次方程。

(6) 应用。使新概念与已有认知结构建立实质性的联系。判别下列方程中是二元一次方程的有哪些？$x+5=8$，$4s=1$，$3z+6k=9$，$x^2+6p=8$，$5w+9q=15$，等等。

（7）符号表示。形如 $ax+by=c$（x、y 为未知数，a、b、c 为常数且 a、b 不为 0）这样的方程叫一元二次方程。

关于用概念形成的方式进行概念学习，斯根普提出了两条教学原则：

（1）超过个人已有概念层次的高阶概念不能用定义方式来沟通，只能搜集有关的例子供其经验，再靠他自己抽象以形成概念。

（2）在数学中，由于与所学概念相关的例子中常常又会含有其他概念，因此，在通过例子时必须确定学生已经形成概念。

在教学中，利用学生已有的知识和经验，以定义的方式直接提出概念，并揭露其本质属性，由学生主动地与原认知结构中有关概念相联系去学习和掌握概念的方式叫概念的同化。以概念同化的方式学习概念的阶段如下：

（1）揭示概念的关键属性，给出定义、名称、符号。如一次函数的定义为"函数 $y=kx+b$，其中 k、$b\in\mathbf{R}$，$k\neq0$"。

（2）对概念教学特殊的分类，讨论这个概念所包含的各种特例，突出概念的本质特征。对一次函数的概念来说，讨论的特例是 $y=kx$，$y=x$，$y=-x$ 等，要突出函数表达式中自变量 x 的次数为 1 的特征。

（3）使新概念与已有认知结构中的有关概念建立联系，把新观念纳入到已有概念体系中，同化新概念。对一次函数概念来说，把一次函数与函数、一次多项式概念等做比较，认识一次函数与这些概念的联系与区别。

对于概念获得的这两种形式，曹才翰和章建跃在他们的著作中对它们之间的关系分析如下：

概念形成是以形式的直接经验为基础，用归纳的方式抽取出一类事物的共同属性，从而达到对概念的理解。因此，在教学方法上表现为与布鲁纳倡导的"发现法"一致，适合低年级的学生学习数学概念，也适合"原始概念"的学习。因为原始概念多是建立在对具体事物的性质的概括上，依赖的是学生的直接认识与直接经验。

概念的同化则以学生的间接经验为基础，以数学语言为工具，依靠新、旧概念的相互作用理解概念，因而在教学方法上多是直接呈现定义，与奥苏贝尔的"有意义地接受学习"方法大概一致。由于数学概念具有多级抽象的特点，学生学习新概念在很大程度上依赖旧概念以及原有的认知结构，因此概念同化的学习方式在概念学习中经常使用，特别对高年级学生的学习更加适用。

应当指出，概念形成与概念同化不是相互独立和互不相关的。概念形成包含着同化的因素，要用具体的、直接的感性材料同化新概念。同样，概念同化也不能脱离分析、抽象和概括，因此含有概念形成因素。在数学概念学习中，两种方式不能孤立使用，如果仅用概念形成方式学习，显然不符合学校学习的经济性原则；而仅仅用概念同化方式学习，由于数学概念的高度抽象性，学生比较难以把握概念背后的丰富内容，难以理解概念的关键属性，因此应当把两者结合起来使用。教师可以在揭示概念的定义后，引导学生在定义的指导下去观察实际事例，定义的导向可以使学生比较容易地揭示实例中包含的与概念有关的关键属性。同时，通过正例与反例的应用，通过学生自己对实例的比较、分析、概括、分化和类化等，可以使概念的关键属性变得清晰，使实例成为学生理解概念的一种思维载体，然后引导学生将新概念与已有认知结构中的有关概念建立联系，形成概念系统。

下面一起分享一下皮连生老师对数学概念学习的一些观点：

心理学中的概念不指对单个事物的认识，而是一类事物的认识，及符号所代表的具有共同属性的一类事物，是对原理事物所包含的共同特征的概括。而同类的个别事物便是概念的例证。它们之间的关系就像古城与西安的关系，三角形与三角板的关系。但是要注意，数学中的概念，一类事物的本质属性有的是可以直接观察出来的，如三角形，多面体、对称等，而有的如方程、映射、集合、函数等就不能通过直观获得，需要通过下定义。因此，数学概念被分为具体概念和定义性概念。

对于具体概念的学习方式就是从例子中学，教师先给出一些例子，学生通过知觉辨认后会通过它们的共性形成一些假设，接着教师帮助学生通过正反例检验假设是否正确，使学生将自己的假设与概念的本质联系起来，逐渐发现概念本质属性，最后借助归纳、推理、概括出概念的定义。这种方式就是上面所说的概念形成方式（这是奥苏贝尔提出的）。

对于定义性概念，一般都通过直接下定义的方式揭示某类事物的共同属性，再通过一两个实例验证帮助学生理解概念的本质特征，这种方式被奥苏贝尔称为概念同化。

相应的概念教学过程分为两类：一类是辨别和分类→假设和解释→概括→验证和调整，另一类是复习学生原有的上位概念→教师向学生呈现新概念的定义→在变式的环节中应用习得概念的定义。

二、概念形成方式的概念教学过程设计

（一）概念引入

由于概念形成需要学生经历一个从具体实例或操作实验中感知、归纳、概括概念本质属性的过程，因此，恰当的实例（与学生的认知水平和心理特征发展特点相符，与学生的生活或数学活动经验联系密切，具有针对性、合适的数量、实例展现具有趣味性等）是激发学生学习兴趣、主动参与课堂观察、操作、积极思

维的重要前提，也是数学教学顺利开展的基础。

引入的方式一般可以采用以下一些方式：

1. 开门见山

直接告知学生目标。如平行四边形判定定理的教学：上节课学习了平行四边形的定义，利用定义可以判断一个四边形是不是平行四边形，除此之外还有什么方法可以判定一个四边形是否为平行四边形呢？这就是本节课的学习内容。

再如直线与平面垂直的判定：

教师：如果我们要在地面上竖一根旗杆，那么，我们怎样才知道旗杆一定与地面垂直呢？

学生：旗杆与地面上的所有直线都垂直。

教师：你能一一验证吗？

学生：不能

教师：我们今天就来探索一种简便可行的方法来判断直线与平面垂直。

2. 直观导入

如异面直线的教学：先让学生观察一组异面直线和一组共面直线的不同，然后告诉学生这节课的学习对象，之后给出异面直线的定义，再通过一些正例、反例的判断题强化学生对概念的建构，达成对异面直线的理解。

再如补集的导入教学：同学们，我这儿有两份名单，一份是我们班全体同学的名单，另一份是昨天交数学作业同学的名单。我们引进两个集合：$S=\{x \mid x$ 是高一（1）班的学生$\}$，

$A=\{x \mid x$ 是高一（1）班昨天交数学作业的学生$\}$，有这两个集合可以生成一个新集合，这个新集合是什么呢？

学生：这个新集合就是高一（1）班昨天没交数学作业的学生。

教师：这个新集合如果用 B 表示，则 $B=$？它分别与集合 A、S 是什么关系？从而引出新课。

3. 从教学的需要导入

例如，在实数范围内，方程 $x^2+1=0$ 没有实数解．就引入一个新数 i，i 满足 $i^2=-1$，它和实数一起可以按照通常的四则运算法则进行运算，由此再引入复数的概念。

再例如，师：已知函数 $y=2^x$，请同学们填出表 9-2-1 中的空。

表 9-2-1

x			
y	16	1/4	$2\sqrt{2}$

4. 提问导入

以三视图的教学为例。教师从最简单的正方体入手，要求学生从正面、左面、上面看正方体，并画出看到的图形，大部分学生都画出了三个正方形；然后给出三棱锥的模型，同样要求学生从不同方向观察并画出图形，学生画了正面、左面观察到的三角形，而从上面看画出的图形就形态各异了。此时，教师采用了选择题的形式（图 9-2-3），对每个选择项进行分析并确定正确答案为（D），同时适当补充从不同方向看到的物体大致图形应是物体的轮廓线。再根据实际生活中建造房子时画图纸的实例，给出“视图”的概念及作用。然后老师又以选择提问的模式，让学生对圆锥、圆柱的“三视图”进行辨认，最后提出以下问题：

（1）一个几何体的“三视图”是否唯一确定？

（2）不同几何体的“视图”可能相同吗？

学生在学了新知识后能做出解答。这样，整堂课在教室的反复提问、比较中学生获得了新知识。

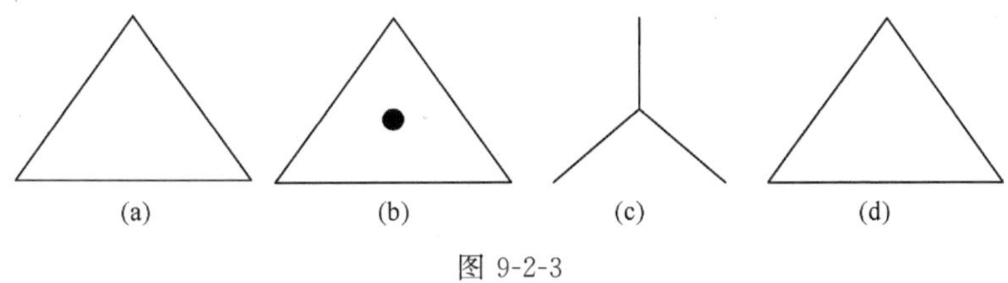

图 9-2-3

5. 复习导入

例如，复数的 n 次方根。

师：昨天我们学习了复数的乘方，下面我们来做一个练习。

（黑板书写）计算：$\left(-\frac{1}{2}+\frac{\sqrt{3}}{2}i\right)^3$　　$\left(-\frac{1}{2}-\frac{\sqrt{3}}{2}i\right)^3$

（学生练习，师巡视）

师：同学差不多都做好了，我请同学来说一下结果。

生 1：第一题的结果是 1；第二题的结果也是 1。

师：这个运算很简单，得到这个结果之后，我请同学们思考一个问题。

从这个结果中发现什么问题？

生 2：两个复数的 3 次方都是 1。

师：说明这两个数都是 1 的什么？

生 2：都是 1 的立方根。

师：那我们要思考，初中时我们知道 1 只有一个立方根 ——1，今天我们又发现了 2 个，至今我们共发现了 3 个 1 的立方根。我们很自然地想，第一个问题：我们已经发现了 3 个，还有没有第 4 个？第 5 个？第二个问题：这三个根是我们试出来的，那么如何将他们求出来？

要解决这两个问题首先需要解决如何求 1 的立方根。1 是一个特殊的数，我们今天来求一个更一般的数。（出板书：复数的 n 次方根）

6. 练习导入

例如，“用公元法解一元一次方程——求根公式”课前，教师给学生一张探索问题的预习清单：

（1）解一元一次方程你学会了哪几种方法？

（2）请你用适当的方法解下列一元一次方程：

$x^2+x-5=0$；

$2x^2+5x-3=0$；

$2x^2-3x-2=0$；

$ax^2+bx+c=0(a\neq 0，b^2-4ac\geqslant 0)$；

$x^2-6x+4=0$；

$2x^2-7x-4=0$；

$3x^2-6x-1=0$；

$x^2+x-1=0$。

（3）你对各种解法有何看法？在解题过程中你发现了什么？

上课一开始教师就说：谁来报告一下课前布置的 8 个方程的解法与答案？

生 1：第 1，5，7，8 题我用配方法解，第 2，3，6 题我用因式分解解法。（答案略）

师：你针对问题的特点，选择了合适的方法来解决问题。

生 2：我每道题都用配方来解，我认为配方法虽麻烦一些，但解法有规律，所有一元二次方程都可用配方法来解。

师：你能善用配方法，说明你对配方法很有感情！（学生大笑）

生 3：我做完第 4 题发现可把它的结果当做公式，解第 5，6，7，8 题的方法是代这个公式。

师：你的创新意识很强，你为我们提供了解一元二次方程的一种新方法！

生 4：……

师：大家课前的学习任务完成得非常好！善于观察、善于反思、善于创新，这是学好数学的秘诀。谁再来评论一下各种解法。

生 5：用因式分解法解一元二次方程虽简单、快捷，但它只能用于一些特殊的一元二次方程，但都可用配方法去解，这是配方法的优点。

师：你的分析很有哲理。

生 6：用配方法解还能得到一个公式，如果能用这个公式，就能简单化解一元二次方程的过程。

师：你说得很好！你不但说明了配方法的内在美，而且引出了一个“副产品”——公式，我认为这个“副产品”很有价值。

师：大家通过自主探索与合作交流已形成了许多共识，也肯定还有新的感想，谁能说说自己的感受，说错也没关系。

生 7：我觉得用配方法解一元二次方程有一定的程序，且所有一元二次方程都可用配方法去解，以后解一元二次方程可交给计算机去做。

师：你的思想非常开放，想法很好，这项工作就交给你们去研究，可以找电脑老师来帮你们研究，也可以到图书馆去找有关资料作参考。

生 8：我认为这个公式非常有用，所有一元二次方程都可通过公式求出它的根，因为只要对公式中的字母作适当限定即可。

师：你用的是一般到特殊的思想——对公式中的字母作适当的限定。

生 9：我觉得可编一个程序送到计算器里面去，可用计算器求一元二次方程的根，这样就更加方便了。

师：你的想法也很有创意。你可以去考察一下，计算器有没有这种功能，如果没有，你可以向开发商提出这个建议。

生 10：我发现做一件单调的工作应该去找窍门，寻求简单的方法。

师：对，反复做一件繁琐，单调的工作，就要找窍门，搞革新，寻求简单的方法（甚至交给机器去做），在数学中形成一种习惯，一种追求，这就是公式化思想。第 4 题的解就是我们要寻找和研究的公式，给它起个什么名字好？——求根公式（揭示课题）。

7. 实验导入

例如，摸到红球的可能性的教学，通过“一定摸到红球吗？”的实验，引出对确定事件、不可能事件、不确定事件的研究。

8. 类比导入

例如，进行分式基本性质的学习时，先复习分数的基本性质，然后通过类比导入分式基本性质的学习。二面角可类比平面角引入，平面与平面的位置关系可类比直线与直线的位置关系引入。

9. 悬念导入

例如，在学习代数式求值时，老师首先让同学们比较 a 和 $-a$ 的大小。大多数学生回答 a 大，因为 a 是正数，$-a$ 是负数。老师说请大家举个例子，当 $a=2$ 时，$a>-a$。老师说如果 $a=0$ 呢？0 与 -0 是什么关系？相等。即 $a=-a$。那 $a=-2$，则 $-a>a$。为什么 a 和 $-a$ 的关系有时大，有时相等，有时小呢？

在此悬念下开始代数式求值的教学。

10. 故事导入

例如，等比数列求和的引入，大家可能都听老师讲过过往奖励大臣的故事，大臣提出奖励的办法是要求过往在国际象棋的棋盘的每一个格中放米，国际象棋一共有 64 格。第一格放 1 粒米，第二格放 2 粒米，第三格放 4 粒米，以后每一格都是前一个的 2 倍。可是这貌似简单的要求被国王拒绝了。你分析一下这是为什么？把学生的注意力引导到学习内容上来。

再比如在上“用字母表示数”一课时，刘老师让学生一起看短文：

周末，妈妈早晨上班时，嘱咐读七年级的小明打扫一下家里的卫生，小明按妈妈的要求做完事后，坐在窗边想着他想买的玩具，可又愁没钱。忽然，他计上心来，在妈妈回家前在桌上留了一张纸条，然后躲在房里看妈妈的动静。

妈妈看见小明的纸条上是这样写的：“拖地：3 元；叠被：1 元；抹窗户：5 元；丢垃圾袋：1 元，共计 10 元。”妈妈看后，一言不发，提笔在纸条后加上几行字：“吃饭：x 元；穿衣：y 元；带去看病：z 元；关心：a 元……共计 b 元。”写完就到厨房做饭去了，小明溜出来一看，心生惭愧，赶紧收起了纸条。

师：妈妈写的 x，y，z，a，b 表示什么？小明为什么心生惭愧？如果你是小明。你会怎么做？

生 1：x，y，z，a，b 表示钱数。小明想到妈妈为自己所做的一切而心生惭愧。如果我是小明，我会帮妈妈做家务。

生 2：如果妈妈这样写，我会还给妈妈 b 元钱。

生 3：你哪里来的 b 元钱呢？

生 2：我会找爸爸要。

此时，教室里出现了一些对生 2 不满的声音。

师：妈妈是真的跟你算账吗？

生 3：妈妈又不是真跟你算账，如果是真跟你算账，妈妈的关心，妈妈的爱值多少钱？你还得起吗？

生 4：妈妈的付出不是能用数字计算的，妈妈这样写的时候，我认为 x，y，z，a，b 表示 0。

生 5：我认为 x，y，z，a，b 表示很大很大的数，因为妈妈给予我的太多太多。

生 6：如果我是小明，我从现在起就刻苦学习，长大了用 $2x$，$2y$，$2z$，$2a$，$2b$……的代价报答妈妈。

生 7：我认为 x，y，z，a，b……我长大了要以 nx，ny，nz，na，nb（n 是一个很大的数）多的爱回报妈妈以及所有爱我和关心我的人（这位同学活学活用，他把字母表示数巧妙地用在了他的语言中，让其他同学羡慕不已）。

此时生 2 深受感动，也举起手要发言，他说："我要向妈妈道歉，但是我不好意思当面跟她说，我把道歉写在纸上让妈妈看，并且还要多帮妈妈做家务。"

师：大家归纳一下，短文中的字母表示什么？

教师与学生一起归纳，并指明用字母表示数是一种重要的数学方法。

（此案例取材于伊红，钟旭天，陈士军．初中数学教学案例专题研究．杭州：浙江大学出版社．2005）

11. 游戏导入

全体同学参与做数学活动"猜你想的数"的游戏。

规则：你任想一个数（不为 0），将这个数加上本身，结果再乘以本身，结果再减去本身，结果再除以本身，告诉老师你算出的结果，老师能马上猜出你想的数是什么？

①让全班每一个学生各自任想一个数，按规则正确算出结果，分别抽男女 5 名，检验其猜想的数，激发起学生探究数学"神秘"之处的兴趣。

②活动揭"谜"，让学生体会用字母表示数的优越性。假设你想的数为 x，那么有［（x＋x）x－x］/x＝$2x$－1＝"最后的结果"，从而 x＝【"最后的结果"＋1】/2＝你想的数。所以老师只要把你算出的结果加上 1，再除以 2 的商就是你想的数。

我们一起欣赏江苏省黄安成老师在《"向量的概念"的教学如何出新》一文中给出的导入设计：

教师：警察以每秒 7 米的速度去抓以每秒 6 米速度奔跑的小偷，能抓住小偷吗？

学生：不一定，要看警察奔跑的方向，若与小偷奔跑的方向相同，肯定能抓住；若方向不同，他肯定抓不住小偷（动画演示几种不同的情况激起学生浓厚的兴趣）

教师：我相信，如果你是警察，你们绝不会干出后几幅画面呈现的因为方向不同跑得越快离小偷越远的事。

教师又说：可见现实中存在既有大小又有方向的量，请大家举出类似的量。

学生：太多了。

教师：这样的量在物理中被称为什么量？

学生：矢量。

教师："矢"者"箭"也！可此一时彼一时，在数学中则被称为"向量"，非常传神的命名。

③请同学们验算你想的数：将你想的数代入替 $2x$－1 中的 x，计算出结果。

引出课题：代数式的值。

(二) 概念的获得

对于概念形成的学习方式，在概念引入后，应该经历通过实例分析、发现、概括概念的共同属性和本质属性，在这个过程中最为重要的是做好概念产生过程的设计，让学生有机会感悟概念的本质特征。

对于概念同化的学习方式，主要是将新旧概念建立联系，通过辨识明确概念的定义。在这个过程中最为重要的是做好揭示新旧概念之间的联系与区别，让学生实现对新旧概念本质的理解。

比如：函数概念的教学，教师遵循人们认识事物的规律，从感性到理性，从具体到抽象。采取实例引入，然后通过对实例的比较，进行概括，得出函数概念。具体过程如下：

案例 1： 函数概念（初中）

师：设火车以 80 千米/小时的速度行驶，行驶里程 s（千米）和行驶时间 t（小时）有怎样的关系？

生：$s=80t$。

师：请指出这个表达式中的变量。

生：s 和 t。

师：这两个变量又有怎样的关系？

生：给一个 t 就能算出相应的 s。

师：请大家看本市某一天的气温图（图略），你能发现哪些量是变量？

生：时间和温度。

师：对，你能从图中知道 14 点和 20 点的温度吗？

生：可以，14 点的温度是 * *，20 点的温度是 * *。

师：很好，也就是说，根据这张气温变化图，我们可以知道一天中任何时刻的温度。

师：再来看一个商店 3 月份的库存量表，你能知道其中的变量吗？（此表是 2 列 31 行的表格）

生：能，一个是时间，一个是库存量。

师：从表上很直观的可以看到时间在变，也能看到库存量在变，而且，每一天都对应着唯一的一个库存量。

回顾以上 3 例，虽然，它们一个是行程问题，一个是气温问题，一个是库存量问题，但有没有相同的地方？比如说的都是一个变化的过程，还有吗？

由此概括出在变化过程中有两个变量及两个变量间的对应关系，引出函数的概念。

案例 2：高中函数概念的教学

师：在初中我们学习过函数的概念，它是如何定义的？在初中学过哪些函数？（在学生回答的基础上出示投影）

我们已经学习了一些具体的函数，那么为什么还要学习函数呢？现请同学们思考下面的两个问题：由上面的定义你能判断“$y=1$”是否表示一个函数？函数 $y=x$ 与函数 $y=\frac{x^2}{x}$ 表示同一函数吗？

学生思考、讨论后，教师点拨：仅用上述函数概念很难回答这些问题，我们需要从新的角度认识函数，这就是我们今天要学习的课题 —— 函数的概念。（板书）

师：演示动画，用几何画板动态地显示炮弹高度 s 与 炮弹发射时间 t 之间的对于关系，启发学生观察、思考、讨论，尝试用集合与对应的语言描述变量之间的关系：在 t 的变化范围内，任给一个 t，按照给定的解析式，都有唯一的一个 s 与之对应。

生：用计算器计算，如何用几何与对应的语言描述变量之间的依赖关系。

师：引导学生看图，并启发在 t 的变化范围内，任给一个 t，按照给定的图象，都有唯一的一个臭氧空洞面积 S 与之相对应。

生：动手测量，然后，用集合与对应的语言描述变量之间的依赖关系。

师生共同读表，然后，用集合与对应的语言描述变量之间的依赖关系。

师：分析以上三例，他们有什么共同点？

生：分组讨论，然后归纳出函数定义，并全班交流。

师生：由学生概括，教师补充，引导学生归纳出三个实例中变量之间的关系均可描述为对于数集 A 中的每一个 x，按照某种对应关系 f，在数集 B 中都有唯一确定的 y 与之对应，记作 $f: A \rightarrow B$。

师：函数能否看做两个集合之间的一种对应呢？如果能，怎样给函数重新下一个定义呢？给出函数定义。

（此案例取材于皮连生．数学学习与教学设计．上海：上海教育出版社．2004）

案例 3：一定摸到白球吗

师：准备了一个盒子，黄、白乒乓球若干。教师当着全班学生的面把所有的白球放入盒子，问从盒子中任意摸出一球，必然是白球吗？

师：有些事情我们事先能肯定它一定发生，这些事情成为必然事件。例如，室外温度低于－10℃，将一碗自来水放在室外会结冰。

师：问从盒子里任意摸出一球，有可能是黄球吗？

生：不会。

师：有些事情我们事先能肯定它一定不会发生，这些事情成为不可能事件。

例如，命题太阳从西边升起。

师：当着全班学生的面将黄球倒入盒子，问现在从盒子里任意摸出一球，一定是白球吗？

生：不一定。

师：请同学上来摸摸看。

师：有许多的事情我们事先无法肯定它会不会发生，这些事情成为不确定事件。例如，朝上掷硬币，出现国徽朝上。

师：请大家完成练习，下列事件中，哪些是确定的？哪些是不确定的？说明理由。

①掷一枚均匀的骰子，骰子停止转动后 6 点朝上。

②打开电视机，正在播广告。

③广州市每年都会下雨。

④任意花 2 元买一张彩票中 500 万。

⑤黑暗中我从我的一串钥匙中摸到一把打开了家门。

⑥任意买一张电影票，座位号是偶数。

另外，小组内举出生活中的确定事件和不确定事件各 2 件，进行全班交流。

案例 4：函数单调性

师：展示给学生几个典型熟悉的函数图象，$y=-2x-1$，$y=x^2+1$，$y=x^2$，$y=\frac{1}{x}$。

让学生观察函数图象的升降变化规律，并分组讨论为什么会出现这样的变化结果，受到哪些因素的影响？

借助“几何画板”演示学生回答的情况和上述函数的轨迹变化趋势。

师：初中我们学习的函数定义是什么样的？学生会回答出函数概念的变量说，引导其概括为两种情况：y 随 x 的增大而增大或者 y 随 x 的增大而减小。

师：对于刚才得到的描述性结论，如果将它用数学语言刻画，给出函数单调性的完整概念。一般地，设函数 $y=f(x)$ 的定义域为 A，区间 $\mathrm{I}\subseteq A$。如果对于区间 I 内的任意两个值 x_1，x_2，当 $x_1<x_2$ 时，有 $f(x_1)>f(x_2)$，那么就说 $y=f(x)$ 在区间 I 上是单调减函数，I 称为 $y=f(x)$ 的单调减区间。如果对于区间 I 内的任意两个值 x_1，x_2，当 $x_1<x_2$ 时，有 $f(x_1)<f(x_2)$，那么就说 $y=f(x)$ 在区间 I 上是单调增函数，I 称为 $y=f(x)$ 的单调增区间。

师：引导学生共同分析 $y=-2x-1$，$y=x^3$ 的图象，在定义域内找两个自变量 x_1，x_2，比较 x_1，x_2 所对应的函数值 $f(x_1)$，$f(x_2)$ 的大小关系与 x_1，x_2 的大小关系之间满足什么规律。学生对照函数单调性的概念，可以得出在函数 $y=-2x-1$ 的定义域内，当 $x_1<x_2$ 时，有 $f(x_1)>f(x_2)$。在函数 $y=x^3$ 的定义域内，当 $x_1<x_2$ 时，有 $f(x_1)<f(x_2)$。学生会得出 $y=-2x-1$ 是减函

数，$y=x^3$ 是增函数。

师：这里的 x_1，x_2 是否为特定的值，强化 x_1，x_2 所具有的任意性的特点。

师：请分析 $y=x^2+1$ 与 $y=\frac{1}{x}$ 的图象，判断 $y=x^2+1$ 与 $y=\frac{1}{x}$ 的单调性并找出它们的单调区间。

生：单调区间$(-\infty，+\infty)$。

师：让学生在定义域内比较 x_1，x_2 所对应的函数值 $f(x_1)$，$f(x_2)$ 的大小关系与 x_1，x_2 的大小关系之间满足什么规律。学生经过计算、比较能够得出：在函数 $y=x^2+1$ 的定义域内，当 $x_1<x_2$ 时，有 $f(x_1)>f(x_2)$，$f(x_1)<f(x_2)$，$f(x_1)=f(x_2)$ 三种情况都可能出现。

师：让学生用类似的办法讨论函数 $y=\frac{1}{x}$。

师：引导学生思考原因，为什么得出的结论和前两个得出的不一样呢？学生经过进一步观察与思考后发现在定义域内任取 x_1，x_2 应该改成在某个区间内任取 x_1，x_2。

最后，得到的准确结论是：函数 $y=x^3$ 在整个定义域内是增函数；函数$y=-2x-1$ 在整个定义域内是减函数；对于后两个函数的单调性必须指明在定义域的哪一段即哪个区间是增函数或减函数。

（此案例取自于何小亚，姚静．中学数学教学设计．北京：科学出版社．2009）

（三）概念的运用

概念的运用主要指在学生理解数学概念的基础上，运用它去解决事物，使学生能够达到对概念的准确理解。概念的理解主要指：一是清楚该知识是什么；二是清楚该知识的合理性；三是清楚概念的本质；四是清楚该知识“去向何方”。

案例 1：初中函数

教师讲解例题：①圆面积 $S=\pi r^2$，试判断 S 和 r 之间是不是函数关系？如果是函数关系，请指出其中的自变量和函数。

②用总长为 60m 的篱笆围成矩形场地，求矩形的面积 S 与一边长 a 之间的关系式，并指出式中的常量与变量，自变量和函数。

学生练习：写出下列函数关系式，并指出式中的自变量和函数。

① 每个学生买一本代数课本，书的单价是 2 元，求总金额 Y 与学生数 n 的关系。

② 计划买 50 元的乒乓球，请写出乒乓球总数 n 与单价 a 的关系。

案例 2：高中函数概念

师：$y=f(x)$ 一定是函数的解析式吗？

师生：$y=f(x)$ 不一定能用函数解析式表示，函数的解析式、图象、表格都是表示函数的方法。

师：$f(x)=x(x\in R)$ 与 $g(x)=x(x\in R)$ 是不是同一函数？函数 $f(x)=x$，$(x\in R)$ 与 $g(x)=x(x>0)$ 是否为同一函数？$f(x)=x(x\in R)$ 与 $g(x)=2x(x\in R)$ 是否为同一函数？

学生讨论后阐述观点。

师：从上面的讨论，可总结为对应法则相同，但定义域的函数是不同的两个函数；对应法则不同的函数一定是不同的两个函数。

所以，函数的核心是对应法则，通常用记号 f 表示。在不同的函数中 f 的含义不一样。

函数记号 $y=f(x)$ 表示，对于定义域 A 中的任意一个 x 在对应法则“f”下，即在 B 中可得唯一的一个 y。

当 x 取定义域中的一个确定值 a 时，对于的函数值即为 $f(a)$，集合 B 中并非所有的元素在定义域 A 中都有元素与它对应，值域 $C\subseteq B$。

师：用“几何画板”演示下列函数的图象，根据你自己的观察，完成表 9-2-2。

表 9-2-2

函数	一次函数	反比例函数	二次函数	
			$a>0$	$a<0$
对应关系				
定义域				
值域				

学生完成后，进行归纳，函数的定义域、值域、对应法则，其中两个元素确定第三个随之确定。

案例 3：函数单调性

师：判断下列函数的单调性。

①$y=5x+3$，$x\in(-\infty, +\infty)$　②$y=\dfrac{1}{x+1}$，$x\in[-1, +\infty)$　③$y=c$（c 为常数），$x\in\mathbf{R}$。

学生完成后，进行第二项练习：判断函数 $y=\sqrt{x}$ 的单调性并加以证明。

通过此练习使函数单调性的概念和之前的函数概念形成一个整体结构。

关于概念教学，涂荣豹老师认为数学概念的形成是一个数学化的过程。即通过对常识性材料进行细致的观察、思考，借助分析、比较、综合、抽象、概括等思维活动，对常识材料进行去粗取精、去伪存真的精加工，从中舍弃材料的现实意义，仅仅保留其数量上或是空间上的形式结构方面的信息，有“朴素的直观”

构建“精致的直观”。概念是学习数学化很好的素材，通过体验概念的数学化过程能更好地把握概念的本质的和非本质的特征，建构良好的知识结构。

三、数学化

数学化是荷兰数学教育家弗莱登塔尔提出的数学教学的基本原则之一。其含义是数学地组织现实世界的过程，笼统地说，人们在观察现实世界时，运用数学方法研究各种具体现象，并加以整理组织，对这一过程，称之为“数学化”。他强调数学化的对象分为两大类：一类是现实客观事物，另一类是数学本身。对客观世界进行数学化的结果是数学概念、运算法则、规律和定理、为解决具体问题而构造的数学模型等；对数学本身进行的数学化，既可以是某些数学知识的深化，亦可以是对已有的数学知识进行分类、整理、综合、构造，以形成不同层次的公理体系和形式体系，使数学知识体系更系统、更完善。所以，他认为任何数学都是数学化的结果，不存在没有数学化的数学，不存在没有公理化的公理，也不存在没有形式化的形式。按照他的观点，与其让学生学数学，不如让学生学习数学化。

数学化固然重要，但更重要的是帮助学生寻找形式概念的实际意义，让数学回到其原始的生长点，让学生的学习使数学产生意义，即经历一个重新寻找意义的过程。

这两个过程在图 9-2-4 中的教学思路中可以清晰地看到。

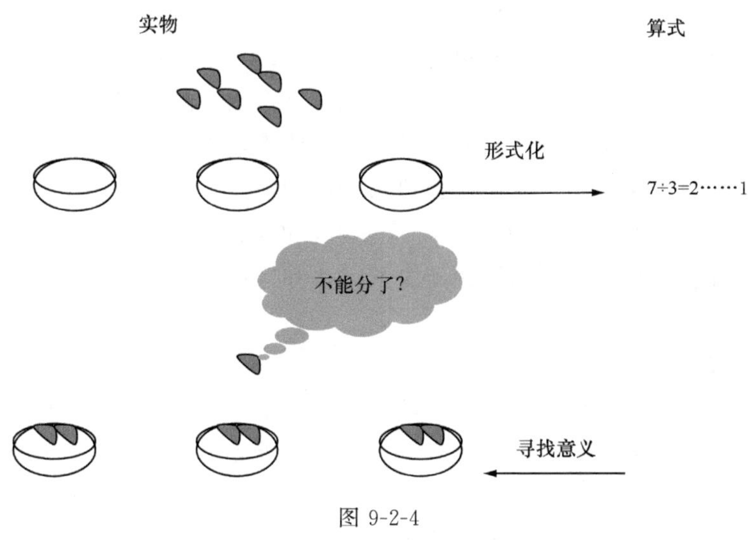

图 9-2-4

第三节　数学命题的教学过程设计

在数学学习中除了概念学习，还要学习什么？

我们还需要学习在概念基础上形成的，揭示概念之间关系的规则。比如，三角形的内角和为180°揭示的就是三角形与内角和之间的关系；勾股定理揭示的就是直角三角形的三条边之间的关系。中学数学中的定理、公式、运算法则等都属于规则。规则是运用概念之间的关系对外办事的能力（加涅语）。看一个人是否掌握了规则，是看他能否通过实际行动“演示”规则，演示若干概念间的关系。

我们还要学习数学命题，命题就是表达判断的句子。在一个演绎系统中，不需要证明而把它们作为判断其他命题的真假的初始命题成为公理。从公理开始或从其他真命题出发用逻辑推理的方法推导出来，并可做进一步判断其他命题真假依据的真命题成为定理。数学中的公式也可以作为命题的一种。数学命题的学习主要指学习数学公理、定理、法则、公式，其目的是为了掌握这些数学命题，并能应用数学命题解决实际问题，或为进一步学习其他数学命题做必要的准备。

我们还要学习数学原理。数学中的原理主要包括：公式、法则、定理和性质。原理学习实际上是学习一些概念之间的关系，其实质是习得产生式，即主体在特定的情境中，根据各种关系作出的相应反应，以“若……，则……”的形式作出反应。比如，一旦识别是直角三角形，就做出反应：斜边的平方等于两条直角边的平方之和。

综上所述，不论称为原则还是命题亦或是原理，其内涵都一样，因为命题对我们更熟悉，本书中称为数学命题的学习。

命题学习的目的是运用命题解决问题，所以，让学生在运用命题中学会使用命题，就如在游泳中学会游泳一样，显然练习是很重要的。但一定是在先发现命题，让数学命题成为学习者自己的一种发现，使学生不仅知道其然，还知道其所以然，形成学习成功的体验，进而去追求命题的使用。

数学命题的教学过程可以按照：通过丰富的感知例证→提出假设→验证假设、进行推理和概括→提炼出问题解决的方法和运用的方法。

案例1：平方差公式

教学过程

课前准备：为每位学生准备一张较大的正方形（边长约为15厘米）；教师准备两张正方形（一大一小）纸板做教具；教师另外再准备三块矩形纸板。

一、导入新课

教师先发给每个学生一张大正方形（边长约为15厘米），并把预先准备的大正方形纸板贴在黑板上。

师：在一块长85厘米的正方形纸板上，因为工作需要，中间挖去一块长15厘米的正方形，如图9-3-1，请问剩下的白色部分的面积有多少平方厘米？

师：请大家回忆一下，计算多边形的面积可以有哪些方法？可以让学生互相讨论，可能得出如下两种方法：①可以用大正方形面积减去小正方形面积得到；②可以把剩下的白色部分切割成几个矩形来计算。

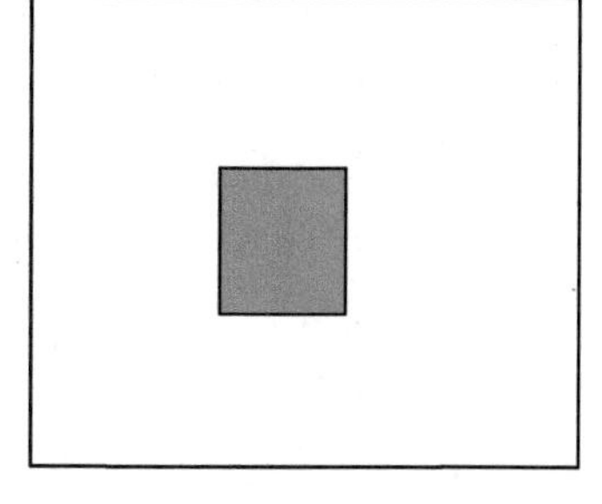

图 9-3-1

师：从今天的题目来看，用哪一种方法比较好？并能列出计算答案的式子并求出其答案。

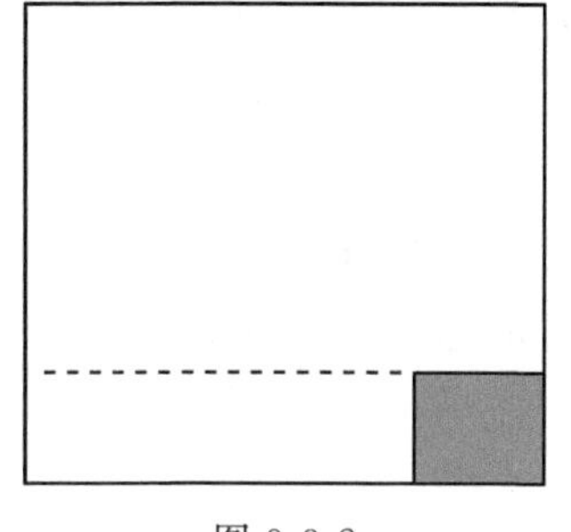

图 9-3-2

二、展开

师：对于要计算 (85^2-15^2) 的答案，通常是先求出 85^2，再计算 15^2，然后将两者相减，现在让我们想想有没有更简单的办法。（老师需在黑板上演示，不管小正方形在大正方形内的任何位置，我们都能以 (85^2-15^2) 来计算剩下的白色部分面积）

师：为了容易理解，我现在把小正方形放在大正方形的角落如图 9-3-2。同时也要求学生在他们手上的正方形的角落上画出一个边长小的正方形（可规定边长为 3 厘米）。

师：刚才我们说过计算面积的方法不止一个，现在我们试着用分割的办法来计算面积，在你们的纸上跟我画一样的一条虚线。如图 9-3-3，然后把刚才画的小正方形撕去，再沿虚线把小正方形撕下来，并把小正方形拼到大正方形的一边，刚好用变成一个新的正方形如图 9-3-4。

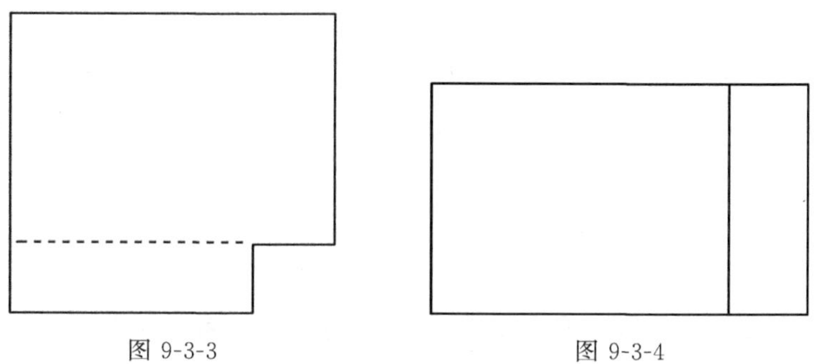

图 9-3-3　　　　图 9-3-4

师：若按照我们刚开始的题目要求，假设大正方形的边长是 85 厘米，小正方形的边长 15 厘米，则新的长方形的面积是多少呢？

可以让学生列式计算，大长方形的长是（85＋15）厘米，宽是（85－15）厘米，所以，新长方形的面积＝ $(85+15)(85-15)=100\times70=7000$（平方厘米）。

师：对这个题目，我们用了两种方法计算，算出的结果一样，那么，这两个算式之间是什么关系呢？学生讨论后教师板书：

$85^2-15^2=(85+15)(85-15)$

师：如果今天的题目换成在一块长为 a 厘米的正方形纸板上，因为工作需要，中间挖去长为 b 厘米的正方形，请问剩下的面积是多少平方厘米？

可以用几个式子表示？它们有怎样的关系？

$a^2-b^2=(a+b)(a-b)$

师：今天我们除了要找一个比较方便运算的方法来求面积之外，更重要的是我们从图形中了解到这个性质 $(a+b)(a-b)=a^2-b^2$。上一节课我们学过多项式的乘法，你能利用计算多项式的方法计算出 $(a+b)(a-b)$ 的答案吗？（找同学在黑板上板演，最后教师总结）

师：这个答案和我们计算面积的答案是一样的。因为我们今后还会遇到很多类似的问题，为了节约计算时间，我们就把这个性质当做公式来使用，并把它称为平方差公式。

三、练习

(1) 计算：$(20+5)(20-5)=$

(2) 计算：$(3m+2n)(3m-2n)=$

(3) 运用平方差计算：$(\frac{x}{2}-5y)(\frac{x}{2}+5y)=$

(4) 运用平方差公式计算：$(-4a-1)(-4a+1)$（在讲解过程中必须让学生理解平方差公式中的 a、b 可以代表一个数、一个单项式或一个多项式）

(5) 运用平方差公式计算：

①$(m+n)(m-n)$；②$(a+3b)(a-3b)$；

③$(1-\frac{y}{3})(1+\frac{y}{3})$；④$(3+2a)(3-2a)$

（此案例取材于皮连生．数学学习与教学设计．上海：上海教育出版社．2004）

案例 2：递比数列的前 n 项和（第 1 课时）

一、故事导入

高斯是维度的数学家、天文学家，高斯 10 岁时，有一次教师出了一道题目：

$1+2+3+4+\cdots+100=?$

过了两分钟，正当大家在 $1+2=3$，$3+3=6$，$6+4=10$，…算的不亦乐乎时，高斯站起来回答说：

$1+2+3+4+\cdots+100=5050$

教师问：“你是如何算出答案的？”高斯说：“因为配对求和”。

$1+100=101$

$2+99=101$

……

50＋51＝101

50×101＝5050

（1）这个故事告诉我们：作为数学王子的高斯从小就善于观察、敢于思考，所以，他能从一些简单的事物中发现和寻找出某些规律性的东西。

（2）这个故事告诉我们，求等差数列的一种方法“配对思想”。

我们接着高斯的思路求下列类似的问题：9＋12＋15＋…＋2007＝?

这时我们发现配对思想求和时，还需要考虑和找准中间数1005，这不是一件容易的事，有没有更简单的办法呢？考虑到9＋2007＝2016，12＋2004＝2016，…。将配对竖写，由此，

9	＋	12	＋	15	＋	…	＋	2007	＝	S
2007	＋	2004	＋	2001	＋	…	＋	9	＝	S

竖直方向每个方框内两数的和均相等，而横直方向的各数的总和相同，等号左边的数清楚了，右边的数就可以求了，这就是下面我们要介绍的“倒序相加”方法。

二、讲授新课

1. 等差数列的前 n 项和公式1：$S_n=\dfrac{n(a_1+a_2)}{2}$

证明：$S_n=a_1+a_2+a_3+\cdots+a_{n-1}+a_n$ ①

$S_n=a_n+a_{n-1}+a_{n-2}+\cdots+a_2+a_1$ ②

①＋②：$2S_n=(a_1+a_n)+(a_2+a_{n-1})+(a_3+a_{n-2})+\cdots+(a_n+a_1)$

因为 $a_1+a_n=a_2+a_{n-1}=a_3+a_{n-2}=\cdots$

所以 $2S_n=n(a_1+a_n)$

由此得 $S_n=\dfrac{n(a_1+a_2)}{2}$

从而可以验证高斯10岁时计算上述问题的正确性。

2. 等差数列前 n 项公式2：$S_n=na_1+\dfrac{n(n-1)}{2}d$

用公式1求 S_n 必须具备三个条件：n，a_1，a_2

但 $a_n=a_1+(n-1)d$ 代入公式1即得 $S_n=na_1+\dfrac{n(n-1)}{2}d$

此公式要求 S_n 必须已知三个条件：n，a_1，d（有时比较有用）

范例讲解课本P43，44的例1～例3。

由例3得关系，由 S_n 的定义可知，当 $n=1$ 时，$S_1=a_1$，当 $n\geqslant 2$ 时，

$a_n=S_n-S_{n-1}$ 即 $a_n=\begin{cases}S_1, & n=1\\ S_n-S_{n-1}, & n\geqslant 2\end{cases}$

三、课堂练习

案例 3：两角差的余弦公式

一、导入

我们在初中时就知道 $\cos 45^\circ = \frac{\sqrt{2}}{2}$，$\cos 30^\circ = \frac{\sqrt{3}}{2}$，由此能否得到 $\cos 15^\circ = \cos(45^\circ - 30^\circ) = ?$ 大家可以猜想，是不是等于 $\cos 45^\circ - \cos 30^\circ$ 呢？

根据第 1 章所学的知识可知我们的猜想是错误的！下面就一起探讨两角差的余弦公式 $\cos(\alpha - \beta) = ?$

二、探讨过程

在第 1 章三角函数的学习当中知道，在设角 α 的终边与单位圆的交点为 P_1，$\cos\alpha$ 等于角 α 与单位圆交点的横坐标，也可以用角 α 的余弦线来表示，大家思考：怎样构造角 β 和角（$\alpha - \beta$）？（注意：要与它们的正弦线、余弦线联系起来）

展示多媒体课件，通过正、余弦线即它们之间的几何关系探索 $\cos(\alpha - \beta)$ 与 $\cos\alpha$，$\cos\beta$，$\sin\alpha$，$\sin\beta$ 之间的关系，由此得出 $\cos(\alpha - \beta) = \cos\alpha\cos\beta + \sin\alpha\sin\beta$，认识两角差余弦公式的结构。

思考：我们在第 2 章学习用向量的知识解决相关的几何问题，两角差余弦公式我们能否用向量的知识来证明？提示：结合图形，明确应该选择哪几个向量，它们是怎样表示的？怎样利用向量的数量积的概念的计算公式得到探索结果？比较用几何知识和向量知识解决问题的不同之处，体会向量方法的专业与便利之处。

思考：$\cos(\alpha + \beta) = ?$ $\cos(\alpha + \beta) = \cos[\alpha - (-\beta)]$，再利用两角差的余弦公式得出

$$\cos(\alpha + \beta) = \cos\alpha\cos\beta - \sin\alpha\sin\beta$$

三、例题讲解

例 1　利用和、差角余弦公式求 $\cos 75^\circ$，$\cos 15^\circ$ 的值。

例 2　已知 $\sin\alpha = \frac{4}{5}$，$\alpha \in \left(\frac{\pi}{2}, \pi\right)$，$\cos\beta = -\frac{5}{13}$　β 是第三象限角，求 $\cos(\alpha - \beta)$ 的值。

（案例 2、3 均取材于何小亚．中学数学教学设计．北京：科学出版社．2008）

案例 4：等腰三角形的判定

一、复习导入

师：等腰三角形的定义及等腰三角形的性质是什么？

生：回答后教师予以肯定并强调。

师：看图 9-3-5，将等腰三角形的性质定理的条件与结论分别用式子表示出来。

在 $\triangle ABC$ 中，$\because AB=AC$，$\therefore \angle B=\angle C$。

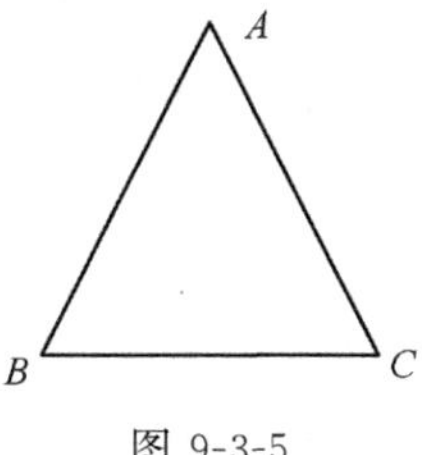

图 9-3-5

二、操作讨论发现

师：出示任意的三个角都不相等的三角形纸片，请同学们不用任何辅助工具直接验证所给的三角形的三个角都不等。

学生：动手操作。

生 1：根据等边对等角的结论，可以从对折结果进行验证。

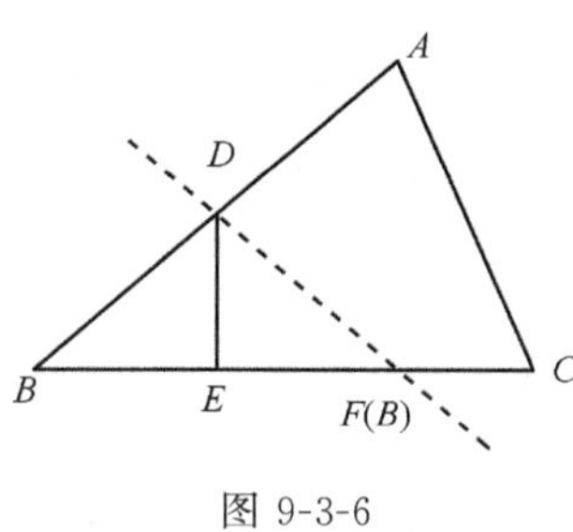

图 9-3-6

师：很好。在刚才的操作中，我们是否可以得出这样的结论：在一个三角形中，如果三个角互不相等，则对应的三条边也不相等？

生：是的，不信可以用尺子量。

师：在一个三角形中，如果有两个角相等，那么它们对应的边之间有怎样的关系？老师用剪刀只剪一刀得到一个含有两个相等角的三角形，如图9-3-6。

在$\triangle BDF$ 中，学生用刻度尺量 DB、DF 的长度，观察它们是否相等？让学生仿照上法得出一个有与$\angle A$ 相等的角的三角形；得出一个有与$\angle C$ 相等的角的三角形，观察它们所对的边。获得猜测：如果有两个角相等，那么它们所对的边也相等。

师：引导学生说理，告知这就是等腰三角形的判定定理，简写形式为等角对等边。

在定理的条件中，若去掉“在一个三角形中”，这个结论还成立吗？

生：思考交流。

师：教师在学生回答的基础上，演示图 9 3 7，从而明晰定理成立的条件。

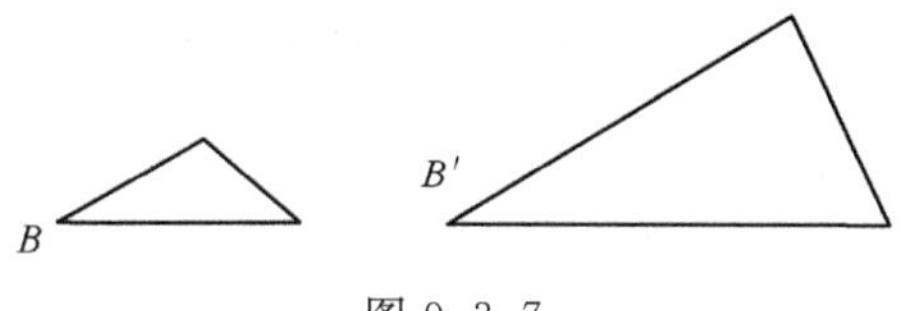

图 9-3-7

三、运用定理

例 1　$\triangle ABC$ 中，$\angle A=40°$，$\angle B=70°$（1）求 $\angle C$ 等于多少度？（2）$\triangle ABC$是什么三角形？为什么？

例 2　在 $\triangle ABC$ 中，已知点 E 在 BA 的延长线上，并且$\angle EAD=\angle DAC$，$BC/\!/AD$，问：$\triangle ABC$ 是什么三角形？为什么？

例 3　已知$\triangle ABC$ 为等腰三角形，$AB=AC$，E 在 BA 的延长线上，AD 平

分$\angle EAC$，且$BC\parallel AD$，问$\angle EAD$和$\angle DAC$有什么关系？为什么？

（此案例取材于奚定华．数学教学设计．上海：华东师范大学出版社．2000）

第四节　数学习题和小结的教学过程设计

一、数学习题的设计

数学习题是教师根据教学内容、目的和能力要求，有计划、有目的、有侧重地组织学生而教学的训练活动，它穿插于教学过程中，对知识的形成、巩固、运用及把知识转化为能力有着重要的作用，主要包括例题和练习。要对例题设计好，要注意以下方面。

1. 明确例题的作用

（1）引入新知识。比如对数的引入：

教师：我们先来看这样一个问题，假设 2014 年我国的国民生产总值为 a 亿元，如果每年平均增长 7%，那么，经过 5 年后，国民生产总值是多少？经过多少年国民生产总值是 2014 年的 2 倍？

容易得到 5 年后的总产值是 $a(1+7\%)^5$。

设经过 x 年后国民生产总值是 2014 年的 2 倍，则有

$a(1+7\%)^x=2a$ 即 $(1+7\%)^x=2$

那么，$x=$？这就是本节课要研究的问题。

（2）解题示范。通过解题示范给学生一个书写的范式，便于学生模仿，通过例题让学生学会分析、数学表达、领会数学方法、体会一些重要的数学思想的运用。

（3）加深概念、命题的理解，为形成一些基本数学技能和积累一些数学活动经验都是极有意义的。

2. 掌握例题设计的一些方法

并非课本上的例题都适合你自己的教学，另外，课堂例题的数量有限，如何设计出与学生学情相符的例题和避免同质例题给教学带来的低效，这都需要掌握一些自编或改变例题的方法。比如：类比法。对原题的条件和结论进行改编得到与原题类似机构的新题。如将等差数列换成等比数列，将等腰三角形换成直角三角形，将直角梯形换成等腰梯形。特殊化或一般化法。将原题的一般结论赋以特值，或将题目的特殊结论加以推广。变式法。变式是指从不同的角度、不同的方面和不同的方式变换题目的呈现形式。例如，3 的绝对值是（　），改为（　）的绝对值是 3。

3. 对于练习一样需要明确其作用

(1) 进一步加深对新知识、新技能的理解和掌握。

(2) 提升学生发现问题和解决问题的能力。

(3) 为后续学习打基础。

(4) 为学生新知识的学习提供反馈（结果的反馈或基础的反馈）。

按照练习所要达成的目的课程分为如下几种类型：

(1) 准备性练习。既为新课的学习做铺垫，又提供新知的生长点。

(2) 理解性练习。为新知识的理解而设计的一些辨析性练习。

(3) 巩固性练习。为巩固新知识和技能的一些练习。

(4) 运用性练习。运用所学解决有关问题的练习。

(5) 形成性练习。用于检验教学效果的练习。

(6) 综合性练习。为提高学生综合运用知识的能力而设计的一些综合若干个知识点的练习题。

通常，根据不同的用途设计不同的练习，不同的练习采用的方式也不相同。形式上可以是口头回答，也可以是书面形式的。练习题目的类型也是多样的，如填空、判断、选择、解答等。

除了上面要注意把握练习的类型之外，还应关注练习的数量和质量。

二、数学课堂小结的设计

为了使学生课堂收获的更明了，在课堂结束之前，需要带领学生对课堂所学内容进行回顾，这个过程一般包括：回想本节课的收获，这些收获是怎样得到的，这些收获之间有什么联系，这些收获可以让我们能做哪些事。帮助学生对知识技能的产生及其应用有一个曲面的认识。这个环节，一方面达成对所学知识、技能的梳理，另一方面也是帮助学生在潜移默化中养成回头看的习惯。

但是要注意，由于不同年级的学生的认知能力的发展水平不同，所以，虽然让学生自己来总结自己的收获是体现了学生在教学活动中的主体地位，但要针对学生的情况进行调整，由教师概括结束向学生参与总结过渡。

(一) 教师概括结束的方法

在授课结束时，由教师以简明扼要的言语概括教学内容、揭示知识之间的联系、新知的运用，便于学生更好形成新知识结构。主要的方法如下：

(1) 直接概括本节课的主要学习内容，重点，规律性的内容。例如，一元一次方程的应用一节的内容的小结可以是：这节课我们学习运用一元一次方程解决某问题，对某问题的解决关键是要分析出实际问题中的等量关系，列出方程。而找出等量关系离不开大家认真地审题，所以，要想解决这类问题需要注意：审、找、设、列、解这几个环节。

（2）留有悬念的结束。例如，在三角形认识一节的学习：今天我们一起认识了三角形，知道了……，三角形除了按照角可以进行分类以外，还可以怎样分类呢？下节课我们再来学习。

（3）情感升华式的结束。例如，学生在学完“年、月、日”这节课时，教师在讲本节课的知识梳理完后，说：同学们，这一节课我们学了这么多知识，真了不起！老师想起一个古老的谜语：“最长又最短，最少又最多，最慢又最快，最快又最慢，最便宜又最贵的是什么？在学生回答之后，老师说，既然时间这样宝贵，那我们应该怎样对待时间呢？在学生兴奋的回答声中老师宣布下课。

（二）学生参与式结束的方法

学生参与式的结束是一种体现学生课堂主体地位的课堂结束方式。学生参与式结束方式一般有两种：

1. 教师提问式结束

（1）教师提问：今天这节课，请大家思考一下，你都学到了什么？

（2）先找一个学生回答，之后请其他学生补充，等多个学生回答之后，再引导学生归纳所学。以图形的平移为例，可以设计这样的小结：进行了哪些操作？学到了什么？有什么体会？还有哪些困惑？

2. 教师释疑式结束

（1）教师提问：请就今天所学提出你有疑问的地方。

（2）师生共同解答疑难：你进行了哪些思考？

3. 活动式结束

在课的结尾安排与教学内容相关的活动，让学生在活动和游戏中巩固所学。“约数与倍数”的教学片段——下课铃快要响了，教师面对同学从容地说：同学们，快要下课了，我们一起来做个游戏好不好？同学们异口同声说：好。老师说这个游戏的名称叫“动脑筋离开课堂”，游戏的规则是：老师出示一张卡片，如果你的学号是卡片上数字的倍数，你就可以走开。走的时候必须到讲台前大声说一句话，这句话可以是“几是几的倍数”，“几是几的约数”或“几能被几整除”这其中的任意一句。游戏开始了，教师举出的数字是2，接着老师分别举出卡片3和5，教师里的同学走的只剩1，7，11，13，17，19，23，29，31，37。那么，老师出具哪个数字，大家就可以走了，为什么？最后同学在下课铃声中愉快地离开了教室。

资料来源：康武．与智慧结伴的课堂教学——一个特级教师的专业成长．中国教育学刊，2009（04）

事实上，小结不只是对一节课内容的总结，还是对学生学习结果的一个强化。教育心理学的研究表明，新知一旦获得，如不及时巩固，就会被遗忘。课堂及时的回忆要比 6 小时以后回忆的效率高出 4 倍，因此，知识的及时回忆是一个很好的强化机会，可以帮助学生记忆。所以，应该重视此环节的设计。

1. 何小亚，姚静．中学数学教学设计［M］．北京：科学出版社．2008.

2. 奚定华．数学教学设计［M］．上海：华东师范大学出版社．2000.

1. 通过本章的学习，你谈谈教学过程的设计为什么是必须但又没有固定的顺序？

2. 下面给大家两组练习设计，请比较两组的设计，哪一个更好地达成了练习的目的，更具有创意。

第一组：巩固练习

(1) 比较下列各组数的大小

①$1.3^{-2.7}$ 与 $1.3^{-2.5}$；② $(\sqrt{2}/2)^{4/3}$ 与 $(\sqrt{2}/2)^{3/2}$；③$\pi^{\sqrt{2}-\sqrt{3}}$ 与 1。

(2) 比较下列各组数的大小

① $(1/4)^{0.8}$ 与 $(1/2)^{1.8}$；② $(8/7)^{-3/7}$ 与 $(7/8)^{5/12}$；③$1.08^{0.3}$ 与 $0.98^{3.1}$。

第二组：巩固练习

(1) 比较下列各组数的大小

① $(1/2)^{\sqrt{3}}$ 与 $(1/2)^{1.7}$；② $(1/2)^{\sqrt{3}}$ 与 1；

(3) 比较下列各组数的大小

① $(1/2)^{\sqrt{3}}$ 与 2^3；② $(1/2)^{\sqrt{3}}$ 与 3^3。

第十章　数学教学设计成果评价

第一节　数学教学设计方案的构成及案例

通过上面几章的学习，我们可以按照这样的一个框架完成一个教学的完整方案。这个方案将它文本化，就是数学教学设计方案简称教案。其形式一般如下。

课题：

教材的地位与作用

教材的重点，难点与关键点

学生的学习起点分析

学生的学习态度、学习动机、学习兴趣、学习习惯、认知特点等现状分析

课标要求

教学目标

施教方法

学生学法

教学手段

教学过程：

板书设计

案例 1：指数函数

教材的地位与作用：本节课的内容是高中数学第一册第二章第六节“指数函数”的第一课时——指数函数的定义，图象及性质。本节课是学生在已掌握了函数的一般性质和简单的指数运算的基础上，进一步研究指数函数，以及指数函数的图象与性质，它一方面可以进一步深化学生对函数概念的理解与认识，使学生得到较系统的函数知识和研究函数的方法，同时也为今后进一步熟悉函数的性质和作用，研究对数函数及等比数列的性质打下坚实的基础。因此，本节课的内容十分重要，它对知识起到了承上启下的作用。

教材的重点、难点与关键点：重点是指数函数的图象、性质及其运用。

难点是指数函数图象和性质的发现过程，及指数函数图象与底的关系。

关键点：在教学过程中让学生自己去感受指数函数的生成过程及图象和性质。

学生的学习起点分析：学生在已掌握了函数的一般性质和简单的指数运算。

学生的学习态度、学习动机、学习兴趣、学习习惯、认知特点等现状分析：高中一年级的学生，这个年龄段的学生思维活跃，求知欲强，在学习习惯上还有待教师引导，以尽快适应高中学习。学生的学习动机比较强，班级整体呈现比较浓厚的学习氛围。

课标要求：

(1) 通过具体实例，理解指数函数模型的实际背景。

(2) 理解指数函数的概念和意义，能借助计算器或计算机画出指数函数图象，探索并理解指数函数的单调性。

(3) 在解决实际问题的过程中，体会指数函数是一类重要的函数模型。

教学目标：

知识与技能目标：

(1) 理解指数函数的定义。

(2) 掌握指数函数的图象、性质及其简单应用。

过程与方法目标：

(1) 通过折纸活动发现新知的过程，感受数学就在身边。

(2) 通过绘制指数函数图象及对绘制图象的观察，感知指数函数图象的特点，体会数形结合和分类讨论思想。

情感态度与价值观目标：通过学习，感受数学与生活的关系，体会数形结合数学思想的价值。

施教方法：本节课采用引导发现式的教学方法。

学生学法：通过教师在教学过程中的点拨，启发学生通过主动观察、主动思考、动手操作、自主探究来达到对知识的发现和接受。

教学手段：几何画板演示。

教学过程：整个的教学过程分为六个环节，如图 10-1-1。

具体过程如下：

1. 创设情境，形成概念

在本节课的开始，将学生分组，进行动手折纸活动，观察对折的次数与所得的层数之间的关系，得出对折次数 x 与所得层数 y 的关系式 $y=2^x$。在学生动手操作的过程中激发学生学习热情和探索新知的欲望。此时教师给出指数函数的定义，即形如 $y=a^x(a>0$ 且 $a\neq 1)$ 的函数称为指数函数，定义域为 R。教师将引导学生探究为什么定义中规定 $a>0$ 且 $a\neq 1$ 呢？对 a 的范围的具体分析，有利于学生对指数函数一般形式的掌握，同时为后面研究函数的图象和性质埋下了伏笔。在给出学生定义之后可能会有同学感觉定义的形式十分简单，此时教师给出问题，打破学生对定义的轻视，你能否判断下列函数哪些是指数函数吗？

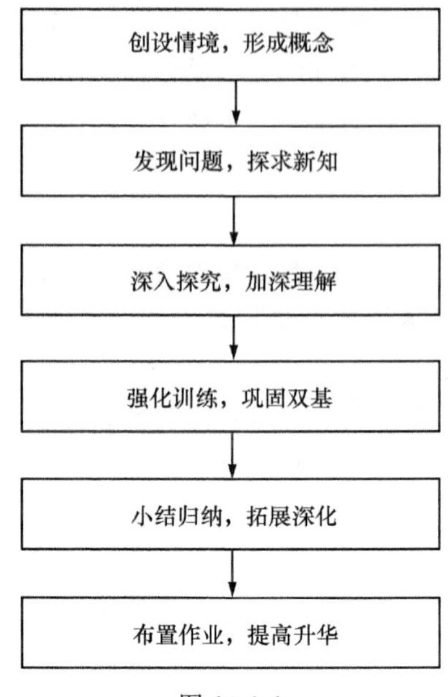

图 10-1-1

(1) $y=4^{x}$　(2) $y=x^{4}$　(3) $y=-4^{x}$　(4) $y=4^{x+1}$

在学生判断的过程中教师给予适时指导，学生体会哪些是指数函数的过程也是学生头脑中不断完善对定义理解的过程。教师提醒学生指数函数的定义是形式定义，就必须在形式上一模一样才行，进而得出只有（1）是指数函数。通过这一环节使学生对定义有了更进一步的认识。此时教师把问题引向深入，我们要研究一个函数，只有定义是远远不够的，还要对一个函数的图象和性质进行进一步的研究，教师带领学生进入下一个环节——发现问题，探求新知。

2. 发现问题，探求新知

指数函数是学生在学习了函数基本概念和性质以后接触到的第一个具体函数，所以在这部分的安排上要更注重学生思维习惯的养成，即应从哪些方面，哪些角度去探索一个具体函数，所以，设置了以下三个问题：①怎样得到指数函数的图象？②指数函数图象的特点？③通过图象，你能发现指数函数的哪些性质？以这三个问题为载体，带领学生进入。

本节课的发现问题，探求新知阶段，这也是本节课的重点环节。

1）函数图象

学生分成四个小组，分别完成 $y=\left(\frac{1}{2}\right)^{x}$，$y=\left(\frac{1}{3}\right)^{x}$，$y=2^{x}$，$y=3^{x}$ 的图象，通过前面知识的学习，学生可以较快地通过描点法将图象画出，最后教师在多媒体上将这四个图象给予展示，这样做既避免了学生在画图过程中占用过多时间又让学生体会到了合作交流的乐趣。此时教师组织学生讨论，并引导学生观察图象的特点，得出 $a>1$ 和 $0<a<1$ 这两种情况在图象上的特点。这里，通过几何画板的动态演示给予学生更加直观的体验，从而得出结论。在此环节中，学生对具体的函数进行观察归纳，通过合作交流，加之多媒体的动态演示，将具体化为抽象，并感受了对底的分类讨论的思维方式，从而达到了重点的突破。

2）根据函数图象研究函数性质

给出表格（表 10-1-1），引导学生根据图象填写。让学生充分感受以图象为基础研究函数的性质这一重要的数学思想。表格的完成将会使学生体会到很大的成功感，也将学生的思考热情带入高峰，此时教师再次提出问题，底的变化与图象位置之间是否也存在着联系呢，由此将带领学生进入本节课的第三个环节——深入探究，加深理解，这也是本节课所要突破的一个难点。

表 10-1-1

	$a>1$	$0<a<1$
图象	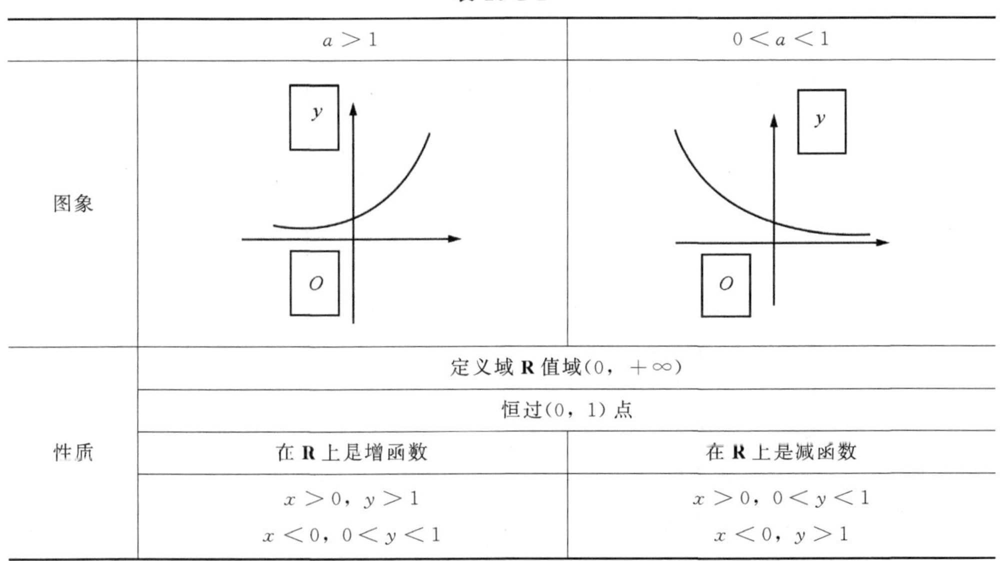	
性质	定义域 **R** 值域 $(0, +\infty)$	
	恒过 $(0, 1)$ 点	
	在 **R** 上是增函数	在 **R** 上是减函数
	$x>0$，$y>1$ $x<0$，$0<y<1$	$x>0$，$0<y<1$ $x<0$，$y>1$

3．深入探究，加深理解

问题的提出将带领学生进入本节课研究与探索的高潮。学生可能从不同的视角观察图象，从而得出自己发现的规律，但此时教师并不急于给出结论，而是让学生充分经历知识的形成过程，从而形成自己对本节课难点的理解和解决策略，培养学生的直觉和感悟能力。最后教师通过多媒体，让学生更直观地体会指数中图象的变化规律，即（1）在第一象限中，随着底增大图象位置升高；同时引导学生从对称性的角度上观察图象得到（2）底互为倒数的两个函数图象关于 y 轴对称。在这一环节中，通过教师的指引和学生的积极思考使图象与底的关系自然浮出水面，而非强加给学生，真正实现本节课难点的突破。

通过前面几个环节，学生已基本掌握了本节课指数函数的相关知识，此时，将带领学生体验运用新知识去解决问题的乐趣，进入本节课的下一个环节——当堂训练，共同提高。

4. 当堂训练，巩固双基

例 1 比较下列各题中两值的大小

(1) $1.7^{2.5}$，1.7^{3}；　　(2) $0.8^{-0.1}$，$0.8^{-0.2}$；

同底指数幂比较大小，同底数幂比大小，构造指数函数，利用函数单调性。

(3) $\left(\frac{1}{4}\right)^{0.8}$ 与 $\left(\frac{1}{2}\right)^{1.8}$；(4) $\left(\frac{8}{7}\right)^{\frac{3}{7}}$ 与 $\left(\frac{8}{7}\right)^{\frac{5}{12}}$ ——不同底但可化同底。

(5) $(0.3)^{-0.3}$ 与 $(0.2)^{-0.3}$　——底不同但同指数。

不同底数幂比大小，利用图象与底之间的关系，结合函数图象进行比较。

(6) $1.7^{0.3}$ 与 $0.9^{3.1}$　——底不同，指数也不同。利用函数图象或中间变量进行比较。

例 2 已知下列不等式，比较 m 和 n 的大小。

(1) $2^m < 2^n$；

(2) $0.2^m > 0.2^n$；

(3) $a^m > a^n (a > 0$ 且 $a \neq 1)$。

——本例题诣在对知识的逆用，建立学生的函数思想及分类讨论思想。

5. 小结归纳，拓展深化

在小结归纳中将从学生的知识、方法和体验入手，带领学生从以下两个问题的回答中完成小结：

(1) 通过本节课的学习，你学到了哪些知识？

(2) 这些知识分别是怎样得到的？

6. 布置作业，提高升华

将作业分为必做题和选作题两个部分，必做题面向全体，注重知识反馈；选作题更注重知识的延伸性和连贯性，可让有能力的同学去探求，最后我布置一道思考题。

A 先生从今天开始每天给你 10 万元，而你承担如下任务：第一天给 A 先生 1 元，第二天给 A 先生 2 元，第三天给 A 先生 4 元，第四天给 A 先生 8 元，依次下去，……，A 先生要和你签定 15 天的合同，你同意吗？又 A 先生要和你签定 30 天的合同，你能签这个合同吗？

答案：15 天的合同可以签，而 30 天的合同不能签。

此题目的在于让学生体会指数的增长速度之快，同时让学生感受指数的用途，激发学生的兴趣。

板书设计：略。

案例 2：一次函数

教材的地位与作用：本章是学生学习函数的第一阶段，其教学重点在于初步认识函数的概念，最简单的初等函数——一次函数的概念是本章的重点。本节内容上承函数的概念、正比例函数的概念和性质，下启一次函数的图象和性质、一次函数和方程（组）与不等式的联系。

教材的重点，难点与关键点：

重点：理解一次函数的概念。

难点：分析实际问题中的一次函数关系。

关键点：

学生的学习起点分析：本节课学习前，学生已经具有了变量与函数概念的知识积累，并且在上一节课的学习中，学生已经掌握了正比例函数的概念、图象和性质的相关知识，并且学生已经会用待定系数法求正比例函数的解析式。

学生的学习态度、学习动机、学习兴趣、学习习惯、认知特点等现状分析：这个年龄段的学生可以熟练地进行抽象逻辑思维，但其辩证逻辑思维的能力水平还较低。另外，学生参与活动的积极性高，但仍然缺乏合作交流等方面的能力。

课标要求：

(1) 结合具体情境体会一次函数的意义；

(2) 会画一次函数的图象，根据一次函数的图象和解析表达式探索并理解其性质；

(3) 理解正比例函数；

(4) 能根据一次函数的图象求二元一次方程组的近似解；

(5) 能用一次函数解决实际问题。

教学目标：

知识与技能目标：

(1) 能结合具体情境体会一次函数的意义；

(2) 理解并掌握一次函数的概念；

(3) 会用一次函数解决实际问题。

过程与方法目标：

(1) 经历从实际问题中确定一次函数解析式的过程，体会一次函数的特征。

(2) 通过实际应用进一步感悟一次函数这一数学模型。

情感、态度与价值观目标：

(1) 感受一次函数是有效地描述现实世界的重要手段。

(2) 体会数学是解决实际问题的重要工具。

施教方法：

(1) 运用创设情境教学方法，从学生身边的例子可以使学生快速地融入到解决问题的氛围中来，将新知识与学生的现实知识建立联系，帮助学生更好地分析实际问题中的函数关系，以此突破教学重点。

(2) 运用问题串，通过提问的方法启发学生探究解决问题的方法，以此突破第二个教学难点。

(3) 通过练习的方法，巩固新知，完善新知识结构。

学生学法：学生通过充分的观察、总结、归纳出共性，从而获得概念的本质特征的经历，并从新知的正例与反例及新知的练习中获得对新知识和新方法的理解。

教学手段：黑板＋粉笔。

教学过程：

(1) 新知导入：从贴近学生生活的实际问题入手，列出一系列一次函数的解析式，引导学生观察、归纳、总结出这些函数的共性，在学生归纳的基础上给出一次函数的定义。

(2) 探索新知：通过对上面问题中列出的函数解析式的观察，揭示概念的关键属性，归纳出一次函数的定义。

(3) 巩固新知：通过概念辨析练习、概念的应用，帮助学生明晰一次函数的概念，体会如何运用一次函数这一模型完成实际问题的数学化过程。

(4) 小结并布置作业：采用问题回答的方式完成本节知识的梳理。

①函数 $y=kx+b$(k，b 是常数，$k\neq0$) 的名称是什么？为什么要有条件 $k\neq0$?

②我们通过解决什么中的一系列问题认识了一次函数?

③我们通过解决什么问题看到了一次函数的应用?

板书设计：略。

第二节　教学设计方案的评价

当把一个教学设计方案完成时，任何教师可能都想知道他所设计的课堂教学是否达到了预期目标，是否比别人的更优越，哪些地方还需要改进等，这就需要评价者对教师的课堂教学设计进行科学评价。

一、什么是数学教学设计方案的评价

评价就是依据一定的标准对事物价值的判断，它是一个有计划、有目的的过程，教学评价也称教学评估。

对教育、教学是否达到了目标质量的要求的判断就是教学评价。由于它直接作用于教育、教学的各个环节，是教学工作的一个重要组成部分，它对提高教育、教学质量、促进教学改革起着日益重要的作用。教学评价是我们每个教师都

必须掌握的一种基本技能。

数学教学设计方案的评价是对数学教学设计方案做出评价。一般来说，一个好的数学教学设计方案的产生过程要经过三个环节，即课前的准备设计、课中的再次设计及课后的反思性设计和修正。因此，数学教学设计方案的评价相应的就有数学教学设计方案的准备评价、数学教学设计方案的过程评价、数学教学设计方案的结果评价。

数学教学设计方案的准备评价也就是对实施前的课堂教学设计进行初步评价，评价内容主要包括教师对学习者当前状态（包括知识技能和态度等）和特征（包括认知成熟度、焦虑度、学习动机等）的分析是否合理；对教学内容的分析是否到位、教学目标设计的是否恰当、教学方法及媒体的选择和处理是否适合学生的需要；课堂教学时间的安排是否合理等，这一阶段的评价也称诊断性评价，或事先评价。如果这一阶段的评价没有做好，可能会导致最终设计的课堂教学与实际发生很大偏差，从而造成课堂教学效果的低效。

数学教学设计方案的过程评价，主要是对实施中的教学设计进行的，以有针对性的调整为标志的评价。这一阶段的主要评价内容包括教学内容的处理是否有效，并酌情予以改进；根据学生的课堂表现和成就，评价这些材料的选择是否有效，并及时调整；教学媒体呈现所花的时间是否真正值得，是否对学生达到目标有所帮助，能否唤起学生的兴趣；我们期望发生的和实际发生的之间是否确实存在着差异，根据课堂实际加以变化；学生是否达到某个目标或多个目标，并快速设计后继的弥补性方案；学生对设计中的教学方法和教学媒体的反应如何，进行反思和变动；教学设计者本人对自己所做设计的满意程度，等等。对该阶段的评价也称形成性评价，即在某项教学计划、方案或活动的实施过程中，为使教学活动效果更好而不断进行的评价、调整，目的旨在根据教学中出现的状况，及时发现并加以改进来获得比较良好的教学效果。

数学教学设计方案的结果评价是指在课堂教学结束后对课堂教学设计作一个整体的评价和分析。结果评价的主要内容包括评价整个课堂教学设计是否实现了设计者的意图，学生是否实现了教学目标，学到了他们所要学的东西，表现出教学目标中所要求的能力或技能，根据自己的教学体验，反思教学设计中哪些设计收到了预期的效果，哪些环节还有待改进和完善，并拿出改进的举措等。这一阶段的评价也称总结性评价或教学后评价，评价的主要目的是评估根据课堂教学设计实施教学的效果，以便对课堂教学设计作出终结性结论，并为设计的改进和完善提供第一手的资料。这对教师专业水平的提升是非常重要的一环，这个环节最主要的方式是反思。通过反思，发现教学设计中的不足和成功之处，这些都会丰富教师的教学经验，使教师更有智慧地面对课堂。

二、数学教学设计方案评价的内容及评价指标

从数学教学设计方案评价的三类我们不难得出评价的内容，一般有以下几方面：

数学目标设计的评价；教学内容处理的评价；教学方法的选择与运用；教学媒体的选择与运用；教学过程安排的评价。

具体的评价指标：

（1）数学目标设计的评价。①符合课标；②符合学生实际；③具有可测性；④表述的规范性与完整性。

（2）教学内容处理的评价。①科学性；②内容的选择与学生已有知识经验的密切性；③内容的呈现利于学生建构新知；④内容的体系是否具有条理性。

（3）教学方法的选择与运用。①利于营造良好的师生、生生间的互动与交流；②利于达成教学目标；③启发学生积极思维；④体现学生是学习的主体。

（4）教学媒体的选择与运用。①发挥了辅助教学的功能；②生动、直观，调动学生的感官参与。

（5）教学过程安排的评价。①各环节衔接自然；②各环节时间安排恰当；③各环节与目标达成的匹配；④各环节的排列符合学生的认知规律。

数学教学设计方案评价的目的是使教师的教学预案更顺利地在课堂教学中实施，但课堂的复杂性，又使我们不得不面对课堂中的种种“意外”，让我们面临困惑，成为我们的疑难。而关于教师的疑难，就像有学者认为的：教师疑难起源于他所处的一个个特殊情境，每一个新的教育教学处境对教师而言，都可能是新的疑难。教师的疑难根本不可能一劳永逸地得到解决，有可能每次都需要重新经历窘迫、困境乃至危机，需要从头开始思考，只不过经历丰富、思维敏捷的教师在遇到新问题时，反应的速度快得多、处理这种问题敏捷些罢了。因此，要正确对待教学中生成的疑难，发挥教学设计方案评价的作用，来不断提高自己的教学设计能力，丰富自己的教学经验，使自己早日拥有应对疑难的智慧。

1. 奚定华．数学教学设计［M］．上海：华东师范大学出版社．2000.

2. 皮连生．数学学习与教学设计［M］．上海：上海教育出版社．2004.

1. 完成一篇教学设计方案。

2. 根据数学教学设计方案评价指标完成准备评价，形成教学设计方案2稿。

第十一章　针对教学设计准备的说课

说课是一种具有“中国特色”的教学行为，国外鲜有类似的介绍或相近的做法。1987年，河南省新乡市教研室的教研员到一所偏僻的山区学校听课，因所乘车辆途中出现故障，耽误了一些时间，到学校时学生已放学回家，听不到课了，后来就叫原来上课的老师把所上的课给大家“说”一下，像电影导演说戏那样，这就是最早的“说课”。1996年10月，中国教育学会中学数学专业委员会组织了全国初中青年数学教师优秀课评比活动，当中有讲课比赛，也有说课比赛。

近年来，随着“课改”的深入，说课由于能够在一定程度上体现教师理论与实践的结合水平，日益受到各级各类教育行政部门、教研部门和教师教育机构的青睐，被认为是深化教育改革、探讨教学方法、实践教学手段、提高教育教学业务水平的一种好方法，也是教师进一步学习教育理论，用科学的手段指导教学实践，提高教学科研水平增强教学基本功的一项重要活动。在教师职业技能训练、各级评优评选、招聘教师等工作中，说课已被广泛接受和采用。

对于师范生而言，我们通过前面的学习，有意识地在训练用教育教学的理论来指导自己教学的意识，甚至，教学设计方案的评价也可以看成是对这种意识强化的一种手段。相比以前单纯的备课，我们已经在自己教学设计的各环节都体现其行为背后的依据，试图将教学理论与实践相结合。可是，受条件所限，这些活动大多都是教师内在的心理活动，它能否真的让我们找到理论与实践之间的接口，能否把教学设计各环节扎扎实实的变成自己的教学行为规范的一个组成，能否让教学设计的评价发挥作用，等等，这些都需要用一个能使它们外显出来的途径或方式，我们认为说课可以担当此重任。

因此，说课实际上就是一次对教学设计方案的分析，也是对教学设计的反思过程，对提高师范生的教学设计能力有着重要的价值。所以，要在教学设计方案形成后，增加专门的说课环节，通过说课对教学设计理念、教学目标设定、教学方法选择等教学设计环节进行反思，分析其教学安排是否合理、科学。经过不断的反思、改进，使师范生的教学设计能力日趋完善。那么，什么是说课呢？

第一节　说课的含义

说课，就是让教师以语言为主要表述工具，在备课的基础上，面对同行、专家、系统而概括地解说自己对具体课程的理解，阐述自己的教学观点，表述自己具体执教某课题的教学设想、方法、策略，以及组织教学的理论依据等，然后由大家进行评说。说课活动由解说和评说两部分组成，重点在解说，评说则是针对解说而进行的评议、交流和研讨。

说课是一种教研活动，具有教研活动的一般性质。首先，它具有群体性，即由众多教师、同行参与。其次，说课具有交流性，即说课者与听讲者要彼此进行意见交流。再次，具有一定的研究性，即交流的内容是各自经过一定研究的结果。最后，还具有可操作性。

说课是在教师备课的基础上，让授课教师面对评委教师或其他听众，系统地谈自己的教学设想及其理论依据，然后由听者对其进行评说，以达到相互交流、共同提高的一种教学研究活动。

说课是指教师述说授课的教学目标、教学设计、教学效果及其理论依据的教学研究活动。

说课就是授课教师在充分备课的基础上，面对同行教师或专家，讲述自己的教学设计及其理论依据等，然后由听者评说，大家共同讨论，确定改进意见，再由授课教师修改，完善其教学设计，旨在提高课堂教学效益和教师业务素质的一种教学研究活动和师资培训的组织形式。

说课是教师同行间业务交流的一种活动，它不同于教案和教学活动。说课要说清楚教什么、怎么教、为什么这样教、学生怎么学，以及在教学活动中培养了学生哪些方面的能力等。

说课就是让教师以语言为主要表述工具，在备课的基础上，面对同行、专家，系统而概括地解说自己对具体课程内容的理解，阐述自己的教学观点，表达自己执教的设想、方法、策略、手段及理论依据等，然后由大家进行评说。简言之，说课是对课程的理解、备课的解说、上课的反思。

“说课”，就是任课教师根据课程标准的要求，依据各学科相应的教学规程，采用讲述的方式，在规定的时间（一般为 15～20 分钟）内，向教学同行或专家阐述个人对大纲的把握、对教材的理解、对学情的分析、对教法的构思、对教学过程的总体设计等方面的内容，然后由大家进行评说的一种教学活动。

说课就是教师面对专家、领导，或其他听众，在规定的时间内，针对具体课题，采用课为主的方式，系统地分析教材和学生等，说阐述自己的教学设想及理论依据的一种教研活动形式。

说课是指教师以教育教学理论为指导，在规定的时间（一般为 10～20 分钟）内，面对同行、专家或教研人员，主要用口头和有关的辅助手段阐述某一学科课程或某一具体课程的教学设计，并与听者一起就课程目标的达成，教学流程的安排、重难点的把握及教学效果与质量的评价等方面进行预测或反思，共同研究进一步改进和优化教学设计的教学研究过程。

从上述对说课的不同表述中，不难看到，说课的基本特征。

说课的形式：说课以口头语言为主要的表达形式，即“说”；

说课的时间：说课有时间限制，一般为 10～20 分钟；

说课的依据：说课以教育教学理论为依据，针对教学内容及学生实际；

说课的对象：说课面对同行（教师或专家）进行，强调听者与说者的双向互动；

说课的属性：是一种教育理论与教学实践紧密结合，提高课堂教学质量的研究活动。

说课的目的：提升教师的专业素质。

对师范生而言，作为教学设计科学化的一个组成，我们认为对教学设计的说课教育有以下特征：

说课的形式——说；

说课的内容——说教学设计的结果和依据；

说课的对象——同学、老师；

说课的时间——15～20 分钟；

说课的目的——让教学设计的过程外显；让教学设计方案的评价发挥作用；让教育理论切实成为实践的先导；使自己对教学的各环节内容更熟悉，为良好教学效果的实现提供保证。

第二节　说课的内容

一、说教材

数学教材是新数学课程标准的具体化，是进行课堂教学设计的蓝本，是教师教、学生学的具体材料。要把握好教材，落实教学目标，必须准确理解课程标准，实践课程标准的要求。因此，说课首先说教材。

说教材，具体地说教师在认真研读课程标准和教材的基础上，系统地阐述选定课题的教学内容、本节内容在教学单元乃至整个教材中的地位和作用，以及与其他单元或课题乃至其他学科的联系等，围绕课程标准对课题内容的要求，将三维目标化解到具体的教学环节当中，确定教学的重点、难点、关键及课时的安排等。说教材时，说课者应尽最大努力来阐述自己对教材的理解和感悟，以充分展示自己对教材的宏观把握能力和对教材的驾驭、整合能力。说教材应着力解决 4 个方面的问题：

1）说课课题简析

简要说明本说课的内容来自哪一学科、哪一册书、哪一章节等。

2）阐明本节内容在整个知识系统或本册教材或本章中的地位

学生在刚刚学到哪些知识的基础上讲解这段内容，前后知识的联系。本节内容在整个教材中处于什么样的位置，对于发展学生思维，培养能力方面有什么重要作用等。

3）教学目标及确立目标的依据

在充分把握数学课程标准的要求、教学内容和教学对象基本情况的基础上，教师要说清楚教学目标，这是说课的重要内容。教学目标，它应包括三个方面，即知识技能目标，过程与方法目标及情感态度与价值观目标。教学目标的确立应依据课程标准和教师用书中提出基本要求。因为教学目标反映的是学生的“能知”。“能知”就是通过这节课的教学，学生能达到怎么样的目标要求，所以，教学目标一定要具体、明确、具有可观察性、可操作性和可评价性。

4）重点、难点、关键及其依据

要准确把握重点。重点是教材中贯穿全局，带动全面，起核心作用之点，它是由教材本身所处的地位和作用来确定的，是指有共性、有重要价值（包括认知价值、迁移价值和情意价值）的内容。通常教材的定义、定理、公式、法则以及它们的推导和重要应用，各种技能和技巧的培养和训练，解题的要领和方法。图的制作和描绘等，都可确定为重点。把握重点要联系教学目标。

确定难点，一般来说难点就是学生难于理解和掌握的内容。针对“难点”，就是教材中学生理解、掌握或运用上的困难之点，它是由学生的认知能力和知识要求之间的差距所确定的。学习难点是如何形成的呢？一般说来，主要有以下几个方面：①学生没有知识基础或者知识基础很薄弱；②学生原有的经验是错误的；③内容学习需要转换思维视角（如从宏观到微观）；④内容抽象、过程复杂、综合性强。具有上述一个或多个特点的内容，都可能成为教学的难点。

“关键点”是教材中对顺利地学习其他内容（包括重点、难点）起决定性作用的知识。选好突破口即“关键点”，就是理解、掌握某一部分知识或解决某一问题的突破口。它还是攻克难点、突出重点之所在，往往起转折点的作用。一旦掌握好关键，其他部分的学习就迎刃而解了。准确把握教学关键点往往在教学中能起到画龙点睛的作用。

综上，如果我们把教师比作导游的话，这相当于导游对整个旅程的一个整体把握，知道了旅程的目的，旅程中的重点，对游客来说比较难的旅程在哪里，抓住哪一点就能克服困难完成最重要的观光点的观光。说教材这个环节实现了教师对“教什么”的一个整体把握。

二、学情分析

学情分析，就是要依据学生的认知结构情况，全面客观地阐述学生已有的数学知识结构（课程教材里的数学知识结构和老师的数学知识结构在学生头脑里的反映）和认识结构（是伴随着头脑里数学知识结构的形成而同时发展起来的思维动作结构，思维动作就是运用思维方法的思维活动方式），为优化教学设计提供参考。在学情分析中要把握学生的“已知”。这里的“已知”是指学生已经具备的、与本节内容相关的知识经验和能力水平等，明确这点很重要，它决定了教与学的起点。学生的“未知”。“未知”是与“已知”相对而言的，它既包括通过学习应该达成的终极目标中所包含的未知知识与技能等，还包括实现终极目标之前的过程中所涉及学生尚不具备的知识与技能等。

三、说教学方法

秉承“以学定教”的原则，说教学方法是指说教法和说学法，主要说明“怎样教”的策略和“为什么这样教”的道理，是说课的关键内容。

方法是思想的外现，人所有的行为都是思想支配的结果。教师在教学过程中所使用的方法也是其教育观念的外现。如果他具有建构主义的学生观、教学观，那么，他就不可能不注意与学生的互动，不可能成为课堂中的绝对主角等，所以，说教法并说依据实际上是让教师筛筛子的教育教学理念。而任何人思维层面的东西都不是一成不变的，都会在外部因素的影响下进行与时俱进的改变，教师的教育理念也是如此。教师作为国家课程理念的实施者，自然应建立于国家课程理念相符行动的准则，所以，学习就显得必不可少。这从一定程度上也说明了为什么说课是每个教师都要掌握的一种技能，是通过教师教育教学能力的专业途径。

国家课程标准中，提出：学生学习应当是一个生动活泼的、主动的和富有个性的过程。除接受学习外，动手实践、自主探索与合作交流同样是学习数学的重要方式。学生应当有足够的时间和空间经历观察、实验、猜测、计算、推理、验证等活动过程。

教师教学应该以学生的认知发展水平、已有的经验、具体的教学内容为依据，面向全体学生，处理好讲授与学生自主学习的关系，引导学生独立思考、主动探索、合作交流，使学生理解和掌握基本的数学知识与技能、数学思想和方法，获得基本的数学活动经验。一般地，要使学生获得新知识，常采用讲解法、发现法、直观演示法；要学生掌握解题技能技巧，常采用讲练结合法；由于学生年龄不同，思维特点也存在着差异，在选择教学方法时也要有所区别。初中学生抽象思维能力较弱，有意注意时间较短，不宜进行较长时间的讲授，教师在讲授新知识时，常借助直观教学，引起学生有意注意，使学生的学习不宜疲劳，注意力不易分散。高中学生的抽象思维能力已增强，注意力能保持集中。除选择讲解法外，应更多地注意发现法、自学辅导法、引导探究法等研究性教学方法，以引导学生独立研究问题，自主发现新知识。对几何知识的教学一般借助直观教具、现代教学手段、采用演示或实验法。

因此，除了讲授、提问、演示、讨论、练习之外，实验、操作、学习成果汇报等能体现“以学生为主体，以教师为主导，将课堂还给学生，充分调动学生的学习积极性”的方法都是恰当的方法。

四、说学法

学法即学习方法，它是学生完成学习任务的手段或途径，是学生在获得知识、形成能力的过程中所采取的基本活动方式和基本思想方法。教法和学法是教师组织教学和学生展开学习的两种不同活动的反映，它们既相辅相成又相互促进。教为主导、学为主体，确切地道出了教学系统中这两个要素之间的关系。教师用什么方法教，学生就习得了相应的学法——实际上就是学生获取知识的方法。如果老师习惯于讲授的方法，学生就习得了听的学法，慢慢就形成了教师教得多学生学得多，教师不教的学生也不会主动地去学。试想，一个社会人他的老师在哪里？美国未来学家阿尔文·托夫斯曾说："未来的文盲不再是不识字的人，而是没有学会学习的人"。对于此观点我们每一个人都有着深刻的感受，那就是这个世界的变化太快，一个人根本不可能利用有限的在校时间学完享用一生的知识，所以，学知识不是目的，学创造知识的方法、学快速掌握知识的方法才是目的。

说学法就是说出对学习方法的指导，通过教学指导学生学会什么样的学习方法、培养哪些能力。具体说，使每一个学生都能掌握与自己实际相适应的预习方法、听课方法、做笔记方法、做作业方法、阅读方法、复习方法、总结方法、考试方法等，发展学生的注意力、观察力、记忆力、想象力、思维能力等。

为了实现教育家叶圣陶先生倡导的"教是为了不需要教"的理念，应该重视对学生学法的关注，通过给学生获取知识的多感官协同的途径体验，这也是体现教师"教"是为学生的"学"服务的理念。

五、说教学过程

所谓教学过程，就是指教学活动的系统展开，它表现为教学活动推移的时间序列，是教学过程的整体安排。说教学过程要阐述教学活动是如何发起的，又是怎样展开的，最终又是怎样结束的。说教学过程是说课的重点部分，因为只有通过这一过程的分析，才能看到说课者独具匠心的教学安排，才能反映教师的教学思想、教学个性与教学风格。也只有通过对教学过程设计的阐述，才能看到其教学安排是否合理、科学和艺术。一般地，说教学过程应关注以下几个环节：

设计思路。设计思路就是对教学流程主要环节的概括。说设计思路，有助于听者更清晰地了解和把握说课者关于教学活动的整体安排。这一环节，可以单独列出，也可以隐含在教学流程中。例如：引进课题—讲授新课—课堂练习—内容小结—布置作业；复习提问—导课—讲授新课—巩固与反馈练习—小结—布置作业；问题情境—自主探究—合作交流—总结概括—巩固与反馈—小结—布置作业等。

说教学过程，除了说明教学设计思路以外，重点需要说明具体的教与学活动安排及这样安排的理论依据（包括教学法依据、教育学和心理学依据等）。以引进课题—讲授新课—课堂练习—内容小结—布置作业流程为例：

（1）说引进课题。阐明在分析学生认知特点、年龄特征、已有基础和相关经验的基础上，针对教材内容，设计的能够激发学生的学习兴趣，使学生尽快进入学习状态的方法。

（2）说新课讲解。重点：阐明对所讲的内容怎样的处理，采取什么方法、手段，让学生真正参与到教学过程中，切实通过学生充分动手，动口，动脑，发现新知。

（3）说课堂练习。主要说练习题的来源、练习题的功能、练习题的操作、练习题的变化。如何体现教学目标的达成，难易的梯度。

（4）内容小结。说明以什么方式，帮助学生总结，实现将本节内容纳入已有的知识系统中。

（5）布置作业，简单地从目的的角度说明一下选择的理由。

在这个过程中，应体现出由表及里、由浅入深、由个别到一般、由感性到理性的一般认知规律，并应该符合学习者的认知规律及其年龄特征。

第三节　学习说课对师范生的意义

一、说课体现了教师即研究者的理念

在完成教学设计之后，继续说课稿的编写，我们会发现在次环节我们会投入更多的精力来审视自己每项设计的根源或依据，这种回头望的行为就是再一次琢磨我们行为的合理性。比如，目标的制定是否依据课标；对目标的达成最直接的检验就是学生外显的行为，那么我们教学目标的行为动词是否具有可测性；过程与方法目标是否考虑了学生的实际，是否与学生的认知规律相一致，是否调动了学生参与课堂活动的积极性，是否给了学生体验知识的发生发展、获得知识意义的真经历；是否真正将学生体验学习成功落实在教学设计的方方面面等，这一对自己行为规划的琢磨、思量、修改不仅仅是取得良好教学效果的前提，同时，也是教师研究者角色的体现。

现代社会对教师研究者角色的要求已不是一个新鲜的话题，而且研究成就教师的专业化发展也已为众多的成功教师所佐证。师范生作为未来的教师对自己研究者身份的认同，也是关乎其日后职业专长发展的一个重要因素。

按照人的生成习惯，认同的事情才会全身性的投入其中，也才会收到良好的结果。所以，接下来首先就教师研究者的角色加以剖析。

教师即研究者的话题，早在 1946 年美国社会心理学家勒温倡导用实验社会科学研究各种社会行动方案。1953 年柯里把勒温的这一观念做了一些修正并用之于教育实践的改革与研究。对行动研究最有影响的一个解释是斯坦浩斯，他鼓

励教师们投入到教育教学研究工作中去，相信教师通过自己的研究可以改进自己的实践。

近几年，随着基础教育课程改革的不断深入，面对课改新理念的落实中的众多困惑，需要教师以参与者而非旁观者的身份进行聚焦自己特定教育教学情境的经历、体验与感悟描述自己教育教学生活中实际的遭遇、困惑与迷茫，以及尝试理解、诠释与解决教育教学问题。

随着社会的发展，教师的专业地位日渐为众人所认可。教师的专业化发展已成为一种世界化的趋势，成为世界各国的研究热点。我国也不例外，从《教师法》的颁布，《教师职业道德规范》、各级教师职称评定条例的变化，教师专业标准、教师教育课程标准的出台，还有教师继续教育的有关规定等，都可看成是对教师专业化水平提升的促进举措。这些举措在提出要求的同时，也指出了教师成长的方向。

对教师的工作而言，其生命价值的体现就在于教师对教育活动的创造、发现、挖掘和对教育主体的关注，而教师对教育活动的创造、发现、挖掘和对教育主体的关注就是教师的研究，正是在教师的研究中，成就了教师的自我发展和学生的发展，享受着教学的快乐。

教学活动的复杂性，使教师作为当事人，每天都置身于真实、鲜活的教育教学情境之中亲历着教育事件的全过程，最清楚教育情境发生的一切，也最直接地感受到许多迫切需要解决的实际问题，这些问题就是自己教学的疑惑。如果我们自己不面对这些困惑，它们永远都无法消除，对教师自身带来众多的无奈，何谈成就感和幸福感？这一切都迫使你必须处于不断调整的状态，必须要随时、随地的对所处教育情境进行研究。

因此，为了履行好教师的职责、享受工作的快乐，教师必须要研究。师范生虽然还没有经历直面教学困惑的压力，但幸运总是临幸那些有准备的人。就让说课作为一个载体，让我们开始学习研究、习惯研究。

二、说课是师范生必备的一项基本技能

说课作为教学研究活动的一个重要环节，作为教学研究活动的高级形式，既是每个教师必须掌握的基本技能，同时，也是师范生必备的一项基本技能。在师范院校开设说课活动，既突出了师范性的特点，又可以全面提高师范生的素质。因为说课是多种知识和能力的综合运用和集中体现，是教学设计后对设计原由的反思，通过说课帮助提高学生的教学设计能力。目前，在教师招考中，说课已成为必考内容之一。因此，说课技能是师范生素质结构中必不可少的内容。

三、说课可以缩短师范生到合格教师的过渡期

说课是师范生通向合格教师的一座桥梁。师范生毕业后，由师范生到合格教

师的角色转变有一个过渡期。由于素质差异和个人努力程度不同，真正完成角色转变的时间长短也有所不同。但不管怎样，如果师范生在学校认真进行了说课训练，并在教育实习中初步运用这一技能，熟悉课程标准和教材，明确学科各年级的教学目标，初步选用恰当的教学方法和指导学生的学习方法，设计出合理的教学程序，并能说出所以然，就等于让师范生提前进入教研活动，就可以大大缩短师范生将来走上工作岗位的适应期，缩短由师范生到合格教师的过渡期。

四、说课可培养师范生学习和运用现代教育理论的自觉性

学校的教育教学活动，都离不开教育思想和教育理论的指导。在实践多是在考虑教什么，都是在不知不觉地运用着某一教育思想、观点、方法、理论。怎样教，很少去探讨为什么这样教的理论依据，很少将教育理论与教育教学实践联系起来，而在新课程标准下开展说课这一教研活动，说课者要在教师的指导下，不仅要说出教什么、怎样教，更重要的是要说出这样教的道理和依据。说出预期的教学效果，或评价课堂的教学效果。这就迫使师生积极去学习现代教育理论课，主动去翻阅现代教育理论书刊、认真研读新课标和新教材，把握新课标下的教育思想、教育观点、教育理念。因为说课活动本身就是直接以现代教育理论指导教学实践的一种教研活动。诸如教材内容的分析、教学目标的确定、教学方法的选择、学生学法的引导、教学过程各环节的安排等，在说课过程中都要说出一定的理论依据。要知其然，更要知其所以然，从而自觉地运用教育理论来指导教学实践。在这一理论联系实际的过程中，促使学生自主探索，合作交流，不断去熟悉和学习新的教育理论，增强教学的目标性、超前性和预见性，减少盲目性，提高教学成功率。

总之，说课者从撰写说课稿到说课，需要翻阅大量的教育教学理论书籍、资料，查找充分的理论依据，从而激发师范生对教育理论的关注，让我们的行为更具专业性。同时，锻炼了教师的语言表达能力，最重要的是让我们成为一个有所想的人和更理性的人。

第四节　说课的样例与案例

一、数学说课稿样例

样例 1： 各位老师，大家好！我叫______，是______班的学生。我今天的说课的课题是____________________。下面我将从以下几个方面进行阐述：

首先，我对本节教材进行简要分析。

1. 说教材

本节内容是______出版社出版的______数学课程标准实验教科书《数学》第

______册第______章第______节第______课时。属于______（数与代数、空间与图形、统计与概率、实践与综合应用）领域的知识。在此之前，学生已学习了______，这为过渡到本节的学习起着铺垫作用。本节内容作为学生学过的______的延续和拓展，又是后续研究______的基础。它是整个______学段数学中具有承上启下作用的核心知识之一。因此，占据重要的地位。

本节课中______是重点，______是难点，______是关键，其依据是______。

2. 说目标

课标中的要求是____________________________________。

基于以上对教材的认识，根据数学课程标准的要求，考虑到学生已有的认知结构与心理特征，制订如下的教学目标。

知识与技能：____________________________________；

过程与方法：____________________________________；

情感态度与价值观____________________________________。

为突出重点、突破难点、抓住关键，使学生能达到本节设定的教学目标，我再从教法和学法上谈谈设计思路。

3. 说学情

中学生心理学研究指出，高中（初中，小学）阶段的学生具有______特点（主要从思维、生理来说）。对我班而言，学生学习兴趣______，课堂学习习惯______，学习基础______。就本节知识的起点知识______来数，学生掌握的情况______，______还需要进行学习前巩固或拓展。

4. 教学方法

教法选择与教学手段：基于本节内容的特点______（如概念学习，命题学习；某知识的应用等），应着重采用______的教学方法与手段，即______，其理论依据是______。

学法指导：______，其理论依据是______。

最后，我来具体谈一谈本节课的教学过程。

5. 说教学过程

在分析教材、确定教学目标、合理选择教法与学法的基础上，我预设的教学过程是

…………

各位老师、同学，以上所说只是我预设的一种方案，但课堂是千变万化的，会随着学生和教师的灵性发挥而随机生成。预设效果如何，最终还有待于课堂教学实践的检验。

本说课一定存在诸多不足，恳请各位老师、同学提出宝贵意见。谢谢！

样例 2：尊敬的各位老师、同学：

大家好！我叫______，是______班学生。我今天说课的题目是__________，下面我将从四个方面说这堂课的设计：

1. 教材分析

本节内容是______版数学第______册第______单元______课，本节内容是在______之后，紧接着学习的内容。同时，它也是学生学习本章______及后继______内容学习的基础，因此，它在教材体系中起着承前启后的作用，一方面，可以加深学生对______的认识，使他们了解______；另一方面，又可以______，以便______的认识更深入一步。所以说本节内容是______学段数学教学的重要内容之一。

另外，作为一名数学老师，不仅要传授给学生数学知识，更重要的是传授给学生数学思想、数学意识，因此本节课在教学中力图向学生展示______等数学思想方法。

2. 说教学目标

根据课程标准对该内容的要求，____________________________，结合教材内容分析和学生已有的认知规律：整体感知—局部思维—迁移拓展，制订如下课时教学目标：

（1）知识技能目标____；

（2）过程与方法目标____；

（3）情感态度与价值观____；

本节课的学习重点为________。结合学生的数学学习现实将本节课的学习难点确定为________，并在重难点分析的基础上确定__________为本节课教学的关键点。

3. 说学情

中学生心理学研究指出，高中（初中，小学）阶段的学生具有__________特点（主要从思维、生理来说）。对我班而言，学生学习兴趣__________，课堂学习习惯__________，学习基础__________。就本节知识的起点知识__________来说，学生掌握的情况__________，__________还需要进行学习前巩固。

4. 说教法

古希腊学者普罗塔戈说过："头脑不是一个要被填满的容器，而是一束需要被点燃的火把。"为了达到目标、突出重点、突破难点、解决疑点，根据建构主义的教学理论和新课程教学的理念，再结合本节内容的特点，确定本节课教法的指导思想是：想方设法引起学生注意，引导他们积极参与开拓活动，主动思维，独立自主地解决问题。具体做法如下：

（1）情景设置法——引起兴趣，集中注意。

（2）问法——逐步引导，逐渐深入。

（3）______________________________。

5. 说学法

"一个差的老师只会奉献，而好的老师则教会学生发现真理。"教会学生学会学习已经成为课堂教学的重要任务。学生获得知识有一个循序渐进的过程，在教学中我很重视让学生主动参与和互相学习，调动学生的多种感官参与学习过程，强调一些学习习惯的养成，在兼容并从中力求最大限度地发挥学生的主动性、合作性、发展性、创造性，从而达到激发兴趣、理解陶情、启迪心智、感悟积淀的四重境界（或者说在学生的学习中，注重知识与能力，过程与方法，情感态度和价值观三个方面的共同发展）。

学法具体如下：

（1）通过对某情境中现象的观察、比较、发现规律、总结规律，概括新知。

（2）通过对某问题的思考，经历将现实问题数学化的过程，体验某方法或发现某问题，通过探究、交流，获得了什么。

（3）________________________________。

6. 说教学过程

（1）趣揭题，质疑定标。

“疑，思之始，学之端。”可以对学生发问：“____________?”根据学生的疑问，巧妙地交代本课的学习目标。

（2）主探究，探索新知。

苏霍姆林斯基曾说：“在人的心灵深处，都有一种根深蒂固的需要，这就是希望自己是一个发现者、研究者、探索者。”因此，在这一环节中，首先让学生带着自己提出的问题思考，讨论______________，获得对________的感知和体验。

（3）通过练习，巩固新知。

任何新知和技能都必须通过“做”这个环节实现内化。正如：“告诉我的，我会忘记；给我看的，我会记得；我参与的，我会理解”，练习对学生来说是一个习得和领悟的过程，通过练习这一主体实践和亲身体验的过程，有助于学生加深对新知的理解和新技能的领悟。为此，设计了______________帮助学生______________。

（4）结迁移，形成积淀。

苏霍姆林斯基认为：“教给方法比教给知识更重要。”为此，可以利用这样的问题总结本节课的学习：你认为自己这节课学得怎么样？还有哪些不懂的地方？有哪些地方你觉得还没有搞清楚？继而根据学生情况做出综合性总结和评价。

一节好课的结束应该是学生课外学习的开始。我布置的课外作业是：______________。

（5）本节内容的板书设计。

本说课一定存在诸多不足，恳请各位老师、同学提出宝贵意见。谢谢！

样例3：各位老师、同学大家好！我叫______，是______班学生，今天我要向大家说课的课题是______________。

首先，我对本节教材进行一些分析：

1. 教材分析（说教材）

______是______学段数学教材第______册第______章第______节的内容。在此之前学生已学习了______，这为过渡到本节的学习起着铺垫作用。本节内容是在本章中______内容的基础。同时，也是后继______内容学习的基础。通过对教学内容的分析，确立本节的教学重点为______，根据以往学生易错点分析和对学生学习水平的把握，将难点确定为______。通过______突出重点，通过______突破难点。

2. 课时教学目标确立

根据课标要求______________________，结合上述教材分析，学生认识客观事物心理活动过程：感性认识—理性认识—创新性认识，制定如下教学目标：

（1）知识与技能目标：

（2）过程与方法目标：

（3）情感目标：

3. 学情分析

中学生心理学研究指出，高中（初中，小学）阶段的学生具有__________特点（主要从思维、生理来说）。对我班而言，学生学习兴趣__________，课堂学习习惯__________，学习基础__________。就本节知识的起点知识__________来说，学生掌握的情况__________，__________还需要进行学习前巩固。

4. 教学方法的选择

基于本节课的特点__________（内容抽象；概念学习，命题学习；某知识的应用等），应着重采用__________（例如学导式讨论教学法）的教学方法。使用此类方法的依据是：按照“以学生为主体，以教师为主导”的教学原则，根据学生的心理发展规律，采用学生参与程度高的学导式讨论教学法。首先，在学生看书、讨论的基础上，通过师生问答的方式，引导学生进行思考，寻找解决问题的方法。为了使不同层次的学生都有收获，特别注重不同难度的问题，提问不同层次的学生，使基础差的学生也能有表现机会，培养其自信心，激发其学习热情。

5. 教学过程

（1）由______引入：把教学内容转化为具有潜在意义的问题，让学生产生强烈的问题意识，使学生的整个学习过程成为“猜想”继而紧张的沉思，期待寻找理由和证明过程。在实际情况下学习可以使学生利用已有的知识与经验，同化和索引出当前学习的新知识，这样获取知识，不但易于保持，而且易于迁移到陌生的问题情境中。

（2）由实例得出本课新的知识点。

（3）讲解例题。在讲例题时，不仅在于怎样解，更在于为什么这样解，而及时对解题方法和规律进行概括，有利于学生的思维能力。

（4）能力训练。课后练习使学生能巩固和自觉运用所学知识与解题思想方法。

(5) 总结结论，强化认识。知识性的内容小结，可把课堂教学传授的知识尽快化为学生的素质；数学思想方法的小结，可使学生更深刻地理解数学思想方法在解题中的地位和应用，并且逐步培养学生良好的个性品质目标。

(6) 变式延伸，进行重构，重视课本例题，适当对题目进行引申，使例题的作用更加突出，有利于学生对知识的串联、累积、加工，从而达到举一反三的效果。

(7) 布置作业。针对学生素质的差异进行分层训练，既使学生掌握基础知识，又使学有余力的学生有所提高。

(8) 板书。

以上就是我对__________教学设计方案的说课，我永远相信萧伯纳所说的，两个人各拿一个苹果交换，其结果每人各有一个苹果，若每个人拿一个想法交换，结果是每个人拥有两个想法。本说课一定存在诸多不足，恳请各位老师、同学提出宝贵意见。谢谢！

二、说课案例

说课 1：三角形外角的性质

1. 说教材

“三角形外角的性质”是在学生学习三角形内角和定理之后的学习内容，是三角形内角和定理的一个具体应用。本节内容还是学生今后解答几何问题中寻找角度相等的常用方法，这对今后数学知识的学习有很大的作用。另外，三角形外角性质的研究过程，为学生展示了几何图形探究的模式，研究几何图形不仅要研究图形内部的角度及线段，还需研究图形的外部相关元素。这也为学生研究多边形提供研究的模式与知识基础。

教学重点：探索三角形的外角与内角之间的关系以及三角形外角和。

教学难点：采用数学说理的方法，说明三角形的外角和。

2. 说教学目标

《课标》要求

(1) 进一步了解三角形的内角及外角的概念。

(2) 通过基本事实说明三角形外角的特性（三角形的外角等于不相邻的两内角的和，三角形的外角大于任何一个与它不相邻的内角）。让学生体验说理的重要性与必要性，进一步培养学生的说理能力。

结合教材内容分析和学生认识客观事物心理活动过程：感性认识—理性认识—创新性认识，将本节课的目标制定为：

知识技能目标：①进一步认知三角形，了解三角形的外角与内角的关系以及三角形外角和定理。②运用探究到的结论解答数学问题和实际问题。③会正确说理。

过程与方法目标：①经历剪拼和猜想的过程，发现三角形外角与内角间的关系，以及外角和。②通过三角形外角性质的探究，体验到说理的重要性。

情感态度价值观目标：①体验发现新知的乐趣。②获得对推理必要性的认识，养成说理的习惯。

3. 说学情

七年级（下）的学生具有简单的推理能力，特别是经过七年级（上）一个学期的学习，学生已形成“遇到问题说道理”的习惯，学生能有条理地阐述自己的观点，能用几何语言表述。另外，经过七年级（上）一个学期的学习，学生之间已初步习惯合作交流、主动探索的学习方式，学生之间已形成相互学习、相互交流的学习氛围。

对于本节课的学习基础来说，学生在前面的学习内容中已认识了三角形的内角、内角和与外角，并且在第二学段也曾用剪纸的方法得出三角形内角和定理。

4. 说教学方法

基于学生的学习是一个建立在学生已有的知识和经验基础上的自我建构的过程，采用温故知新的方法为学生找到新知建构的生长点。按照从特殊到一般的认知规律，为学生提供特例，从特例的观察思考中发现规律，进而进行归纳和验证，获得问题的一般性认识，最后通过新知的运用，获得新知运用的经验和内化。

基于以上教法，学生将在经历从特殊到一般认知的过程中，采用观察、思考、归纳、证明的方法来发现新知，通过练习和小结来实现对新知的巩固和内化。

5. 教学过程

旧知复习：

（1）图 11-4-1 形中的内角个数及外角个数。

①角有 3 个，内角和等于 180°。

②角有 6 个，同一顶角的两外角相等。

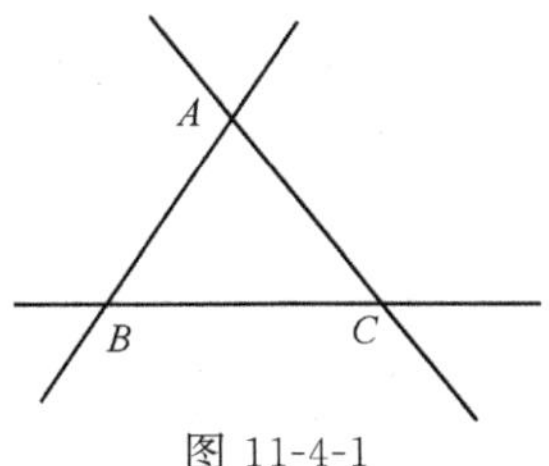

图 11-4-1

（2）简单化，见图 11-4-2。

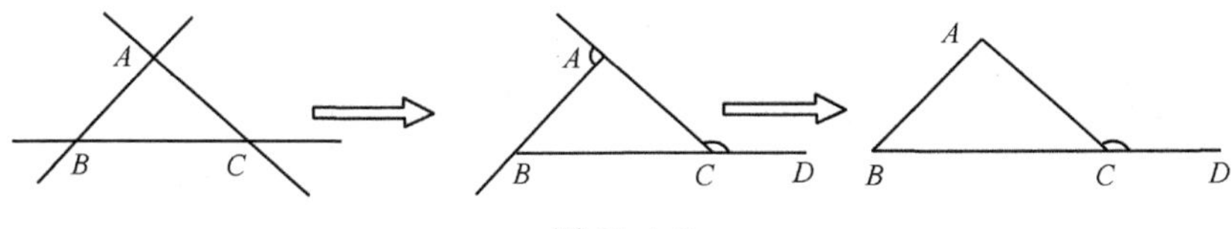

图 11-4-2

（3）相邻外角、不相邻外角。

回顾已学知识，明细概念：①三角形内角；②三角形外角；③一个外角的相邻内角与不相邻内角。

探索新知：

（1）特殊角的计算（图 11-4-3，图 11-4-4）。

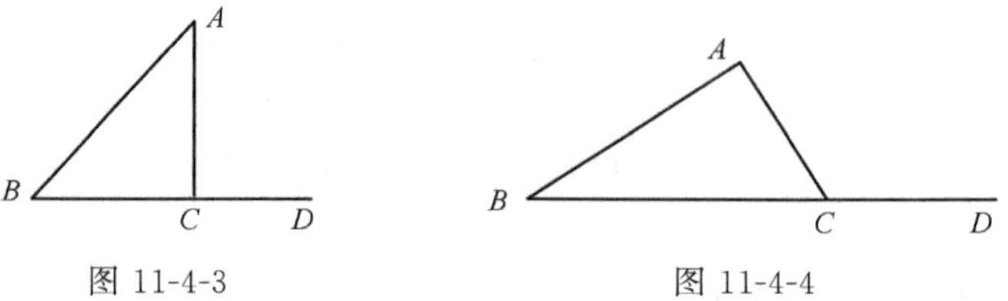

图 11-4-3　　图 11-4-4

① $\angle ACD=\angle A+\angle B$；②$\angle A=70^\circ$，$\angle B=40^\circ$，发现$\angle ACD=\angle A+\angle B$。

特殊探究——找到规律：①降低探究难度；②展示研究方式——“特殊”到“一般”。

（2）一般三角形是否成立呢？你能用手上的工具，用自己的方法来验证吗？

学生分组探究

学生上黑板展示

A. 量　　B. 拼　　C. 圆规移　　D. 推理　（内角和、平行线）

学生主动探究：

充分发挥学生的主动性和主体性，展示学生不同的思维方式，用多角度、多方法的方式说明一般结论的成立。从中也让学生体验到几何说理的方法是最有效的说明方式，从而意识到几何说理的重要性。

（3）学生归纳总结。

①三角形的外角等于与它不相邻内角的和（图 11-4-5）。

书写关系式：$\angle 1+\angle 2=\angle \alpha$，$\angle 2+\angle 3=\angle \beta$，$\angle 1+\angle 3=\angle \gamma$。

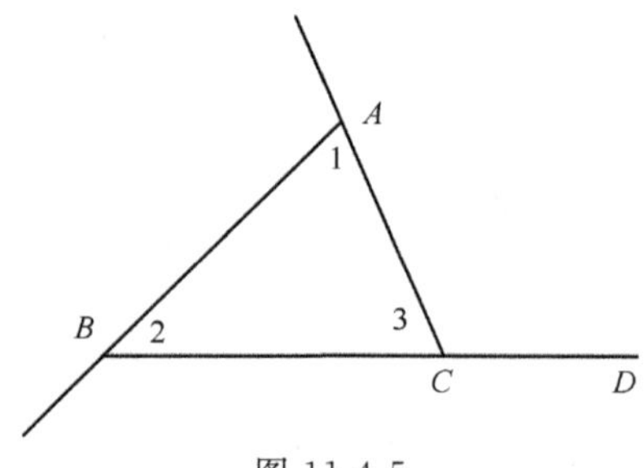

图 11-4-5

②归纳探究方法（教师板书：剪、拼、量、说理）

（4）从$\angle 1+\angle 2=\angle \alpha$，$\angle 2+\angle 3=\angle \beta$，$\angle 1+\angle 3=\angle \gamma$中你还能获得哪些信息？

①$\angle 1$、$\angle 2$、$\angle 3$、$\angle \alpha$、$\angle \beta$、$\angle \gamma$ 都是正数

②$\angle \alpha > \angle 1$，$\angle \alpha > \angle 2$

归纳：三角形的外角大于任何一个与其不相邻的内角。

展示推理结论：

Ⅰ. 实现图与式的统一，增强学生式与图的转化能力及识图能力；Ⅱ. 从和的形成中，直接得出“三角形的外角大于任何一个不相邻的内角”，因为角都是正的。

应用反馈阶段：

(1) 算一算：求下列图 11-4-6 中$\angle 1$的度数。

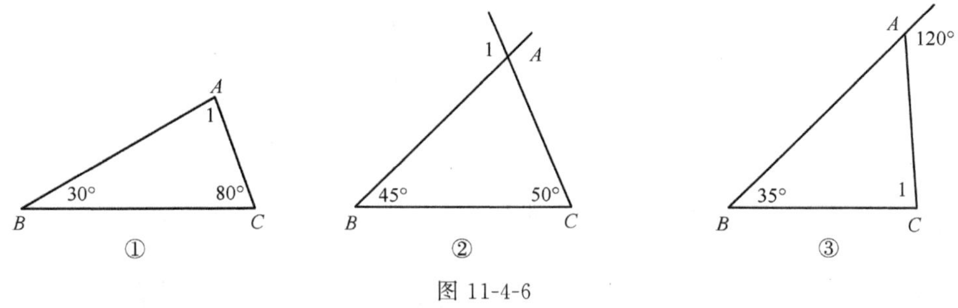

图 11-4-6

直接应用获得结论，巩固并加深理解结论。

(2) 找一找。

Ⅰ. 图 11-4-7① 中有几个三角形？有它外角吗？请写出外角与内角的等量关系。

Ⅱ. 图 11-4-7② 中有几个三角形？有它外角吗？请写出外角与内角的等量关系。

Ⅲ. 图 11-4-7③中有几个三角形？$\angle ADE$ 可以看成哪些三角形的外角？请写出外角与内角的等量关系。

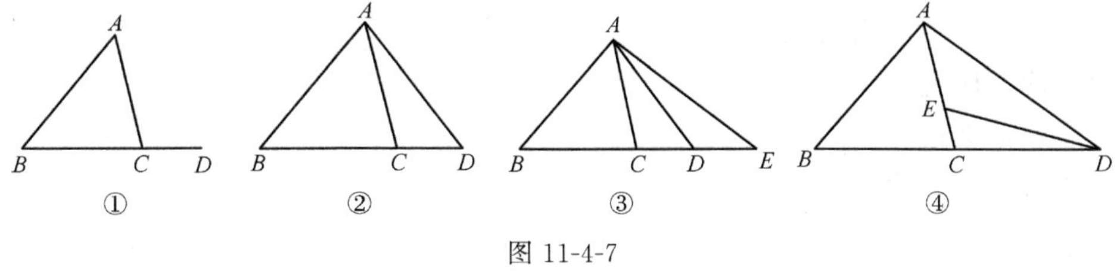

图 11-4-7

增强学生对外角的识别能力和转化能力，为今后实现角度间的转化打下基础。

Ⅳ. 图 11-4-7④ 中 $\angle AED$ 能否表示成两个角的和？$\angle AED$ 能否写成三个角的和？

$\angle AED=\angle EDC+\angle ECD=\angle EDC+\angle BAE+\angle B$

Ⅴ. 归纳 $\angle AED=\angle A+\angle B+\angle D$

引导学生对已获知识的深化与应用，养成不断归纳和总结的数学习惯。

（3）一个零件的形状如图 11-4-8，按规定 $\angle CDE$ 应等于 142°，AB 边与 DC 边的交角为 25°，BE 与 AF 的交角为 27°，检验工人量得 $\angle BCD=118°$，就判定这个零件是不合格的，这是为什么呢？

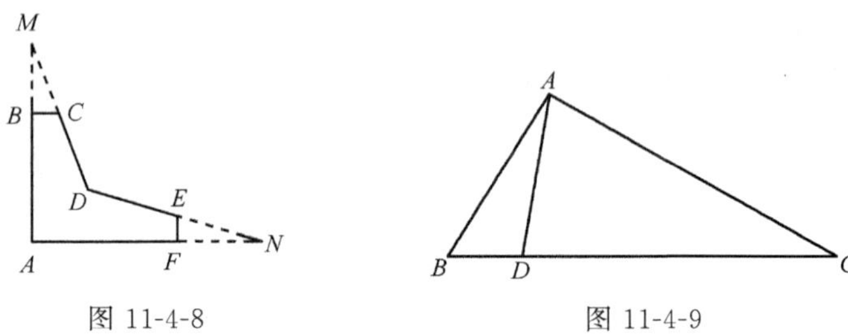

图 11-4-8　　图 11-4-9

（4）如图 11-4-9，D 是 $\triangle ABC$ 的 BC 边上的一点，$\angle B=\angle BAC$，$\angle ADC=80°$，$\angle BAC=70°$。

你能求出哪些角的度数？（会算的同学考虑一下，哪一种方法更简单）

应用——题组模式训练：

①实现不同层次让学生在增量；

②反馈理解情况；

③加强结论的理解；

④体现数学知识的实用性。

强调：（1）的开放性　（2）的实用性

探究外角间的关系阶段：

三角形的外角和是多少？你是用什么方法来说明的。

解决五角星五角和的问题。

①应用外角与内角关系；

②应用研究模式；

③获取结论。

反思与回顾阶段：

我懂得了

我能

还不明确的有……

说课 2： 数轴

教材：人教版七年级《数学》上册第 10 页 1.2.2 节

1. 教材分析

本课是在学习了正负数的意义后，进一步学习数轴的概念，用数轴上的点表示有理数。数轴作为数形结合的典范，是用“长度”度量各类量的抽象。本课的学习将对理解相反数、绝对值的概念具有承上启下的作用，同时为推导有理数的运算法则，求不等式组的解集，以及研究平面直角坐标系等奠定了坚实的基础；另外，数轴概念的产生所渗透的类比、化归等数学思想方法对学生今后的数学学习也有着重要的意义。

由于学生掌握用数轴上的点表示有理数后，相反数、绝对值概念的理解以及运用数轴比较有理数的大小就能得到较好的解决，所以本课的重点应为会用数轴上的点表示有理数。

由于本课是通过类比温度计，从实际问题中建立数学模型，抽象得到数轴，这对于抽象思维尚处于初级阶段的七年级学生来说，认知困难较大，所以本课难点应为数轴概念的引入。突破难点的关键为类比思想的运用。

2. 教学目标

根据新课程标准的要求：①能用数轴上的点表示有理数，能比较有理数的大小。②借助数轴理解相反数和绝对值的意义。及七年级学生的认知结构和心理特征，我将本课的教学目标确定如下：

知识目标：理解数轴的概念，会用数轴上的点表示有理数。

能力目标：初步体会类比、数形结合思想在数学学习中的作用。

情感目标：鼓励学生积极主动参与“教”与“学”的整个过程，体验数学来源于生活，又服务于生活，唤起学生对数学学习的兴趣。

3. 学情分析

初一学生的思维处于形象抽象思维阶段，学生喜欢通过图表、模型和其他具体手段进行学习，他们需要把新的抽象概念与具体事实以及他们自己的经验联系起来。另外，他们刚进入中学，对新环境很好奇，有很强的表现欲，学习愿望强，但学习意志比较脆弱需要保护。

4. 教法与学法分析

（1）本节课主要采用直观演示法和引导发现法。为了让学生直观理解，接受新知，借助多媒体辅助教学，通过动画展示数轴的形成过程，填补学生空间想象力不足，培养学生观察能力。

（2）充分发挥教师的主导作用与学生的主体地位，教师精心设问，充分体现知识的发生、发展过程，解决学生的认知矛盾，培养学生思维的灵活性及创新意识。

（3）充分体现理论与实践、直观与抽象相结合的原则。

5. 教学过程

教学流程图如图 11-4-10：

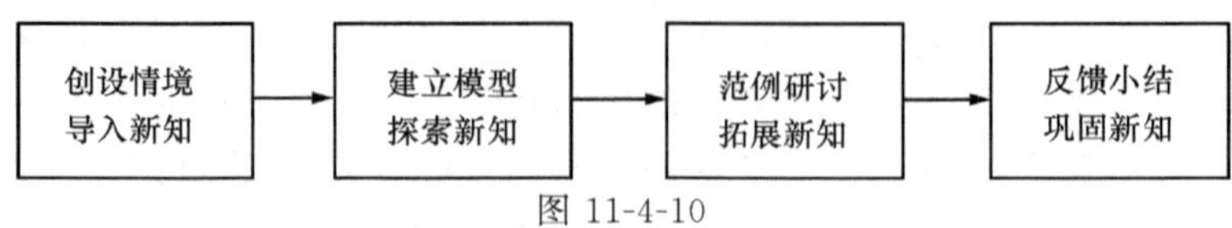

图 11-4-10

1）创设情境、导入新知

2）建立模型、探索新知（表 11-4-1）

表 11-4-1

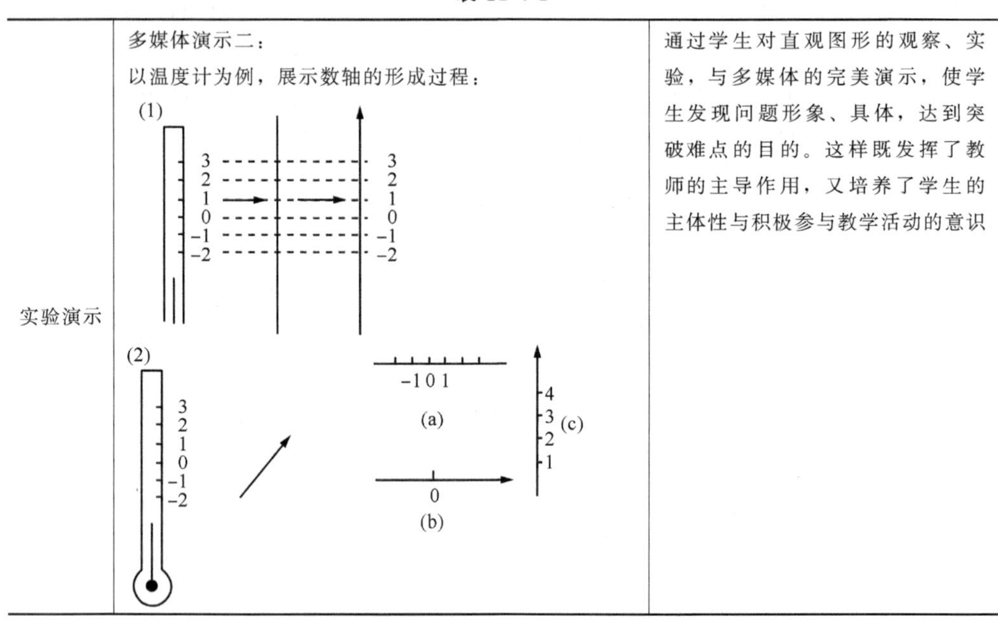

实验演示	多媒体演示二： 以温度计为例，展示数轴的形成过程： (1) (2) (a) (b) (c)	通过学生对直观图形的观察、实验，与多媒体的完美演示，使学生发现问题形象、具体，达到突破难点的目的。这样既发挥了教师的主导作用，又培养了学生的主体性与积极参与教学活动的意识

3）范例研讨、拓展新知（表 11-4-2）

表 11-4-2

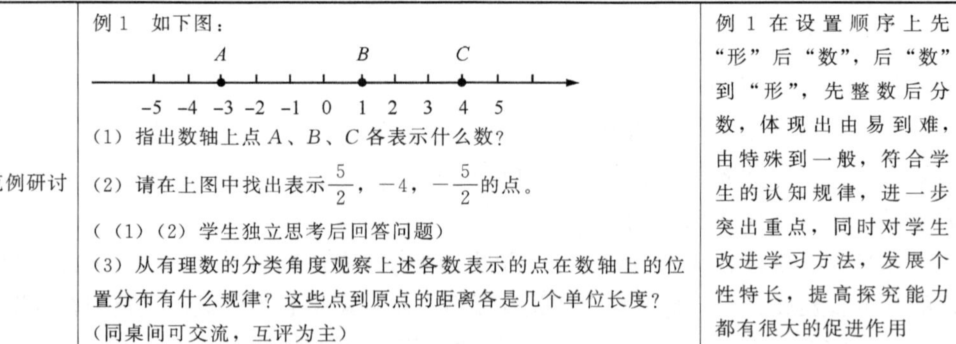

范例研讨	例 1　如下图： (1) 指出数轴上点 A、B、C 各表示什么数？ (2) 请在上图中找出表示 $\frac{5}{2}$，-4，$-\frac{5}{2}$ 的点。 （(1)(2) 学生独立思考后回答问题） (3) 从有理数的分类角度观察上述各数表示的点在数轴上的位置分布有什么规律？这些点到原点的距离各是几个单位长度？(同桌间可交流，互评为主)	例 1 在设置顺序上先“形”后“数”，后“数”到“形”，先整数后分数，体现出由易到难，由特殊到一般，符合学生的认知规律，进一步突出重点，同时对学生改进学习方法，发展个性特长，提高探究能力都有很大的促进作用

续表

应用与拓展	例 2　若 a 是一个正数，它表示的点 A 在数轴上的位置如下图 （数轴：0，A，a） 试在数轴上找出表示 $2a$，$-a$，$-1.5a$ 的点，并说明它们到原点的距离是几个单位长度？ （小组讨论、得出结论，教师作适当点评） 进一步归纳：设 a 是一个正数，则数轴上表示数 a 的点在原点的______边，与原点的距离是______个单位长度，表示数 $-a$ 的点在原点的______边，与原点的距离是______个单位度。	例 2 又由数字抽象到字母，实现概念理解和结论由来的感性到理性的自然深化，形成知识体系。为相反数和绝对值概念的学习奠定基础
课堂练习	课本第 12 页练习： 第 1 题、第 2 题	通过练习及时再现新知，检验学生对新知识的接受运用情况，提高他们解决问题的能力

4）反馈小结、巩固新知（表 11-4-3）

表 11-4-3

反馈小结	小结以提问的形式出现： 问题 1：本课你学习了哪些基本知识？ 问题 2：你学会了哪些重要数学思想、方法？有什么启示？（学生自由发言，可相互补充）	以提问的形式进行小结，帮助学生全面理解新知，培养学生归纳表达的能力
巩固新知	（1）书面作业　课本第 18 页第 2 题 （2）动手实践（供选做） 你能否设计一个臂力计，使它既可测臂腕推力，又可测臂腕拉力？推力、拉力可用正、负数或数 0 表示吗？	面向全体学生，深化巩固基础知识，强化能力训练，让不同层次学生都得到提高

说课 3：函数的单调性

尊敬的各位老师大家好！我说课的题目是《函数的单调性》，我将从以下几个方面来阐述我对这节课的设计。

1. 教材分析

本节教材是普通高中课程标准试验教科书，数学 1，第一章，《集合与函数概念》内容的第三节，本节分两个课时来讲，我说的是第一课时，函数的单调性是函数的重要性质。从知识的网络结构上看，函数的单调性既是函数概念的延续和拓展，又是后续研究指数函数、对数函数、三角函数的单调性等内容的基础，在研究各种具体函数的性质和应用、解决各种问题中都有着广泛的应用。函数单调性概念的建立过程中蕴涵诸多数学思想方法，对于进一步探索、研究函数的其他性质有很强的启发与示范作用。

2. 教学目标

本节内容的课标要求是：理解函数的单调性。

根据函数单调性在整个教材内容中的地位与作用，本节课教学应实现如下教学目标：

知识与技能：①理解函数单调性的概念，初步掌握判别函数单调性的方法；

②能运用函数单调性概念解决简单的问题。

过程与方法：①通过观察、归纳、抽象、概括，自主建构单调增函数、单调减函数等概念；

②对于给定图象的函数，借助于图象，领会数形结合的数学思想方法。

情感态度与价值观：在函数单调性的学习过程中，体验数学的科学价值和应用价值，养成勇于探索的良好习惯和严谨的科学态度。

根据上述教学目标，本节课的教学重点是函数单调性的概念形成和初步运用。虽然高一学生已经有一定的抽象思维能力，但函数单调性概念对他们来说还是比较抽象的。因此，本节课的学习难点是函数单调性的概念形成。

3. 学情分析

高一学生处于由经验型抽象思维向理论型抽象逻辑思维转化的阶段。学生由于刚入学，对高中的学习方法处于摸索和适应阶段，学习动机很强，但教师对学生的学习习惯、个性差异还不太了解。

4. 教法学法

1）教学教法

为了实现本节课的教学目标，结合高一学生处于由经验型抽象思维向理论型抽象逻辑思维转化的阶段，因此，需要将抽象的新概念与具体事实以及他们的经验联系起来，所以在教法上我采取了如下方法。

（1）通过学生熟悉的实际生活问题引入课题，为概念学习创设情境，拉近数学与现实的距离，激发学生求知欲，调动学生主体参与的积极性。

（2）形成概念的过程中，紧扣概念中的关键语句，通过学生的主体参与，正确地形成概念。

（3）鼓励学生主体参与的同时，不可忽视教师的主导作用，要教会学生清晰的思维、严谨的推理，并顺利地完成书面表达。

2）学法

在学法上我重视了以下两点：①用直观图形，启迪学生积极思维，并通过正、反例的构造，来完成从感性认识到理性思维的质的飞跃。②学生经历从问题中质疑、尝试、归纳、总结、运用，培养发现问题、研究问题和分析解决问题的能力。

5. 教学过程

函数单调性的概念产生和形成是本节课的难点，为了突破这一难点，在教学设计上采用了下列四个环节。即教学过程流程见图 11-4-11：

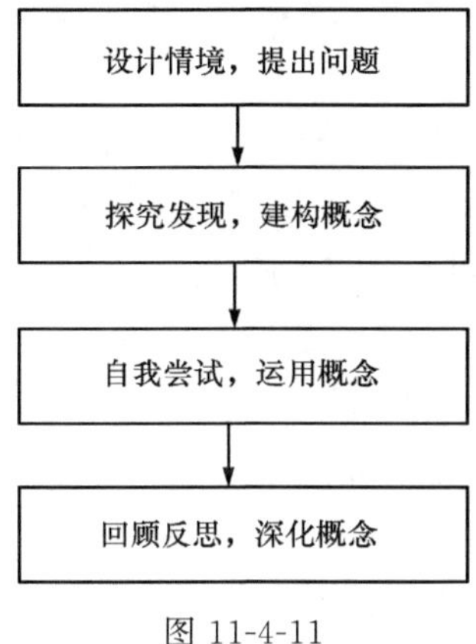

图 11-4-11

1）创设情境，提出问题

[问题情境]（播放中央电视台天气预报的音乐）．如图 11-4-12 为某地区 2006 年元旦这一天 24 小时内的气温变化图，观察这张气温变化图：

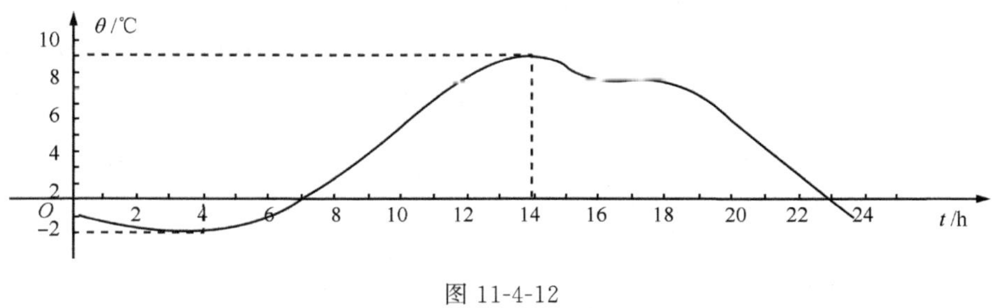

图 11-4-12

[教师活动] 引导学生观察图象，提出问题：

问题 1：说出气温在哪些时段内是逐步升高的或下降的？

问题 2：怎样用数学语言刻画上述时段内“随着时间的增大气温逐渐升高”这一特征？

2）探究发现，建构概念

[学生活动] 对于问题 1，学生容易给出答案．问题 2 对学生来说较为抽象，不易回答。

[教师活动] 为了引导学生解决问题2，先让学生观察图象，通过具体情形，例如，“$t_1=8$ 时，$f(t_1)=1$；$t_2=10$ 时，$f(t_2)=4$”这一情形进行描述。引导学生回答：对于自变量 $8<10$，对应的函数值有 $1<4$. 举几个例子表述一下. 然后给出一个铺垫性的问题：结合图象，请你用自己的语言，描述“在区间[4，14]上，气温随时间增大而升高”这一特征。

在学生对于单调增函数的特征有一定直观认识时，进一步提出：

问题3：对于任意的 t_1、$t_2\in[4，16]$ 时，当 $t_1<t_2$ 时，是否都有 $f(t_1)<f(t_2)$ 呢？

[学生活动] 通过观察图象、进行实验（计算机）、正反对比，发现数量关系，由具体到抽象，由模糊到清晰逐步归纳、概括、抽象出单调增函数概念的本质属性，并尝试用符号语言进行初步的表述。

[教师活动] 为了获得单调增函数概念，对于不同学生的表述进行分析、归类，引导学生得出关键词“区间内”“任意”“当 $x_1<x_2$ 时，都有 $f(x_1)<f(x_2)$”。告诉他们“把满足这些条件的函数称之为单调增函数”，之后由他们集体给出单调增函数概念的数学表述。提出：

问题4：类比单调增函数概念，你能给出单调减函数的概念吗？

最后完成单调性和单调区间概念的整体表述。

3）自我尝试，运用概念

（1）为了理解函数单调性的概念，及时地进行运用是十分必要的。

[教师活动] 问题5：（1）你能找出气温图中的单调区间吗？（2）你能说出你学过的函数的单调区间吗？请举例说明。

[学生活动] 对于（1），学生容易看出：气温图中分别有两个单调减区间和一个单调增区间。对于（2），学生容易举出具体函数如：$f(x)=-2x+2$，$f(x)=x^2+2x-3$，$f(x)=\dfrac{1}{x}$，并画出函数的草图11-4-13，根据函数的图象说出函数的单调区间。

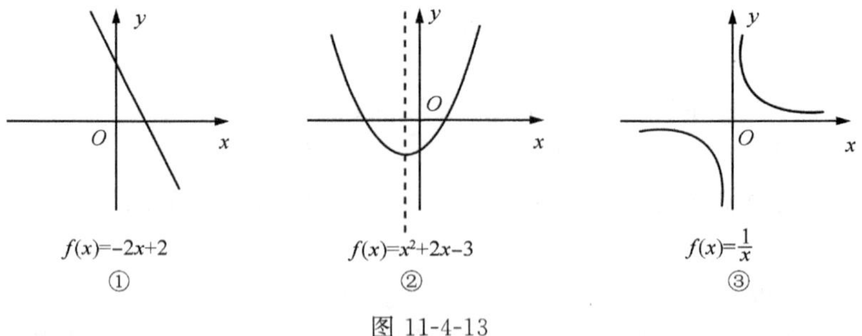

图 11-4-13

［教师活动］利用实物投影仪，投影出学生画出的草图和标出的单调区间，并指出学生回答问题时可能出现的错误，如在叙述函数 $f(x)=\frac{1}{x}$ 的单调区间时写成并集。

（2）对于给定图象的函数，借助于图象，我们可以直观地判定函数的单调性，也能找到单调区间。而对于一般的函数，我们怎样去判定函数的单调性呢？

［教师活动］问题6：证明 $f(x)=\frac{1}{x}$ 在区间（0，+∞）上是单调减函数。

［学生活动］学生相互讨论，尝试自主进行函数单调性的证明，可能会出现不知如何比较 $f(x_1)$ 与 $f(x_2)$ 的大小、不会正确表述、变形不到位或根本不会变形等困难。

［教师活动］教师深入学生中，与学生交流，了解学生思考问题的进展过程，投影学生的证明过程，纠正出现的错误，规范书写的格式。

［学生活动］学生自我归纳证明函数单调性的一般方法和操作流程：取值→作差变形→定号→判断.

［设计意图］有效的数学学习过程不能单纯地模仿与记忆，数学思想的领悟和学习过程更是如此。利用学生自己提出的问题，让学生在解题过程中亲身经历和实践体验，师生互动学习，生生合作交流，共同探究。

4）回顾反思，深化概念

［教师活动］给出一组题：

（1）定义在 R 上的单调函数 $f(x)$ 满足 $f(2)>f(1)$，那么函数 $f(x)$ 是 R 上的单调增函数还是单调减函数？

（2）定义在 R 上的单调减函数 $f(x)$ 满足 $f(1+a)>f(3-a)$，你能确定实数 a 的取值范围吗？

［学生活动］学生互相讨论，探求问题的解答和问题的解决过程，并通过问题，归纳总结本节课的内容和方法。

［教师活动］作业布置：

（1）阅读课本 P34-35 例 2。

（2）书面作业：

必做：教材 P43 的 1、7、11 题。

选做：二次函数 $y=x^2+bx+c$ 在［0，+∞）是增函数，满足条件的实数 b 的值唯一吗？

探究：函数 $y=x$ 在定义域内是增函数，函数 $y=\frac{1}{x}$ 有两个单调减区间，由这两个基本函数构成的函数 $y=x+\frac{1}{x}$ 的单调性如何？请证明你得到的结论。

说课 4：用样本的频率分布估计总体分布

各位老师，大家好！今天我说课的题目——用样本的频率分布估计总体分布。它是人教 A 版《普通高中课程标准实验教科书》必修 3 第二章第 2 节第 1 课时的内容，主要解决频率分布与频率分布直方图的有关问题。我将从以下几个方面来阐述我对这节课的设计。

1. 教材分析

本节内容在高中统计部分占有十分重要的地位，一方面，它与前面学习的抽样方法之间有着紧密的联系，是学习完抽样方法后的第一节课，数据被收集后，通常是多而杂乱的，我们无法直接理解它们的含义。于是，采用什么方法来描述数据就成为急需解决的问题。我们常常借助图、表、计算等方式，将数据中包含的信息转化为直观容易理解的形式，这样，频率分布表和频率分布直方图就自然而然地产生了。另一方面，本节内容本身就是利用样本估计总体的一个重要方法，它是后面即将要学习的用样本的数字特征估计总体数字特征的基础，二者在思想方法上是一脉相承，所以，本节内容为后继学习作了很好的准备。

2. 教学目标的确立

本节内容的课标要求：①通过实例体会分布的意义和作用，在表示样本数据的过程中，学会列频率分布表、画频率分布直方图、频率折线图、茎叶图，体会它们各自的特点。②在解决统计问题的过程中，可以不体会用样本估计总体的思想，会用样本的频率分布估计总体分布。③会用样本估计总体的数学，解决一些简单的实际问题。④形成对数据处理过程进行初步评价的意识。

结合课程内容和学生的基础，制定本节课教学应实现的教学目标如下：

（1）知识技能目标：①学会列频率分布表；②学会画频率分布直方图；③会利用频率分布直方图的特征分析样本的分布，准确地做出总体估计。

（2）过程与方法目标：①通过实例体会分布的意义和作用；②在分析样本数据的过程中，领悟数形结合的数学思想和逻辑推理的数学方法；③通过样本分析和总体估计的过程，体会频率分布直方图的特征。

（3）情感态度与价值观目标：①通过对课程内容学习的过程，体会数学源于生活并指导生活的含义；②通过应用知识解决问题，认识统计的作用，体会统计思维与确定性思维的差异。

根据上述教学目标，本节课的教学重点是：①列频率分布表，画频率分布直方图；②了解样本的频率分布与总体分布之间的关系，体会用样本估计总体的思想。教学难点是：①在用样本的频率分布估计总体分布的过程中合理分组；②理解分布的意义与作用。

3. 学情分析

学生在小学学习过频数条形图，在初中就知道了分布的初步概念，也已经学过把样本数据表示成频率条形图，能从图表上直观地看出数据的分布情况，对用图表反映知识有一定的意识，这些都为本节内容的学习做了铺垫。虽然，有些学生对直方图有所接触，但多数学生对直方图并不熟悉，更不会利用图形分析问题、解决问题，对常见数学思想的认识和应用停留在表面层次上。

4. 教法学法

1）教学教法

为了达到教学目标，突出重点，突破难点，本节课的教学设计以“三实”为基本原则，即突出实际、善用实例、强调实践。通过实际问题引入新课，为新知的学习创设情境，拉近数学与现实的距离，激发学生求知欲，调动学生主体参与的积极性；通过对实例的讲解，以问题探究为主要方式，以问题解决为主线，通过学生的主体参与，完成对新知的建构。由于本节内容涉及数据较多，所以，采用多媒体课件辅助教学。

2）学法

在学法上我重视了以下两点：

（1）用直观图形，启迪学生积极思维，并通过正、反例的构造，来完成从感性认识到理性思维的质的飞跃。

（2）学生经历从问题中质疑、尝试、归纳、总结、运用，培养发现问题、研究问题和分析解决问题的能力。

让学生体会观察——发现——归纳的学习方法；通过实践操作，让学生学会画频率分布表和直方图。

5. 教学过程

本节课的教学基本流程：导入新课→实例探究→操作讨论→方法归纳→应用示例→课堂练习→课堂小结。

1）导入新课

首先我给学生展示了四幅图片，这四幅图片反映了一方面由于缺水，导致土地干裂，牲畜饮水困难，小麦等农作物枯死，颗粒无收。人类的正常生活受到严重威胁；另一方面，人类肆无忌惮地浪费珍贵的水资源。通过图片震撼的视觉效果，迅速抓住学生的注意力，将他们带入课堂。接着通过宣传标语，让学生认识到节约用水刻不容缓！那么如何才能将节约用水落到实处呢？就从解决我们身边的问题着手。看一则新闻：××市政府为了节约生活用水，计划在本市试行居民生活用水定额管理，即确定一个居民月用水量标准 a，用水量不超过 a 的部分按平价收费，超出 a 的部分按议价收费。如果希望大部分居民的生活不受影响，那么，标准 a 定为多少比较合理呢？然后进入第二环节实例探究。

2）实例探究

引导学生进行讨论问题：如果标准太低，会影响居民的日常生活；如果标准太高，则不利于节水。那么，你认为为了较合理地确定出这个标准，需要了解哪些相关信息，做哪些工作呢？通过讨论，学生得到如下结论：需要知道每个家庭的用水量。如何才能知道？学生说调查。怎么调查？抽样。那样本容量是 100 合适还是 1000 合适？甚至更多呢？通过交流讨论，学生逐步明确：我们关心总体分布，但是又不便于考查每一个家庭的用水量，因此，希望用样本分布去估计总体分布，进而体会从总体到样本的统计思想。理论上抽取 100 个样本数据是远远不够的，为了课堂上处理数据的方便，我们理想化地只抽取了 100 个。接着我给出了通过抽样调查，100 个家庭 1 年的约平均用水量数据。课堂上学生看到表中杂乱无章的数据后呈现出焦虑状态，因此，进入操作讨论环节。

3）操作讨论

本环节组要是对这些数据的分析研究。如何处理上面一盘散沙的数据让学生迷茫、困惑，然而学生对处理数据其实并不陌生，于是我引导学生对某次期中考试的成绩分析进行了回顾．学生清楚地知道，考试结束后，大家除了关心自己的分数外，往往还关心此次考试班上的最高分是多少，自己大概是多少名，处于哪一个层次（分数段）。由此类比到用水量，我们又该如何处理呢？学生自然就想到我们需要了解用水量的最大值和最小值，将用水量分组。

继续以我熟悉的成绩为例，讨论老师是如何将成绩分段来统计各分数段的人数的呢？学生回忆通常是按 10 分为一段进行的。那么为什么这样分段呢？分段是不是越多越好或者越少越好呢？学生通过讨论普遍认为：分段太少，看不出规律，达不到效果；分段太多，工作量太大，没有必要。在此我对学生的讨论进行了小结，让学生明确：合理分组并没有统一的标准，实际操作时含有经验的成分，对 100 个样本数据通常我们分为 5～12 组。

那么，将成绩分段后，我们还关心些什么呢？学生回忆，我们还希望知道落在每个分数段的有多少人？他们占全班同学的比例是多少？也就是大家通常所说的及格率、优秀率等。类比到用水量，我们也关心这些问题，因此，对数据的处理方式完全类似，这样就实现了由成绩分析表到用水量分布表的转化。明确了处理数据的方法后，让学生动手操作。首先寻找最大值和最小值，计算极差，然后将上述 100 个数据按组距为 0.5 进行分组，确定组数及分点。接着统计 100 个样本数据在各组中的频数和频率，并将这些信息以表格的形式反映出来，这样就自然地得到了频率分布表，实现了数据处理的一个重要环节——将杂乱无章的数据转化为紧凑的表格，展示数据的分布情况。

有了频率分布表，学生便能通过对表中数据的观察，很快地解决标准 a 的制定问题。这样学生系统地经历了提出问题、收集数据、整理分析数据、做出推理与决策的全过程。

但频率分布表对样本数据在各组中的分布情况反映地不够直观，于是引导学生回忆，在函数、线性规划等章节的学习过程中，是如何将已知条件直观化、形象化的？学生会想到作图，这样就实现了数据处理的另一个重要环节——将表格转化为图形，实现了由频数条形图——频率条形图——频率分布直方图的过渡，进入第四教学环节。

4）频率分布直方图画法归纳

由于学生很难想到将频率/组距作为直方图的纵坐标，因此，教学中没有一开始就让学生尝试着作图，而是我先给出直方图，让学生观察频率分布直方图的特征。

在学生理解了直方图中每个小长方形的高、面积的实际意义后，再引导学生归纳画直方图的步骤。

由于不同的分组会对应不同的直方图，为了让学生对比观察直方图，体会统计思想与确定性思想的差异，进一步理解哪一种分组更为合理，从而突破难点，我将上面问题中分为 5 组、7 组、9 组、11 组的情形留作作业，让学生课后完成并在下一节课进行展示，希望学生能获得合理分组的经验。

之后，通过应用实例、课堂练习及课堂小结三个环节让学生进一步巩固列表、画图的操作过程，完成教学。

（此案例取材于：夏云晶．突破操作过程 突显统计思想——《用样本的频率分布估计总体分布》一课的说课．数学通讯，2012（1））

第五节　教学设计方案的评价

随着教育改革的不断深化，能集“编，导，演，教”于一体的“说课”是综合反映教师素质、教师教学理论水平和教学业务能力的较好形式，通过“说课”活动，把教师备课时的隐性思维转化为显性思维。把教师备课这一静态的个人行为转化为动态的教学讨论，这对提高教师素质、增强教学能力很有好处。所以，说课已成为当前中小学教研活动的一个重要组成。

说课不能一说了之，说的目的是为了通过大家的交流，各自发表自己的看法即评价，使说课教师的教学设计更利用学生获得良好的学习效果，同时听说课的老师从中汲取一些设计片段的案例，是一个双赢的研究活动。所以，会说课是每个教师必须掌握的教学技能之一，同时，会评价也是必须具备的技能之一。这种技能使教师会判断自己和他人教学设计中的不足所在，进而有明确的改进方向。

评价就是做出判断的过程，判断就需要依据一定的标准做参照，否则，评价就会没有方向和依据。

因为课堂教学是教学设计方案的执行过程，实施之前的说课是对教学设计方案的设计理由进行阐述的过程，这两者之间显然有着对象、时间上的差异，通常，对课堂教学评价的关注点如果为目标的达成，内容的处理，教学方法，教师的基本功，教学效果，那么，就可以据此设计观测点，然后制定个观测点的指标体系。比如表 11-5-1：

表 11-5-1

任课教师		课题		学校			年级		
评价因素				平均等级				得分
主因素	一级权重	子因素	二级权重	A	B	C	D	
教学目标（A_1）	0.15（B_1）	1. 目标体现数学学科内容的育人功能，关注学生的全面发展	0.20					
		2. 突出过程性目标，关注学生的学习过程	0.30					
		3. 目标定在学生的“最近发展区”，并且具有可操作性	0.35					
		4. 充分发挥目标的导向、激励、调控等功能	0.15					
教学内容（A_2）	0.15（B_2）	1. 保证教学内容的科学性，并充分挖掘其育人功能	0.35					
		2. 内容紧密联系学生的生活实际，重视学生的已有知识和经验	0，35					
		3. 教学内容生动有趣，呈现形式有利于学生的学习	0，30					
教学过程（A_3）	0.25（B_3）	1. 教学过程各构成因素之间的关系和谐，能充分发挥各自的功能	0.2					
		2. 课堂教学结构安排恰当，时间分配合理	0.2					
		3. 教学过程体现学生对数学知识的主动建构和能力的主动发展	0.35					
		4. 课内信息流畅，教师根据学生的反馈信息及时有效地调控教学过程	0.25					

续表

任课教师		课题		学校		年级		
评价因素				平均等级				得分
主因素	一级权重	子因素	二级权重	A	B	C	D	
教学方法（A_4）	0.25（B_4）	1. 根据教学目标、教学内容与学生的年龄特征选用教学方法	0.15					
		2. 创设合适的教学情境，激发学生的学习兴趣	0.25					
		3. 注重学习方式的转变，促进学生自主学习、合作学习、探究学习	0.25					
		4. 注重启发与点拨，给学生留有探索的余地	0.20					
		5. 搞好多种教学方法、教学手段的优化组合	0.15					
教学效果（A_5）	0.20（B_5）	1. 全面实现预定的教学目标	0.30					
		2. 学生学习积极性高，思维活跃	0.25					
		3. 课堂教学效率高，师生负担合理	0.25					
		4. 教学能促进师生的共同发展与提高	0.2					
评价人		总分		等级				

资料来源：涂荣豹．新编数学教学论．上海：华东师范大学出版社．2006

一般得分 86～99 分，为 A 等，评为优；得 71～85 分，为 B 等，评为良；得 60～70 分，为 C 等，评为一般；低于 60 分，为 D 等，评为较差。

对于说课的评价也有相应的评价表，如表 11-5-2：

表 11-5-2

评价项目	评价标准	评价等级			
		A	B	C	D
说教材（15）	课题简要分析	5	4	3	2
	教学内容的地位与作用	5	4	3	2
	教学重点、难点、关键确定及其依据	5	4	3	2
说目标（10）	阐述通过教学使学生在知识与技能、过程与方法、情感态度与价值观等方面所得到的发展，并说明其依据	5	4	3	2
	教学目标明确、具体、无歧义，符合课标要求和学生实际	5	4	3	2

续表

评价项目	评价标准	评价等级			
		A	B	C	D
说教学方法（20）	从教材、学情出发，选择灵活多样、有启发性的教法和教具	5	4	3	2
	教学手段或媒体的利用，对达到教学目标最优化的思考和分析	5	4	3	2
	具体说出学法指导内容，教给学生合适的学习方法，恰当运用学习方法，培养数学能力	5	4	3	2
	学法指导的理论依据正确，学生能获得一定的终身学习能力	5	4	3	2
说教学过程（40）	教学主次分明，层次清晰，各环节安排周密，连贯紧凑、过渡自然	10	8	6	4
	有驾驭教材的能力，抓住教学重点，难点突破合理	10	8	6	4
	教学有特色，体现教法、学法在教学中的运用	10	8	6	4
	各环节教学设计的理论依据科学、合理	10	8	6	4
教师基本功（15）	讲解准确，重点突出，时间分配合理	5	4	3	2
	板书正确、工整、美观，布局合理、设计醒目	5	4	3	2
	教态自然大方、和蔼亲切、富有激情与活力；语言简练、流畅，普通话规范，富有感染力	5	4	3	2
总评		总分			
		等级			

注：90 分以上为优，70～89 分为良，60～69 分为中，60 分以下为差

资料来源：何小亚等．中学数学教学设计．北京：科学出版社．2008

附录　全国中学青年数学教师数学说课评价标准

说课要以国家颁布的《数学课程标准（实验）》和《数学教学大纲》为基本依据，贯彻“以学生的发展为本”的科学教育观，重点对“教什么”“怎样教”和“为什么这样教”进行阐述，即对教学中如何根据教学内容选择恰当的教学方式与方法，如何发挥学生的主动性和积极性，如何激发学生的学习兴趣，如何引导学生的自主活动和独立思考，如何搞好“双基”教学，如何提高学生的数学能力，如何加强创新精神、实践能力以及理性精神的培养等等，进行阐释。

说课评价标准包括如下几个方面：

1. 背景分析

（1）学习任务分析。正确说明本堂课的核心概念、数学思想方法以及与相关知识的联系，明确教学重点。

（2）学生情况分析。正确说明学生已有认知结构与新内容之间的关系，明确学生可能遇到的难点。

2. 教学目标设计

正确阐述通过教学，学生在“双基”、数学能力、理性精神等方面所能得到的发展，并说明其依据。

3. 课堂结构设计

正确说明如何根据教学内容的特点（如概念、原理、例题、练习，学习应用，研究性学习等），按照数学知识的逻辑顺序选择恰当的课堂结构，安排教学活动顺序。

4. 教学媒体设计

正确阐释如何根据教学任务以及学生学习需要，选择恰当的教学媒体。

5. 教学过程设计

说明设计怎样的问题系列，激发学生学习兴趣，引导学生开展积极主动的数学思维；说明如何根据学生实际提供适度的学习指导；说明如何安排变式训练和知识应用，巩固知识，加深对数学本质的理解；说明如何安排反思活动，引导学生归纳、总结并概括本堂课的学习内容。

6. 说明如何进行教学效果评价，如何根据评价结果进行教学反馈与调节。

7. 说课时间：15～20 分钟，不超过 20 分钟。

（资料来源：何小亚等．中学数学教学设计．北京：科学出版社．2008）

拓展资源

1. 何小亚等．学数学教学设计［M］．北京：科学出版社．2008.

2. 涂荣豹，王光明，宁连华．新编数学教学论［M］．上海：华东师范大学出版社．2006.

思考题

1. 在上一章作业的基础上完成该课时教学内容的说课稿。
2. 以小组为单位，进行说课评价并给出说课成绩。

参考文献

鲍建生，周超．2009. 数学学习的心理基础与过程［M］．上海：上海教育出版社．

曹一鸣．2008. 数学教学论［M］．北京：高等教育出版社．

陈柏良．2012. 数学课堂教学设计［M］．上海：华东师范大学出版社，(7)：69.

杜萍．2011. 当代中小学教师基本教学能力标准的研制与反思［J］．课程·教材·教法，(8)．

冯玉娴，刘香香．2014. 设计·生成·反思——借助几何直观解决二次函数的相关问题［J］．中国数学教育，(5)：9-14.

弗莱登塔尔．1995. 作为教育任务的数学［M］．陈昌平，等译，上海：上海教育出版社．

顾苗丰．2012. 教师教学设计能力构成的研究综述［J］．现代教育科学，(6)：68-72.

管廷禄，等．2007. 中学数学教育教学论［M］．北京：科学出版社．

国际教育发展委员会．1979. 学会生存［M］．上海：上海译文出版社．

何克抗，李文光．2002. 教育技术学［M］．北京：北京师范大学出版社．

何克抗，郑永柏，谢幼如．2002. 教学系统设计［M］．北京：北京师范大学出版社．

何小亚，姚静．2008. 中学数学教学设计［M］．北京：科学出版社．

胡典顺．2010. 人为什么要学数学——数学意义的哲学思考［J］．数学教育学报，(8)：54-57.

胡宜．2010. 教学设计——心理学原理与技术［M］．上海：华东师范大学出版社．

教育部基础教育司．2002. 全日制义务教育数学课程标准解读［M］．北京：北京师范大学出版社．

李秉德．2001. 教学论［M］．北京：人民教育出版社．

李晓文，王莹．2000. 教学策略［M］．北京：高等教育出版社．

李忠．2012. 数学的意义与数学教育的价值［J］．课程·教材·教法，(1)：58-62.

刘杨．2014. 领略名师风采感悟教育理念———对数学新课标四基内容的粗浅感悟［J］．现代教育科学·小学教师，(1)：50-51.

陆建中．2003. 中新课程课堂教学设计［M］．北京：科学出版社．

南国农，李运林．1998. 电化教育学［M］．北京：高等教育出版社．

潘小明．2009. 义务教育数学课程与教学论［M］．徐州：中国矿业大学出版社．

皮连生．2004. 数学学习与教学设计［M］．上海：上海教育出版社．

蒲大勇．2014. 例析初中数学“几何直观”教学的类型［J］．中学数学（初中版），(4)：4-7.

任樟辉．2001. 数学思维理论［M］．南宁：广西出版社．

邵瑞珍．1997. 教育心理学［M］．上海：上海教育出版社．

施良方．2001. 学习论［M］．北京：人民教育出版社．

谭代全．2013. 几何直观——新课程标准的核心概念［J］．语数外学习，(9)：102.

谭顶良．1999. 学习风格论［M］．南京：江苏教育出版社．

涂荣豹，王光明，宁连华．2006. 新编数学教学论［M］．上海：华东师范大学出版社．

王策三．2005. 教学论稿［M］．北京：人民教育出版社．
王昌胜．2013. 从概念要素入手，深化面积意义理解［J］．小学进行数学版，(3).
王珍．让几何直观内化为思维习惯［J］．新课程研究，(7)：77-79.
翁凯庆，王希平．2008. 高中数学新课程教学研究［M］．北京：高等教育出版社．
奚定华．2000. 数学教学设计［M］．上海：华东师范大学出版社．
肖川．2004. 教师：与新课程共成长［M］．上海：上海教育出版社．
熊川武．1999. 反思性教学［M］．上海：华东师范大学出版社．
杨豫晖．2012. 义务教育课程案例式解读．小学数学［M］．北京：教育科学出版社．
叶澜，白益民，王枬，等．2001. 教师角色与教师发展新探［M］．北京：教育科学出版社．
张奠宙，宋乃庆．2009. 数学教育学概论［M］．北京：高等教育出版社，(1)：295.
张奠宙，郑振初．2011. "四基"数学模块教学的构建——兼谈数学思想方法的教学［J］．数学教育学报，(10)：16-19.
张奠宙，竺仕芬，林永伟．2008. "基本数学经验"的界定与分类［J］．数学通报，(5)：4-7.
张效谦．1991. 分析教育传播要素树立电化教学整体观念［J］．新疆教育学院学报（综合版），(4)：86-89.
张学杰．2014. 对《义务教育数学课程标准（2011 年版）》的分析与解读［J］．贵州教育，(1)：26-31.
郑毓信．2014. 概念教学应该注意的问题（1）［J］．小学教学设计，(5)：4-7.
中华人民共和国教育部．2003. 普通高中数学课程标准［M］．北京：人民教育出版社．
周小山，雷开泉，严先元．2003. 新课程视野中的数学教育［M］．成都：四川大学出版社．
朱文芳，周志英．2007. 初中数学［M］．上海：华东师范大学出版社．
Afzal Ahmed，Alison Clark-Jeavons，Adrian Oldknow. 2004. How can Teaching Aids Improve the Quality of Mathematics Education［J］. Educational Studies in Mathematics，(56)：313-328.
H，Freudenthal. 1995. 作为教育任务的数学［M］．上海：上海教育出版社．